小林泰彦

続 にっぽん建築散歩

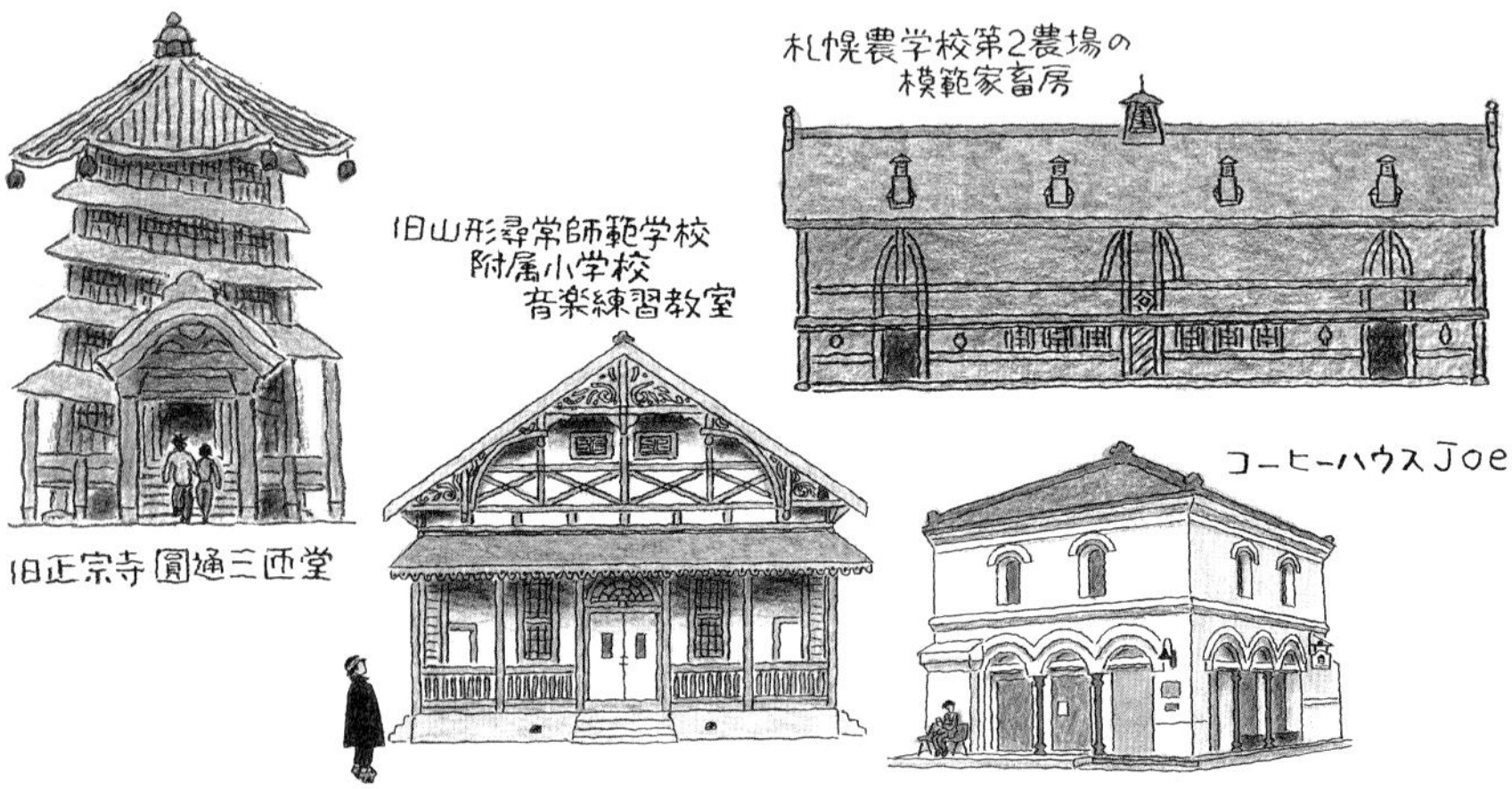

はじめに

建築ウォッチングの旅を続けていると、多くの建築の中でも特別に気に入って、旅から戻ってもしばしば思い出していとおしむような物件が出てくる。

それは例えば札幌の北海道大学構内にある「札幌農学校第2農場」の『模範家畜房』（1877年築、本書正編『にっぽん建築散歩』7ページ掲載）だ。この建物は初対面で強烈な印象を受けて以来自分にとって特別なものになっており、密かに大切に思う物件だ。また函館市大町の『元コーヒーハウスJoe』（1885、正編25ページ）も訳もなく好きな物件で、同地を訪れた際は必ず立ち寄って安否を確かめ、健在ならば安堵する。さらに山形市の県立博物館「教育資料館」（旧山形師範学校／1901）の敷地内にある『旧山形尋常師範学校附属小学校音楽練習教室』（1884、正編38ページ）も明治17年という早い時期の建設なのに設計施工ともに見事な洋式の学校建築で、初対面のときに感心して以来ずっといとおしく思っている。

会津若松市の飯盛山、宗像神社境内にある『旧正宗寺圓通三匝堂《しょうそうじえんつうさんそうどう》』（さざえ堂／1796、本書25ページ）は二重のらせん状スロープを持つまことに珍しい仏塔だが、この不思議な構造が建物の魅力となっていて好ましく、忘れがたい物件の一つだ。それから横浜市中区本町の『旧第一銀行横浜支店』（1929、西村好時、正編85ページ）だ。曳家される前の本町通りと馬車道の角にあった時からこの建物には心ひかれるものがあった。極端な鋭角の地形という不利を逆手にとった設計が痛快で、それで横浜で一番好きな建物になっている。そして現在は岐阜県高山市の「飛騨民俗山岳資料館」である『旧高山測候所』（1903、本書80ページ）もまた好きな建物で、目立たない小建築なのに理由もなく気に入っており、いつも安否を心配している。

金沢市尾張町の『ギャラリー三田』（1930、正編98ページ）は、これまた金沢を訪ねた時

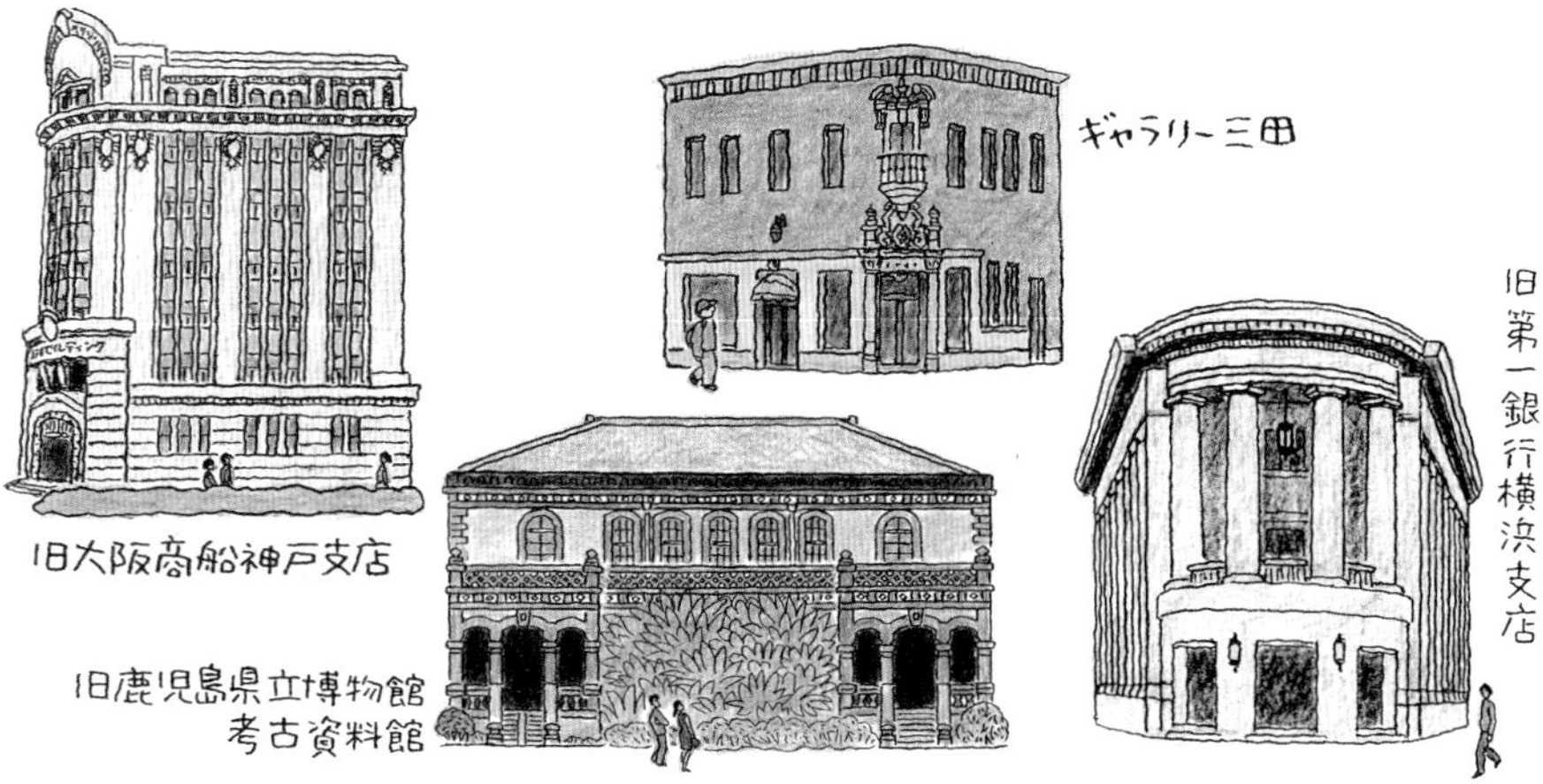

に必ず確かめに行く物件だ。百万石通りに面した角にある玄関と小さなバルコニーが様式主義の意匠で飾られてすばらしく、ともかく大好きな建物だ。それから神戸市中央区の海岸通りであたりをはらう見事なビル『旧大阪商船神戸支店』（現商船三井ビル／１９２２、渡辺節、正編１３４ページ）だ。アメリカン・オフィスビルを多数手がけた渡辺の代表作といわれるもので、明るく華やかなこの建物を見ると心が晴れるし、いつまでも輝いてほしいと思う。そして鹿児島市の照国神社そばの『旧鹿児島県立博物館考古資料館』（１８８３、正編１５１ページ）、この建物を初対面で強く印象づけられていらいずっと気にしてきた。特にトロピカルな異国情緒と明治16年という築年に謎を感じていたところ、建設に際して仏教関係者の資金協力があったのでインド風の様式を採用したものと分って謎が解けた。何れにしても価値のあるこの物件が解体されないようにと祈っている。

好きな建物、忘れ難い物件は他にもまだ数多くあるけれどこのくらいで止めておき、この本の説明をしよう。

雑誌「partner［パートナー］」に連載された建築めぐりの記事をまとめて２０１９年に上梓されたのが『にっぽん建築散歩』の正編で、そこには連載記事の約半分を収容したのだが、その際に収録できなかった記事をまとめてこの本『続にっぽん建築散歩』ができた。

建築散歩のコースは同じところをなるべく通らず、効率よく物件に出会えるようにと考えた。散歩コースは地図の中に朱線で示した。コースを定めたからにはスタートとゴールが必要なので、それは散歩者の便利を考えてなるべく公共交通の駅に設定した。

建築物件の名称は『』に入れ、続けて（）内に旧称や別称、国の指定、築年、設計者の順で入れた。築年は建築を知ろうとするときに大切なので、分かる限り記した。また設計者も建築を理解するのに必要だから、分かる限り記してある。

著者

目次

＊本書は2011年から2019年まで「partner［パートナー］」（三菱ＵＦＪニコス株式会社発行）に掲載された「にっぽん建築散策。」「小林泰彦のにっぽん散歩。」の中から30篇を選んで加筆、イラストを加えて再構成したものです。
＊建築物や地図、交通機関の情報は、2020年9月現在のものです。

1 北海道近代化の歴史を支えた「レンガの町」

江別

北海道

札幌市に隣接する江別市は「レンガの町」として知られる。北海道民の誇る北海道遺産にも「江別のれんが」は選ばれており、北海道の近代化に貢献したともいわれる。現在も3つのレンガ工場が稼働し、市内各所で新旧400棟以上のレンガ建造物を見ることができる。そんな江別市の建築散歩を、市内に広大なキャンパスを持つ『酪農学園大学』から始めることにする。

JR函館本線大麻《おおあさ》駅南口で江別駅行きのバスに乗車、「酪農学園前」で降りて散歩をスタート。シラカバ並木を校舎に向かう。すばらしい並木道だが、ここはすでに学園圏内なので、見学するにもその心得が必要だ。畑、牧草地、牛舎エリアなどには決して入らないように。

シラカバ並木の突当たりの校舎の右隣にある『同窓生会館』は、学園の前身「興農義塾野幌《のっぽろ》機農学校」の校舎兼寄宿舎だったもので、木造部分に当時の面影がある。

東へ向かいふたつ目の十字路を左折すると、草地の中に遠目にもレンガ建築とわかる建物が見つかり、これが『旧精農寮』（1945＝築年、以下同じ）だ。建設当時は全寮制で6棟の寮舎があり、そ

酪農学園内にある『旧精農寮』は6つあった学生寮の建物でひとつだけ残ったものとか

酪農学園内にある『旧エクステンションセンター』の玄関部分のレンガ積みを見る

の中で唯一現存するのがこの建物とか。何より目立つのは南側の曲面部分だが、西側のレンガ壁の微妙な曲面も気になる。いずれにしても近くにあるレンガのサイロとともに、酪農学園のシンボルには違いない。十字路に戻って東へしばらく行くと右手の奥にまたもレンガの建物があり、これは『旧エクステンションセンター』（1948）だ。人の顔に見える建物はよくあるがこれもそのひとつで、目に当たるふたつの窓に表情があっておもしろい。目立つのは2本の螺旋《らせん》形の柱で、目を凝らして見ると左右対称になっておらず螺旋形も不ぞろいだ。本職ではない人がレンガを積んだのか前衛建築なのかと、レンガ壁の前でしばらく考えた。

前の道をさらに進んで右側の農道に入ると『北海道林木育種場旧庁舎』（1927）に出合う。1階はレンガ造、2階は床が鉄筋コンクリートで壁と小屋

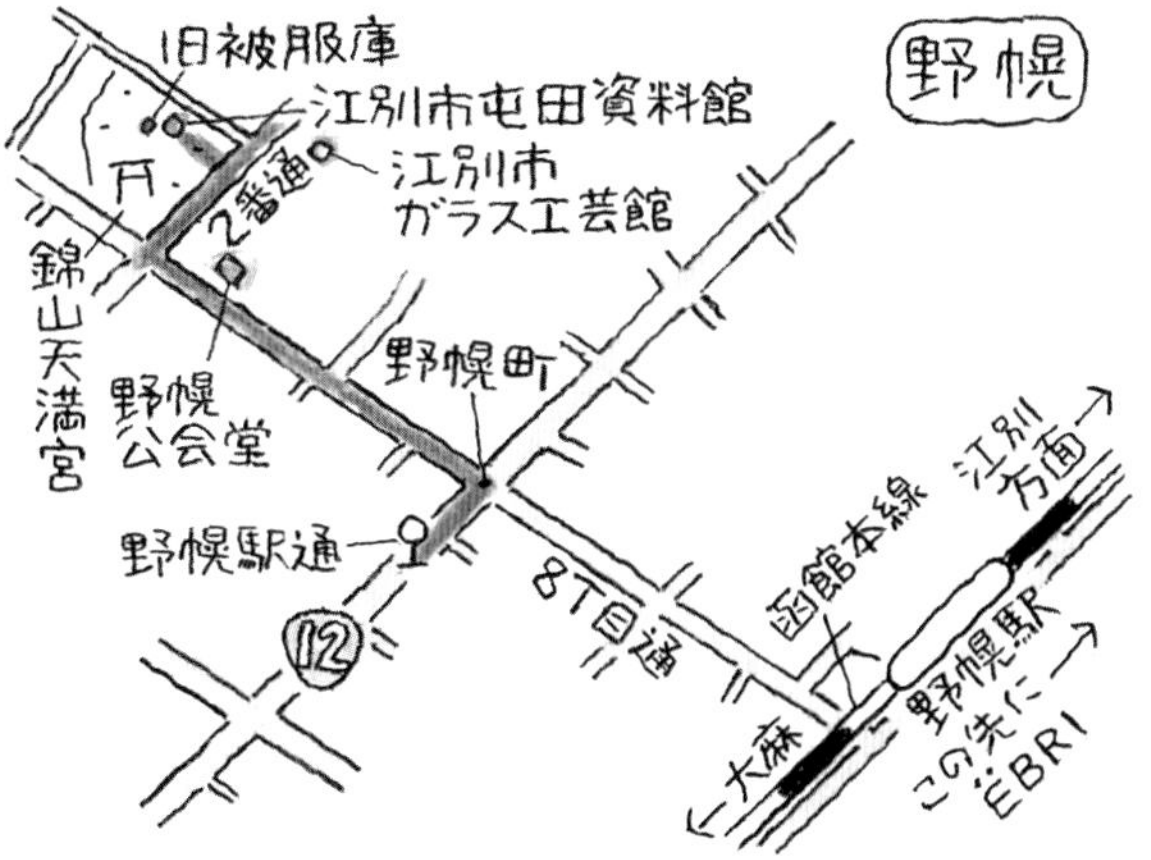
野幌
旧被服庫
江別市屯田資料館
江別市
ガラス工芸館
2番通
錦山天満宮
野幌公会堂
野幌町
野幌駅通
12
8丁目通
函館本線
江別方面→
野幌駅
この先にEBRI
←大麻

■歩行距離：約6.6キロ
●JR大麻駅南口（JR北海道バス2分）酪農学園前下車→野幌跨線橋（同バス4分）野幌駅通→野幌駅通（同バス13分）萩ヶ岡
●終点：JR江別駅

※本書掲載の地図は2020年9月現在の情報で修正しました。

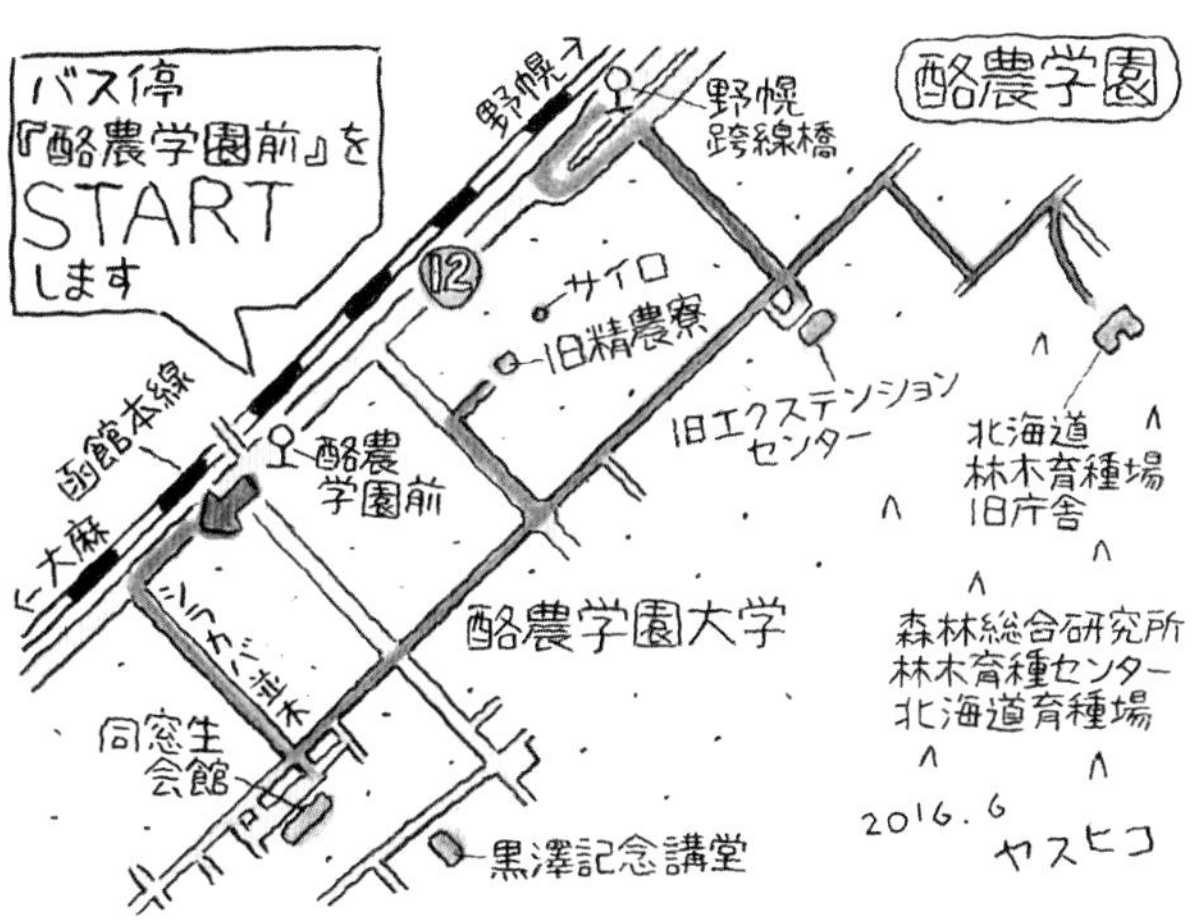
バス停『酪農学園前』をSTARTします
酪農学園
野幌→
野幌跨線橋
12
サイロ
旧精農寮
旧エクステンションセンター
北海道林木育種場旧庁舎
函館本線
酪農学園前
←大麻
シラカバ並木
酪農学園大学
森林総合研究所
林木育種センター
北海道育種場
同窓生会館
黒澤記念講堂
2016.6
ヤスヒコ

野幌屯田兵第二中隊本部の建物が
現在は『江別市屯田資料館』となっている

組が木造とある。大型の堂々たる庁舎建築で、玄関の重厚な石造、その2階のハーフティンバー様式が立派だ。唯一、1・2階で窓の割付が違って不ぞろいなのを残念に思った。

国道に戻り、信号に従って「野幌跨線橋」バス停留所に向かい、江別駅行きのバスに乗る。「野幌駅通」で下車したら「野幌町」交差点を左折し、北に向かうと

この小建築は
左上の江別市屯田資料館
の裏にある『旧被服庫』で
屯田兵第三大隊本部の付属棟だった
建物を移築したもの

右側に木造2階建ての、ドイツ下見板張白ペンキ塗の『野幌公会堂』（1938）がある。サッシが工業製品に替えられているが、すっきりと端正な建物だ。

2番通で右折すると左手の奥の方に黒っぽい建物が見えて、これが『江別市屯田資料館』（1884頃）だ。建物は昔の野幌屯田兵第二中隊本部のもので、木造屋根裏2階建て下見板張黒塗の、重厚な洋風が優る和洋折衷様式だ。この建物を見て連想したのは札幌にある開拓使の貴賓接待所であった「偕楽園水木清華亭」（1880）と「旧永山武四郎邸」（1880頃。永山は第二代北海道庁長官）の2棟だ。ともに木造下見板張黒塗で重厚な洋風が優る和洋折衷という、この時代の北海道らしいもの。和洋折衷ながら洋風部分に格調さえ漂うのは、開拓と西洋化が同時に進行した北海道ならではだろう。特に公的な建物ではこれが顕著で、この建物も同じカテゴリーに入る。しかも屋根裏2階の容積確保のためにバルーンフレーム工法（間柱に下見板張の外装を張付けてバルーンのように躯体《くたい》を形成する。北大第2農場の旧模範家畜房〈1877〉が有名）を用いており、いずれにしても注目すべき建物だ。この建物の裏手に付属棟の『旧被服庫』（1884頃）があり、同じ屯田兵関連の建物として興味深い。

2 番通に戻って東へ向かうと、すぐ右手に目立つ建物がある。『江別市ガラス工芸館』（1943）で、レン

ガ製造会社の代表社員だった石田惣喜知が自邸として建設したものを江別市が取得し、その後曳家移転改修した建物とある。目立つのは規格外レンガ（つまりアウトレット）を使って自分で積んだというレンガ造の張出し部分で、レンガ好き必見の物件だ。

先刻の「野幌駅通」バス停へ戻って再び江別駅行きバスに乗り、終点のひとつ手前の「萩ヶ岡」で下車。駅に向かった少し先を右折すると左手の一段高いところにレンガ造の小建築が見つかる。『旧屯田兵第三大隊本部火薬庫』（1886頃）である。北海道開拓に重要な役割を果たした屯田兵制度は黒田清隆（開拓次官、後に長官）の建言に始まり、1885年までに江別、篠津《しのづ》、野幌にも兵村が開かれ第一大隊に属していたが、1887年に江別に第三大隊本部ができて独立した。この火薬庫は1886年頃築とあるので第一大隊の下にある頃に建設されたのだろう。焼き過ぎレンガを効果的に使い、出入口と背面窓のアーチも美しい。

火薬庫とはいえ飾り積みが施されて見どころの多いレンガ造りの『旧屯田兵第三大隊本部火薬庫』

火薬庫の先で左折し、さらに左折して豪壮な邸宅や石蔵のある岩田家の屋敷を左手に見て、江別駅前を横断して2条へ。2条ではまず右角の『OLD・e#』（1919）で足が止まる。この石造2階建の建物は「十二銀行札幌支店江別派出所」として建設され、のちに江別支店に、その後北陸銀行江別支店として1966年まで使われたとある。小さい建物だが信用が肝心な銀行らしく左右対称の堅固な造りで、それが美しさにもなっている。

この物件に沿って角を曲ると左手に現在は『やきもの21』が利用する『旧岡田家住宅』（1935）がある。岡田家は穀物商で、建物は後に「拓殖銀行江別支店」

『OLD・e#』の建物は十二銀行札幌支店江別派出所として大正時代に建てられたものだ

旧岡田家住宅の道路に面した部分が
現在は『やきもの21』が利用している

にも使われた。イラストで左端にある防火壁は左隣のお宅のものだと思うが、余りに立派なので一緒に描かせてもらった。このように2条界隈に商店や倉庫、銀行が集中しているのは明治から大正にかけて幌内鉄道の開通や石狩川の定期貨客船就航によって江別市が物流の中継地になり繁栄したためで、この先『旧大久保倉庫』（1922）、『旧岡田倉庫』（現・アートスペース外輪船／1897）、『筒井1号倉庫』（大正年間）、『旧藤井商店倉庫』（1920）と続くレンガ造りの立派な倉庫群に往時をしのぶことができる。

この後、江別駅でGOALとなるが、若干の物件を付録として紹介する。

『江別市旧町村農場』（1929頃）は創設者・町村敬貴の農場が移転した跡地を江別市が取得して公開しており牛舎、旧町村邸、製酪室がある。『EBRI（エブリ）』は陶管などを製造していた株式会社ヒダ工場跡を江別市が取得し、工場跡の保存活用で2016年3月にオープンさせた食を中心とするショッピングモールだ。レンガの大煙突が復元されてシンボルになっている。煙突はレンガが最高だ。『Y家倉庫』（築年不詳）。3番通と4丁目通の交差点を南西へ向かうと、左側の林の中にレンガ造の倉庫があった。形が少し変っていて、シンプルな装飾があり、不思議な存在感を漂わせていた。林の奥に「屯田留魂碑」「移住八十五周年」と彫られた石碑がありY家のお名前があったので江別兵村の古図を見たところ、この場所に屯田入植者として同じお名前があったので、倉庫のオーナーに違いないと推定してイラストを描かせてもらった。

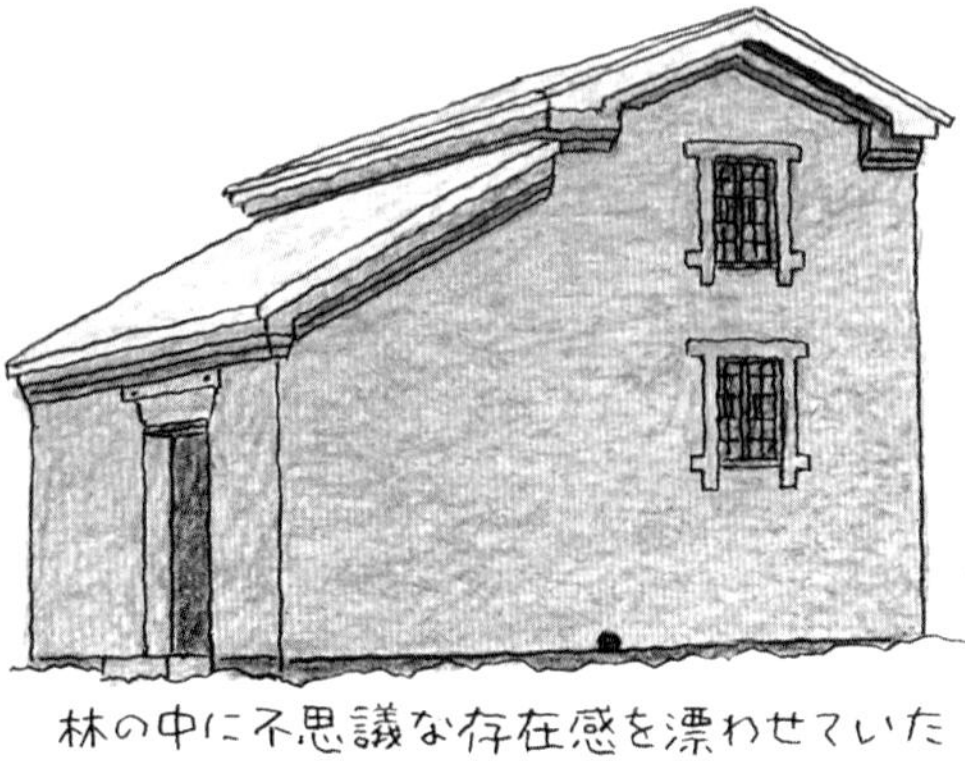

林の中に不思議な存在感を漂わせていた
『Y家倉庫』

2

海陸の要衝として栄えた「鉄のまち」を語る建築群

室蘭

北海道

有名な港は、おおよそ背後に急峻な山がある。断崖がそのまま海に没すると大型船でも航行可能な水深になる道理で、函館、横浜、横須賀、神戸、長崎などどこもそうだが、今回の建築散歩地・室蘭もまさにそれで、海沿いに急な崖が続き、その下の海を埋めて埠頭をつくり、港町ができた。室蘭の建築散歩はその崖上の道を行き、崖下の道を戻るという往復コースとなった。『室蘭郵便局』が目印の中央町1丁目交差点をスタートして西へ向かい、変則十字路を右折。以前は繁華街だったと思われるこのアーケード通りはすぐに上り坂になり、これが崖上の道で札幌通りと呼ばれる室蘭中央通り。室蘭でなぜ札幌通りかという疑問は脇に置いて、坂を上ると左側に最初の物件『旧丸越山口紙店』（1923、不詳＝築年と設計者名、以下同じ）が現れる。レンガ職人の確かな仕事が見てとれる美しい建物は木骨レンガ造りとあり、厳重な窓の額縁が目立つ。南側面はすべてが見えており、頂点の丸窓が全体を引きしめる。建物は当初、紙・文具専門卸問屋「丸越山口紙店」の店舗兼倉庫だったとあるので、当時のこの界隈の繁栄がしのばれる。

先へ進むと右手がひらけて、崖上から室蘭港や臨海工業地帯を広く見渡すことができる。眼下の通りは散歩の後半に通るので、目立つ建物にはそのときにふれる。こうして遠くを見渡すと、「鉄のまち室蘭」といううたい文句が納得できる。

『旧丸越山口紙店』は紙・文具専門の
卸問屋「丸越山口紙店」の店舗兼倉庫
として1923年(大正12)に竣工した

「日本一の坂」とある階段坂を通り過ぎてしばらく行くと右側に、イラストにある下見板張りの何か懐かしい感じのお宅がある。玄関まわりや出窓、切妻のつくりなど似たようなお宅をほかで何棟も見ており、その共通の意匠から何か懐かしさを感じるのだ。

少し行くと左側に『港町会館』があり、入口の欄間に昆虫など種々のレリーフが見つかる。これらは近くにあって解体された大板尚三邸の玄関欄間から移したとあり、裸婦像は設置当時に警察から風紀紊乱《びんらん》を指摘されて止むなく布をまとった像につくり直したとのこと。

札幌通りをさらに進むと小さな公園のあたりから次第に下り坂になり海岸町3―1交差点で港大通りに出るが、その手前右側に「トキカラモイ桟橋」の説明があり、これが先刻のどうして室蘭で札幌通りなのか、という疑問の答えにもなる。

北海道開拓初期の1872年（明治5）、北海道の玄関・函館と新しく道都と決まった札幌とを結ぶ幹線道路として、西洋式の馬車道である「札幌本道《ほんどう》」（函館～

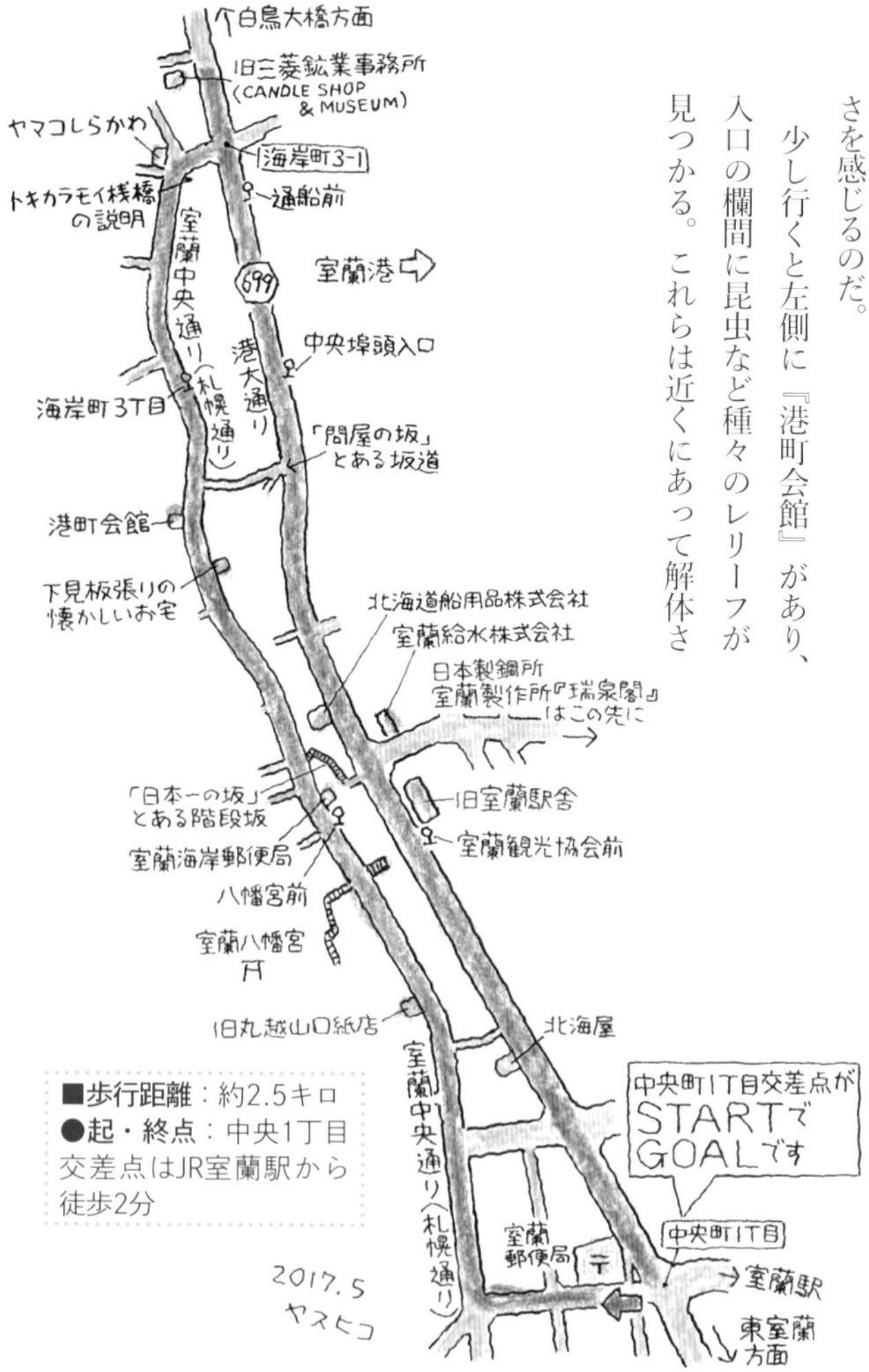

白鳥大橋方面
旧三菱鉱業事務所
(CANDLE SHOP & MUSEUM)
ヤマコしらかわ
海岸町3-1
トキカラモイ桟橋の説明
通船前
室蘭港
699
室蘭中央通り（札幌通り）
港大通り
中央埠頭入口
海岸町3丁目
「問屋の坂」とある坂道
港町会館
下見板張りの懐かしいお宅
北海道船用品株式会社
室蘭給水株式会社
日本製鋼所室蘭製作所『瑞泉閣』はこの先に
「日本一の坂」とある階段坂
旧室蘭駅舎
室蘭観光協会前
室蘭海岸郵便局
八幡宮前
室蘭八幡宮
旧丸越山口紙店
北海屋
■歩行距離：約2.5キロ
●起・終点：中央1丁目交差点はJR室蘭駅から徒歩2分
中央町1丁目交差点がSTARTでGOALです
室蘭中央通り（札幌通り）
室蘭郵便局
中央町1丁目
室蘭駅
東室蘭方面
2017.5
ヤスヒコ

札幌通りに面して建つ何か懐かしい感じのお宅

かつての石炭積み出し埠頭に近い場所にある『旧三菱鉱業事務所』は木造下見板張りの事務所建築だ

森～〈海路〉～室蘭～札幌）の建設が始まった。開拓使の陸地測量兼道路築造係だったワーフィールドが、いまも測量山と呼ばれる山頂に基点をおいて測量を行い、当時海岸だったこのトキカラモイに桟橋を設け、現在の札幌通りから札幌へと向かう「札幌本道」を決定したのだ。桟橋は同年7月に完成、本道工事は10月に札幌近くまで進んだが、冬季の積雪で工事が中断し、1873年に全線が開通した。

海岸町3－1交差点を左折して港大通りを北へ向かうとすぐ左側に『旧三菱鉱業事務所』（1918、不詳）の木造2階建て、下見板張りの簡素で事務所らしい姿がある。「CANDLE SHOP & MUSEUM」の看板が目印だ。建物は三菱合資（現三菱商事）出張所として建てられ1924年（大正13）に三菱鉱業に移管、1976年（昭和51）から北星電機（現北星株式会社）の社屋となったとある。

ここで折り返して港大通りをしばらく南へ向かうと、右側に『北海道船用品株式会社』（1910、不詳）の重厚でしかも格調を感じさせる立派な姿がある。現在、2階は倉庫だが内装は和風で以前は住居だったとある。この建物を見ても室蘭港の繁栄期が想像できる。

交差点の先に、先刻崖上から眺めた『旧室蘭駅舎』（現・室蘭観光協会／1912、不詳）がある。大改修がなさ

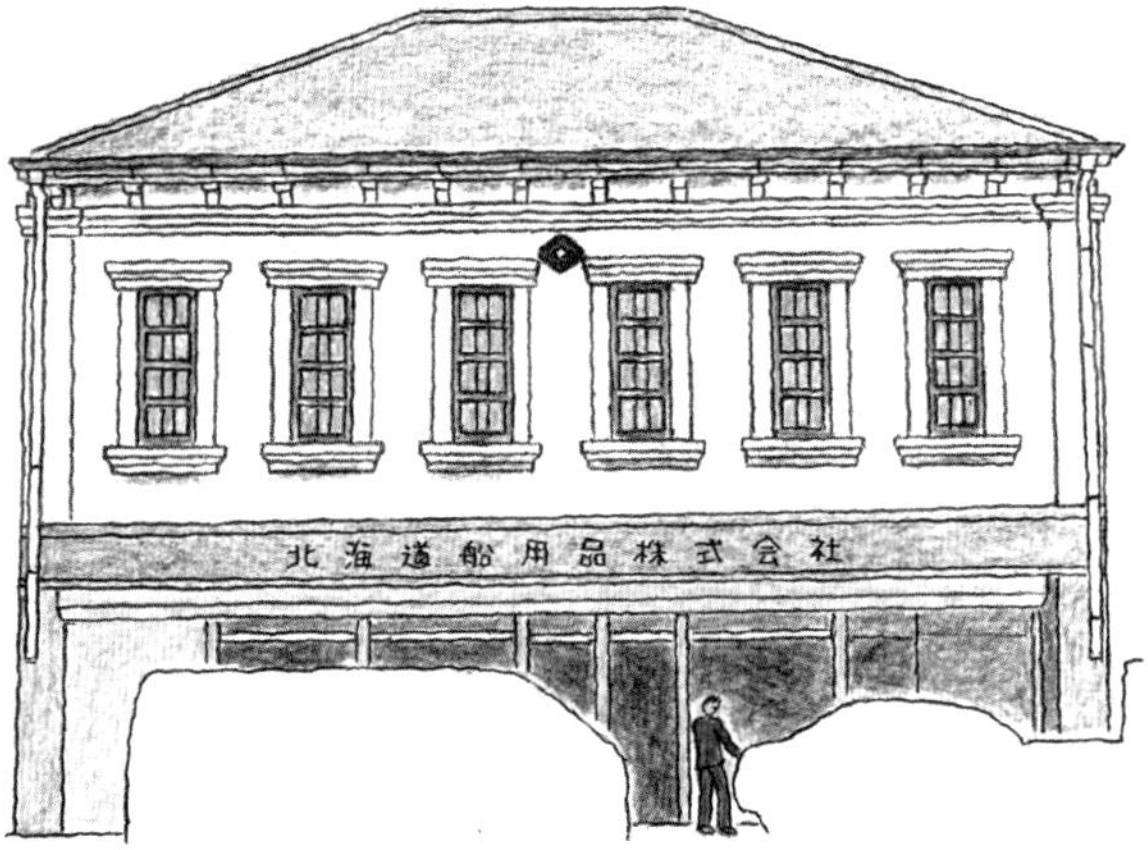

重厚かつ格調を感じる『北海道船用品株式会社』

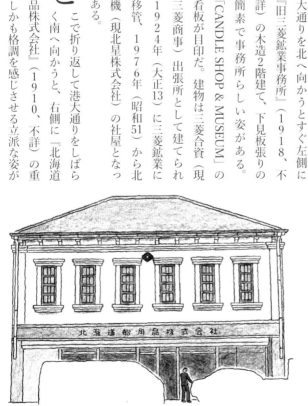

当時の東宮殿下（後の大正天皇）の行啓時の宿舎として1911年（明治44）に建設された日本製鋼所室蘭製作所『瑞泉閣』

れたせいか新築と見紛うほどの旧駅舎だが、細部を確かめると明治調のつくりや装飾が見つかる。『北海屋』（明治末期、大橋貢＝社長）はゴールの入江町交差点へ行く途中の西側にある。正面を見て驚くのは前面の2、3階に施された銅板張りで、この緑青が建物の印象になる。類焼を防ぐ銅板張りの店舗はかつては多数あったものだがいまは珍しく、しばらく眺めた。そして中央町1丁目交差点で散歩はゴールとなるが、付録物件を紹介しよう。

日本製鋼所室蘭製作所『瑞泉閣』（1911、不詳）は明治44年8月にときの東宮殿下（後の大正天皇）の日本製鋼所行啓の宿舎として、工場を見渡すことができる茶津山の中腹に建てられたものだ。和館と洋館から成り、洋館は外観が兵舎のように勇ましい印象だが、内部はロココ調の華麗な装飾が施されている由。北東に張り出したベランダ（建設時は開放、後にガラス窓）からは工場が一望とある。日本製鋼所室蘭製作所は日露戦争後の兵器国産化の要請から1907年（明治40）に起工、1911年までに主要施設が整ったとあるので、東宮殿下の行啓はその直後となる。『旧室蘭駅舎』の交差点を東へ徒歩約20分で物件入口。外観だけでも見学には許可が必要。

『日本聖公会バチラー夫妻記念堂』（1937、不詳）は、アイヌの人々の地位向上に尽力した夫妻を記念して建てられたもの。イギリス人宣教師ジョン・バチェラー（1854〜1944）は東洋伝道を志し、来日した函館でアイヌ民族を知った。それ以来アイヌ伝道に生涯を捧げ、「アイヌの父」といわれている。アイヌ文化や民俗の研究でも第一人者とされるバチェラーは、アイヌの豪族の娘であった八重子に8歳のとき洗礼を授け、後に養女にした。その弟の向井山雄司祭が中心になって有珠《うす》のカムイタップに建設したのがこの記念堂で石造り2階建て。有珠山噴石を用い、独自の様式で建設された異色の教会堂は「郷土に無言の教化を及ぼしている」と現地の案内にある。室蘭本線有珠駅で下車し、徒歩約10分で物件。

『迎賓館』（1892、田中長吉＝棟梁）は、1870年（明治3）に現在の伊達市に入植を始めた仙台藩亘理《わたり》伊達《だて》家一門が開拓状況を視察に来る開拓使らの接待のため建てたものだ。全体に和風だが玄関に入って左の一室がシンプルな洋風、それに階段の一部に洋風を見るほかはすべて和風で、それも多人数が一堂に会せるようになっている。玄関の大仰なむくり破風《はふ》は建物の性格上当然だが、見どころになっている欄間の透し彫りとともにもてなしの表現だろう。ともかく奥州から蝦夷地へとばされた亘理伊達家の意地を見せたこの建物に拍手した。室蘭本線伊達紋別駅下車、徒歩約20分で物件。

『日本聖公会バチラー夫妻記念堂』は
生涯をかけてアイヌ伝道を行った
宣教師バチェラー夫妻を記念する教会堂である

伊達市の『迎賓館』は集団移住でこの地に入植した
仙台藩亘理伊達家一門が来賓の接待に用いた建物だ

3

城下町・旧県庁所在地に残る文明開化の息吹

鶴岡

山形県

廃藩置県から間もない1876年(明治9)、前年に酒田県から鶴岡県と改まり県庁所在地になった鶴岡で、旧鶴ヶ岡城の土塁や石垣を崩し濠を埋めてそこに『朝陽学校』が建設された。下見板張、一部3階建て、全教室の席数1916という当時日本最大級のこの学校は時代の合言葉〝文明開化〟を実践するように洋風を目指して建てられ、それは後に「擬洋風」と呼ばれることになるのだが、人々に新しい時代が来たことを強烈に示した。『朝陽学校』の場所は現在の鶴岡市役所のあたりとある。

明治初期のリーダーたちは学校、役所、病院などの公共建築を洋風で建設しようとした。『朝場学校』で洋風の先がけとなった鶴岡では、この後も公共建築を積極的に洋風で飾った。けれども洋風建築を正しく学習した者はいなかったので、知識はなくても勇気のある大工の棟梁が要望に応えて、懸命に作りあげた洋風、これが後に「擬洋風」といわれるようになった。時代の変わり目に当たって棟梁たちが手探りで造った擬洋風建築は、日本の稀有な時代の記念碑的建造物ではないかと思う。

そんな建物がよく保存されている鶴岡の建築散歩を『致道《ちどう》博物館』からスタートしよう。旧庄内藩の藩校として著名な致道館の名を受継ぐ『致道博物館』は民具のコレクションで知られており、ぼくも以前に民具研究でお世話になったのだ

致道博物館の
“顔”のような存在
『旧西田川郡役所』

が、今回は構内に移築保存されている3つの建物（どれも博物館の展示棟として活用）を観賞する。まず『旧西田川郡役所』（1881、高橋兼吉、石井竹次郎）は下見板張、2階建てに2層の塔屋が付き左右対称、重厚な玄関ポーチはバルコニーを兼ねて、堂々たる建物だ。2階への螺旋風階段、塔屋への吊り階段が見どころである。

『旧鶴岡警察署庁舎』（1884、高橋兼吉）は郡役所と同じ棟梁による下見板張、2階建ての庁舎だが県令（県知事）から新政府の権威を示すように要請があったとのことで、正面に2段の飾り破風《はふ》を設けた重厚な入母屋《いりもや》造を採用して、確かに権威を感じさせる。2018年に5年にわたった保存修理工事が完成した。

『旧渋谷家住宅』（1822）は湯殿《ゆどの》山麓の旧朝日村田麦《たむぎ》俣《また》からの移築で多層民家とある。養蚕《ようさん》のために四

『旧鶴岡警察署庁舎』
明治新政府の権威を
示すことを旨として
設計された

■**歩行距離**：約1.7キロ
●**起点**：JR鶴岡駅から庄内交通バス12分致道博物館前下車
●**終点**：本町川端通りから庄内交通バス5分鶴岡駅前下車

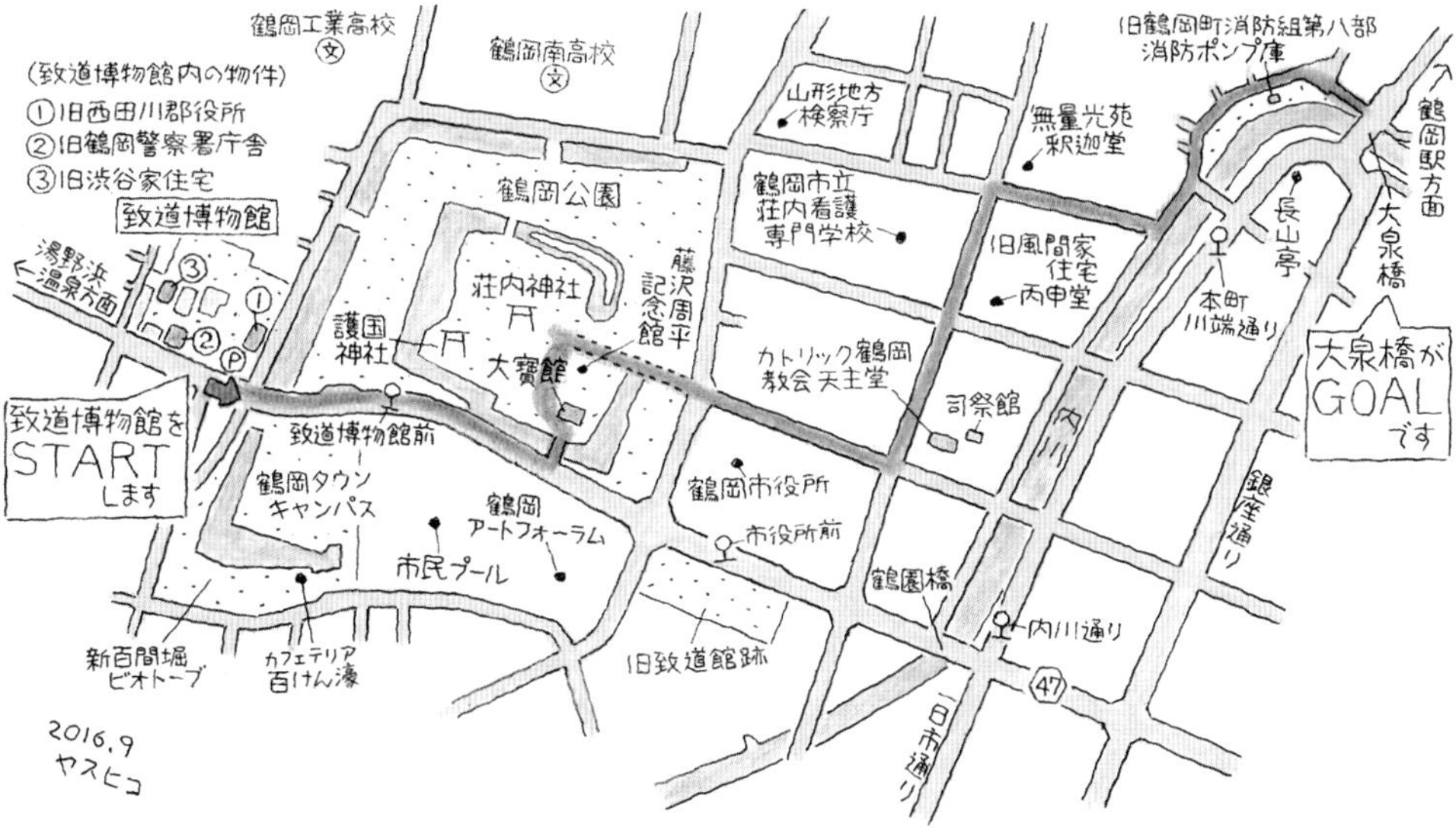
（致道博物館内の物件）
①旧西田川郡役所
②旧鶴岡警察署庁舎
③旧渋谷家住宅
致道博物館
湯野浜温泉方面
致道博物館をSTARTします
致道博物館前
鶴岡タウンキャンパス
新百間堀ビオトープ
カフェテリア百けん濠
市民プール
鶴岡アートフォーラム
旧致道館跡
鶴岡工業高校
鶴岡南高校
鶴岡公園
護国神社
荘内神社
大寶館
藤沢周平記念館
山形地方検察庁
鶴岡市立荘内看護専門学校
カトリック鶴岡教会天主堂
司祭館
鶴岡市役所
市役所前
鶴園橋
内川
内川通り
47
日吉通り
無量光苑釈迦堂
旧風間家住宅
丙申堂
旧鶴岡町消防組第八部消防ポンプ庫
長山亭
本町川端通り
大泉橋
鶴岡駅方面
大泉橋がGOALです
銀座通り
2016.9
ヤスヒコ

『大寶館』は大正天皇の即位を記念して
1915年鶴ケ岡城跡に建設された

層の空間を有効に使い、基本の寄棟《よせむね》屋根を通風や採光のために工夫した結果、兜造《かぶとづくり》というおもしろい形の茅葺《かやぶき》屋根の民家が生まれたのだ。

『致道博物館』から東へ向かい、濠端にさしかかると左手に見えるのが『大寶館《たいほうかん》』（１９１５、小林昌徳）だ。2階建て左右対称、下見板張、上下窓まではなんとか普通だが、入母屋造屋根の中央にのった赤色ドームがユニークだ。当初は物産陳列場などの複合施設で戦後は図書館本館、現在は郷土人物等資料展示施設なので内部を見ることができる。鶴岡出身の石原莞爾《かんじ》の資料を探してみたら、少しだけ見つかった。

『大寶館』の裏手に『藤沢周平記念館』があり、記念館の前が『荘内神社』の参道で、正面に『荘内神社』が鎮座する。参道を出て東へ直進すると次の交差点で教会の尖塔が目に入り、これが『カトリック鶴岡教会天主堂』（１９０３、パピノ神父）である。赤い尖塔と白亜の軀体がまぶしい天主堂の内部は身廊の両側に側廊があるバジリカ型三廊式で、高い天井には交差されたヴォールトが用いられている。後陣の窓からの光が美しい。ヨーロッパ中世のロマネスク様式で側廊上の小さい丸窓が特徴とある。天主堂への入口が武家門なのは何故かと思ったら、この敷地が元庄内藩家老の屋敷跡で武家門だけが残ったものとか。

教会の角を北へ、次の十字路に豪商の暮らしを伝える『旧風間家住宅丙申堂《へいしんどう》』（１８９６）があり、直進した次の角に『無量光苑釈迦堂』、そこを右折して、さらに左折して内川沿いの道を辿り、川が右に大きくカーブする脇の緑地をよく見

美しい内川畔の緑地にある
『旧鶴岡町消防組
第八部消防ポンプ庫』

るとレンガ造の小屋が見つかる。これがいまは用具置場とトイレになっている『旧鶴岡町消防組第八部消防ポンプ庫』（1920頃、不詳）である。ポンプ庫とはいえしっかり設計されており入口の灯火まわり、小窓、裏口など形よく、大正時代のレンガ職人の確かな仕事ぶりがわかる。裏口のアーチ部分を感心して眺めた。そして『大泉橋』で今回の散歩はゴールとなるが、ここで特別付録として4物件を紹介しよう。

宣教師パピノ神父の設計で一九〇三年に完成した『カトリック鶴岡教会天主堂』

『安良町公民館』（旧鶴岡警察署大山分署／1885、高橋兼吉）。鶴岡市大山地区は江戸時代は幕府の天領で、酒蔵が40軒もあって繁栄したとある。明治になってもそれは続いたので立派な警察署分署が置かれたのだ。下見板張、寄棟造、正面入母屋造屋根の玄関ポーチとバルコニーが立派だ。『致道博物館』にある鶴岡警察署庁舎が完成した翌年に完成したこの分署は、同様に権威を示しているが、どこか親しめるものも感じられる。玄関に下がる杉玉は、酒造の里という意味で大山新酒・酒蔵まつり以降、安良町《あらまち》公民館に飾られているのだ。『安良町公民館』へはJR鶴岡駅から羽越本線上りでひとつ目の羽前大山駅下車、無人駅なので町の人に『安良町公民館』の場所を確かめて徒歩約10分。または鶴岡駅前、致道博物館前から加茂水族館経由、湯野浜温泉行きバスに乗り大山郵便局前下車、すぐ前。

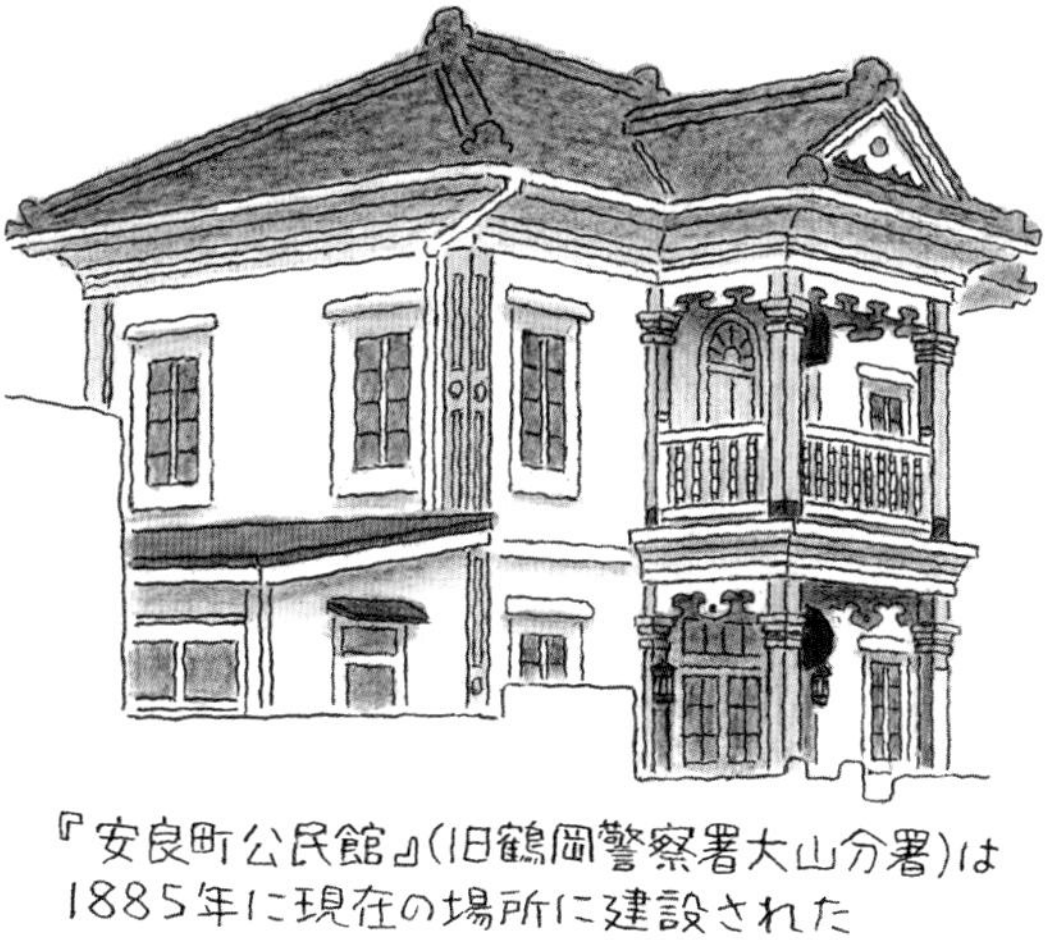
『安良町公民館』(旧鶴岡警察署大山分署)は1885年に現在の場所に建設された

以下の3物件は鶴岡市藤島町の『東田

川文化記念館』内にある。記念館の正門を入ると正面に『旧東田川郡役所』（1878、高橋兼吉）がある。当初は洋風建築であったが、1886年の火災により焼失し、現在の〝和〟の強い和洋折衷の建築となった。

木造ゴシックの妻飾りが目立つ白亜の建物は『旧東田川郡会議事堂』

郡役所に向かって左側の建物が『旧東田川郡会議事堂』（1903、高橋兼吉？）だ。下見板張、上下窓。各切妻と玄関ポーチの木造ゴシック飾り、それと2階窓上の漆喰飾りが目立つほかは物静かな建物だ。正面が左右対称でないのは増築のためかと思うのだが、その点は不明。高橋兼吉の名も現地の表示には見当らない。

郡役所に向かって右側の建物は『旧東田川郡電気事業組合倉庫』（1923、不詳）で、一見して普通の土蔵と思ったが、よく見て驚いた。これは実に〝モダン土蔵〟というか、大正～昭和初めのモダン感覚で設計された倉庫なのだ。軒下、胴蛇腹、窓まわりと軽やかな漆喰装飾が施されて、裏側の出窓だけが増築らしいが、全体に建設時の姿を留めていると見た。入口と通り側の破風に付く、電柱と稲妻で「東」を表す紋章が秀逸だ。展示室があるので、内部を見ることができる。

この倉庫を見るだけでも藤島へ行く価値がある。JR鶴岡駅から羽越本線下りでひとつ目の藤島駅下車、駅で『東田川文化記念館』の場所を確かめて徒歩約10分。

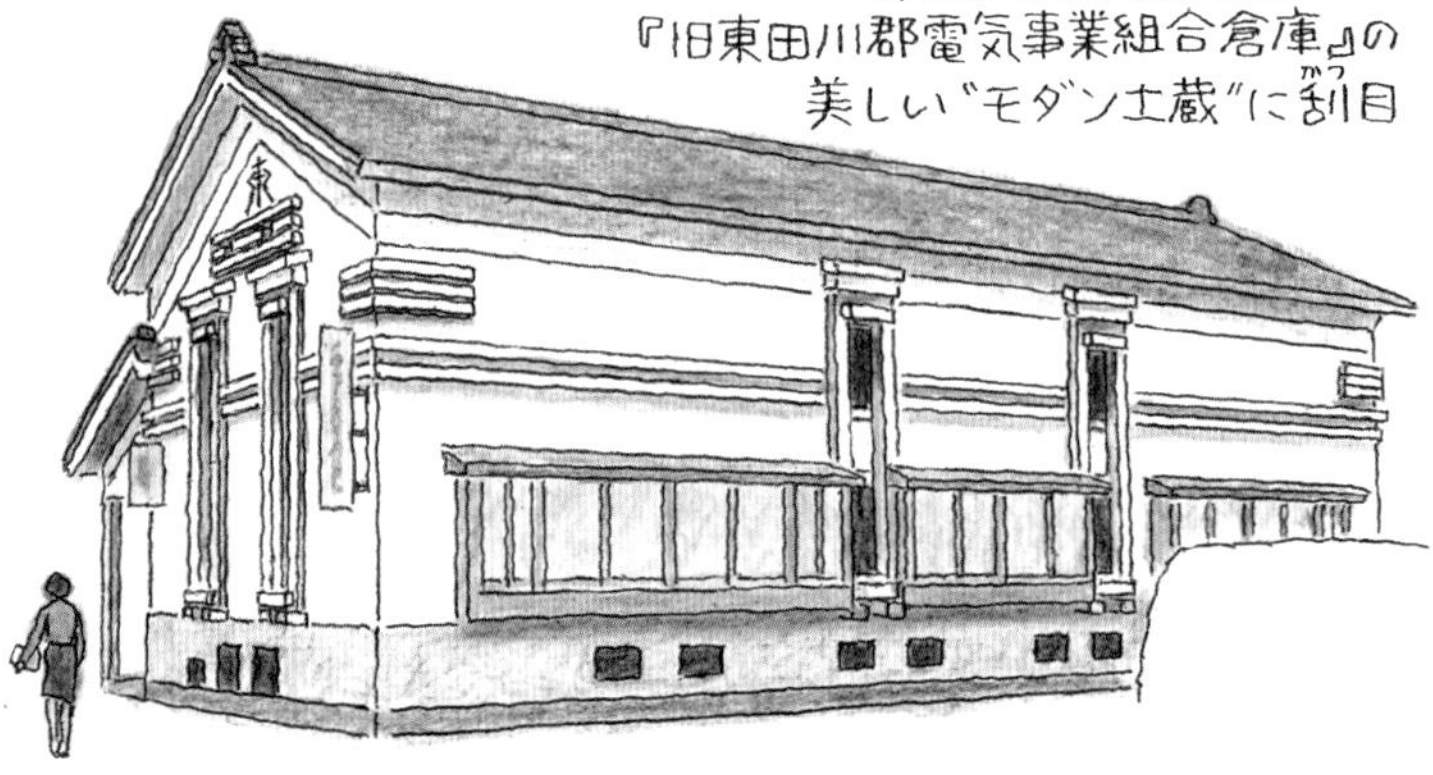
『東田川文化記念館』内で『旧東田川郡電気事業組合倉庫』の美しい〝モダン土蔵〟に刮《かつ》目

4 会津若松

店蔵や土蔵、洋風建築が楽しい会津の建築散歩

福島県

戊辰戦争（1868年＝慶応4）で戦場になり、大きな被害を受けた会津若松市街は、明治以後は会津の中心都市として大いに復興。町並みには火災に耐える店蔵や土蔵が目立ち、大正から昭和前期にはそこに洋風建築が加わって繁栄する市街を形成した。そんな会津若松の建築散歩は観賞すべき物件がまことに多くてありがたいのだが選択にたいへん迷い、その結果、範囲を地図のようにしぼり込んだ。

散歩のスタートはJR只見線七日町駅。駅を出て七日町通りを東へ向かうとすぐに古刹『阿弥陀寺《あみだじ》』がある。由緒あるお寺で詣でるべきなのだがそれは散歩の最後にとっておき、次に目立つ立派な商家と土蔵の『渋川問屋』（明治～大正期）で足が止まる。現在は郷土料理店だが店名のように、かつては越後街道を通って会津に入る海産物の問屋だった由。今も昔も変わらない会津の郷土料理の棒たら煮やニシンの山椒漬けは、そこから生まれたものと聞いた。

七日町通りを行くと、蕪《かぶ》に「たね」と書いた看板を掲げた『池田種苗店』（不詳）がある。よく見ると蕪の図柄は店の正面上方の二連飾りアーチにレリーフで、2階窓の手摺には透かし彫りで描かれ、これがユーモラスで好ましく種苗店にふさわしいので思わず微笑んでしまい、このお店に好感を持った。

さらに進んで交差点を過ぎると『バンダイスポーツ七日町店』（旧塚原呉服店

七日町通りに面して
蕪の図柄がまことに好ましい
『池田種苗店』に注目しよう

本店／1926、池田豊蔵）が現れる。こちらは3階建てでコンクリート建築に見えるが木造とのこと。左右対称の正面上端の破風《はふ》飾りは立派で、施主の意気込みが今に伝わる。

『レオ氏郷《うじさと》南蛮館』（大正中期、不詳）は現在閉じているが以前は1階が洋風雑貨、2階が天正年間に鶴ヶ城の新城主となったキリシタン大名・蒲生氏郷（洗礼名レオ）関連の資料を展示する場所だった。

その先に七日町通りの顔ともいえる2物件が並ぶ。ひとつは『白木屋漆器店』（1914、山岸清助）で通りに面して大きく間口をとった大正初期の洋風3階建て。内外観ともにルネサンス様式とある。木骨土蔵造りの洋館というのは珍しいだろう。石貼りの重厚な玄関には目を見張り、内部の洋風漆喰飾りにも驚く。もうひとつは『滝谷建設工業』（1927、岡田信一郎）。当初は郡山橋本銀行若松支店として建てられ、後に第四《だいし》銀行会津支店として使われていた。七日町通りには少々大きすぎるイオニア式ジャイアントオーダー6本が立ち上って他を圧倒し、この界隈の繁栄期を物語る建築だ。

大町四ッ角の『四ッ角大正館』は
1921年(大正10)建設の銀行の建物だ

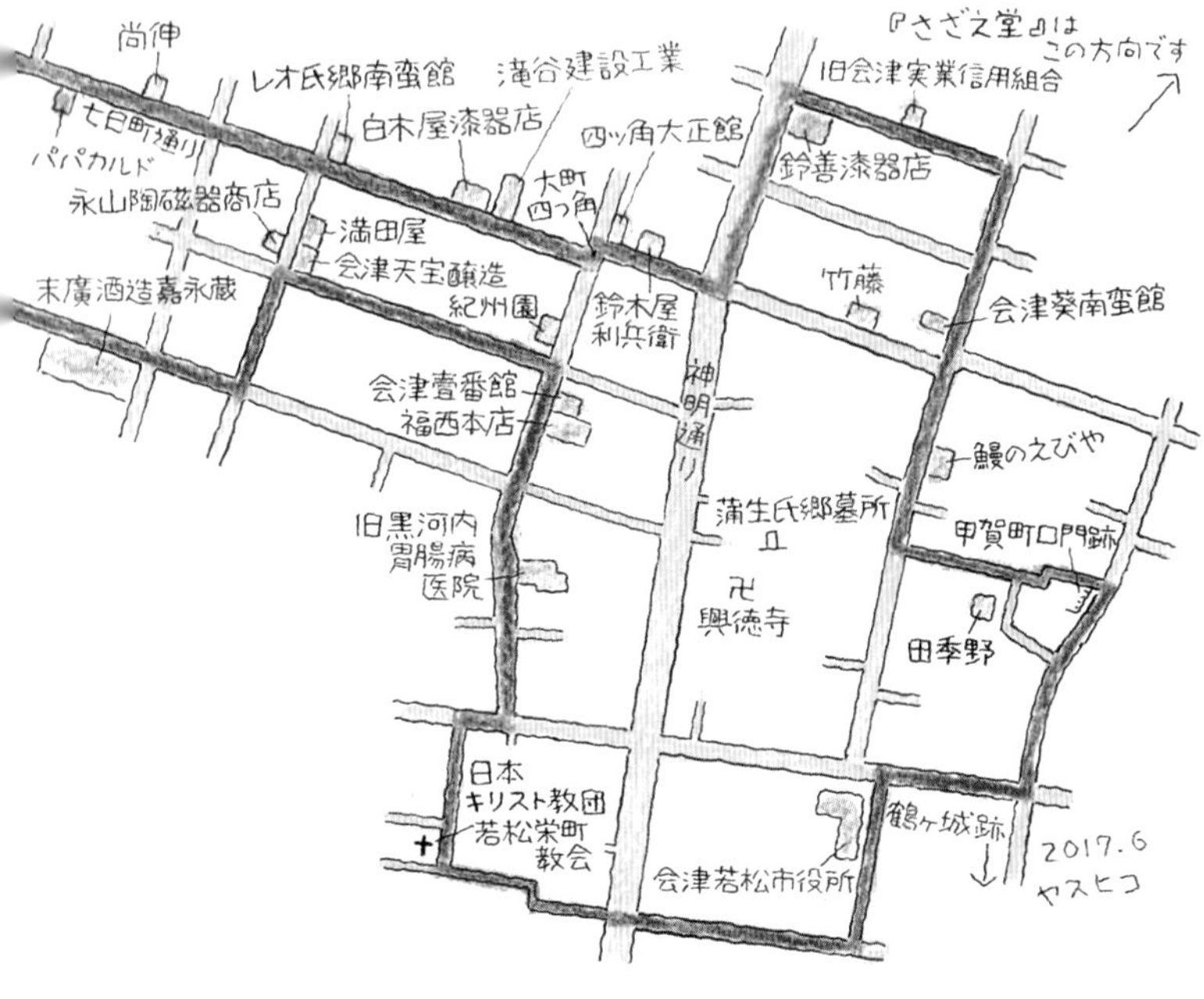
尚伸
レオ氏郷南蛮館
滝谷建設工業
『さざえ堂』は
この方向です
旧会津実業信用組合
七日町通り
白木屋漆器店
四ッ角大正館
パパカルド
大町
四ッ角
鈴善漆器店
永山陶磁器商店
満田屋
会津天宝醸造
紀州園
竹藤
会津葵南蛮館
末廣酒造嘉永蔵
鈴木屋
利兵衛
会津壹番館
福西本店
神明通り
鰻のえびや
蒲生氏郷墓所
甲賀町口門跡
旧黒河内
胃腸病
医院
興徳寺
田季野
日本
キリスト教団
若松栄町
教会
鶴ヶ城跡
会津若松市役所
2017.6
ヤスヒコ

大町四つ角は元々、江戸時代に会津領内を通る五街道の起点とされ明治初期には若松から新潟、山形、栃木へ通じる三方道路の起点と定められた。その大町四つ角にある『四ツ角大正館』（1921、不詳）は当初は郡山商業銀行若松支店として建てられたもの。大正後期らしく控えめな装飾だが正面のエンブレムが権威を示す。内部は大正アンティークで玄関欄間のステンドグラスが楽しい。

『旧会津実業信用組合』の建物は
1928年（昭和3）建設の端正な事務所建築

■歩行距離：約4.1キロ
●起・終点：JR只見線七日町駅

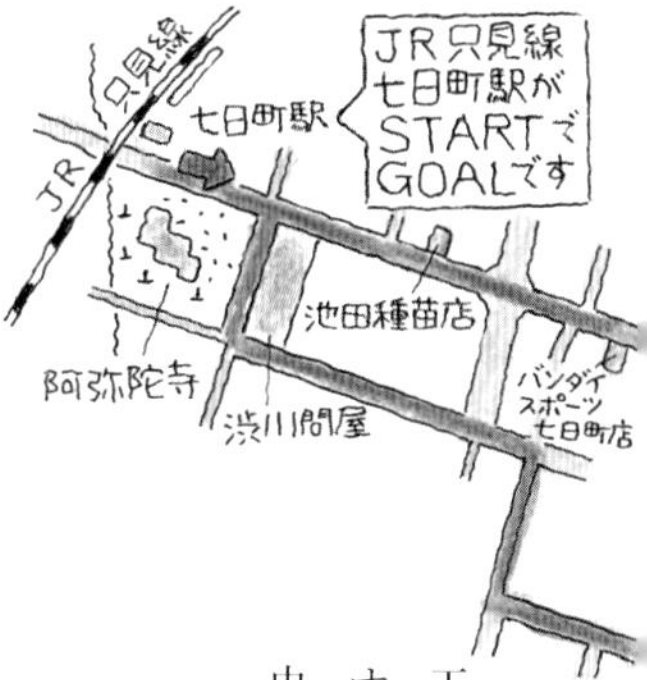

JR只見線
JR只見線七日町駅がSTARTでGOALです
七日町駅
池田種苗店
阿弥陀寺
渋川問屋
バンダイスポーツ七日町店

『鈴木屋利兵衛』（1886）の美しく重厚な店蔵に感心した後、神明通りを北へ向かい、二筋目の角の『鈴善漆器店』（1930、山岸幸吉）のモダンな店蔵を観賞する。

『旧会津実業信用組合』（光建工業／1928、不詳）は昭和初期のオフィスビルらしく簡素で好ましく、中央のシンボル部分が全体を引きしめて快

『日本キリスト教団若松栄町教会』の現在の礼拝堂は1911年（明治44）に建設されている

若き日の野口英世が医学の道を志し書生として入門した会陽医院の建物が現在は『会津壹番館』（カフェ）となっている

い。その先で右折する十字路もまたその先の十字路も城下町らしい喰い違い形だ。そして左折した小路を出た先に鶴ヶ城の甲賀町口門の跡である石垣が西側だけ残っている。城の外郭を示す門の跡なので、鶴ヶ城の規模が推測できる。

『会津若松市役所』（1937、内田建築設計）はロンバルディアバンド、つけ柱、ロマネスクアーチの玄関とそろって昭和初期の役所らしい建物だ。そして西へ向かい、神明通りを過ぎて『日本キリスト教団若松栄町教会』（1911、不詳）に至る。この教会は会津で最初の本格的洋風建築とある。特徴は塔屋と一体の玄関が45度北を向いていることで、これが清新な気分を醸す。

北へ向かうと店蔵と土蔵が並ぶ『福西本店』（明治末期、店蔵は大正3）に出合う。会津の大店《おおだな》は店舗が平入り（軒と道路が平行）、土蔵が妻入り（屋根の妻側が道路と平行）で並ぶ形式をとる。その隣が『会津壹番館』（旧会陽医院／1884、不詳）で、第六十国立銀行若松支店として建てられ、後に会陽医院となり渡部鼎《かなえ》医師が幼い野口英世の手術を行い、その縁で英世が医学の道を志して書生として住み込んだという野口英世ゆかりの建物だ。

この後『満田屋』（江戸～明治期、店舗は昭和47年改築）、『永山陶磁器商店』（1916）、『末廣酒造嘉永蔵』（1892～1922）といずれも見事な店蔵、土蔵を拝見して、散歩最後の物

『御三階』は鶴ヶ城本丸から阿弥陀寺へ移された江戸時代の建物で外観は3階だが内部は4層という謎の建造物である

件『御三階』（阿弥陀寺内、不詳）へ。阿弥陀寺境内南東にある3層の建物『御三階』は鶴ヶ城本丸北東の石垣上から1869年に移された後、当寺へ移築。外観は3階だが内部は4層で2階と3階の間に天井の低い謎の部屋がある。そこに上る梯子は上った者が引き上げる仕組みである。建物は華奢《きゃしゃ》に見えるが3階が高欄を巡らせた物見仕様だ。不釣合に大きい唐破風は鶴ヶ城の本丸御殿のものとあるので、城がすべて解体されたときにせめてこれだけは残そうとの思いの移築と想像した。

といういうところで散歩は終わるが、付録物件を紹介する。

『天鏡閣』（1908、木子《きご》幸三郎）は有栖川宮威仁《たけひと》親王殿下の別邸として猪苗代湖畔の高台に建てられたもので、後に高松宮宣仁《のぶひと》親王殿下が継承され、その後、福島県に下賜された建物だ。フランス・ルネサンス様式を模したという華麗な造りで、特に内部は美しく華やか。国指定重要文化財。JR猪苗代駅から会津レクリエーション公園行バスに乗り、長浜下車徒歩約10分で物件。

ちなみに『福島県迎賓館』（旧高松宮翁島別荘、国指定重要文化財／1922、木子幸三郎）が徒歩約5分の場所にある。

『安積《あさか》疎水戸ノ口水門監守所』（不詳）は福島県十六橋水門（近代化産業遺産、土木遺産）の脇にあり、大正末～昭和初期築と思われる監守所が保存状態もよく、十六橋とあわせて観賞できる。『天鏡閣』と同じバスで金の橋下車徒歩約10分。

『さざえ堂』（国指定重要文化財、旧正宗寺三匝堂《さんそうどう》／1796）は塔状の仏堂が二重らせんスロープ式で造られ、一方通行で上り下りするためすれ違うことがない。かつては西国三十三観音像がスロープに沿って安置されており、参詣人は上り下りですべて詣でることができた。同じ構造の駐車場ビルを以前アメリカ西海岸で利用したことがあるが、珍しい構造だと思う。まちなか周遊バスを飯盛山下で下車、徒歩約10分。

猪苗代湖畔の景勝地に立つ『天鏡閣』は1908年（明治41）に有栖川宮威仁親王の別邸として建設された

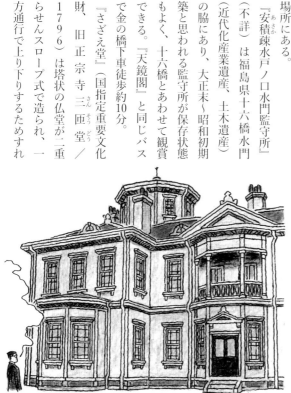

5

江戸交易で栄えた蔵の町の風情を楽しむ

栃木市

栃木県

栃木県栃木市は蔵の町だ。蔵の町といえば、川越、高岡、小樽（石蔵）といった町が知られるが、見世蔵《みせぐら》（土蔵造りの店舗。店蔵とも）を見るのなら栃木へ行かねばならない。

散歩は『蔵の街第1駐車場』からスタートする。大通りを北へ向かうとすぐに『とちぎ蔵の街観光館』に出合う。この建物は荒物《あらもの》・麻苧《あさお》問屋だった「八百金」田村家の豪壮な見世蔵（1904）で、奥には、通りに沿って一列に連なる土蔵が続く。栃木は江戸時代に日光例幣《にっこうれいへい》使街道《しかいどう》の宿駅として町並みができ、巴波《うずま》川の舟運による江戸との交易で繁栄した。けれども幕末期に4度の大火があり中心街の大半を焼失したので、それを教訓にして見世蔵や土蔵が多数生まれた。そのひとつであるこの見世蔵が今は観光案内所で、町のガイドマップなどがここで入手できる。

『綿忠はきもの店』（現・日光珈琲蔵の街）の見世蔵の先に『好古壱番館』（旧安達呉服店店舗／1923）の洋風店舗がある。蔵の町でたまに出合う洋館は、散歩の楽しみどころだ。マンサード屋根にステンドグラス窓があったり、細部の装飾もしっかりしていて好ましい。見世蔵を数棟通り越すと、2連棟の見世蔵があらわれる。2階に観音開扉（栃木の見世蔵で唯一とか）のある右棟が古く、左棟と一体で『山本有三ふるさと記念館』になっており、作家の原稿などを展示している。

『栃木グランドホテル』の先の『古久磯《こくいそ》提灯店』（現・とちぎ歌麿館）の見世蔵は梁《はり》の墨書に1845年（弘化2）上棟とあるそうで、幕末の4度の大火を凌

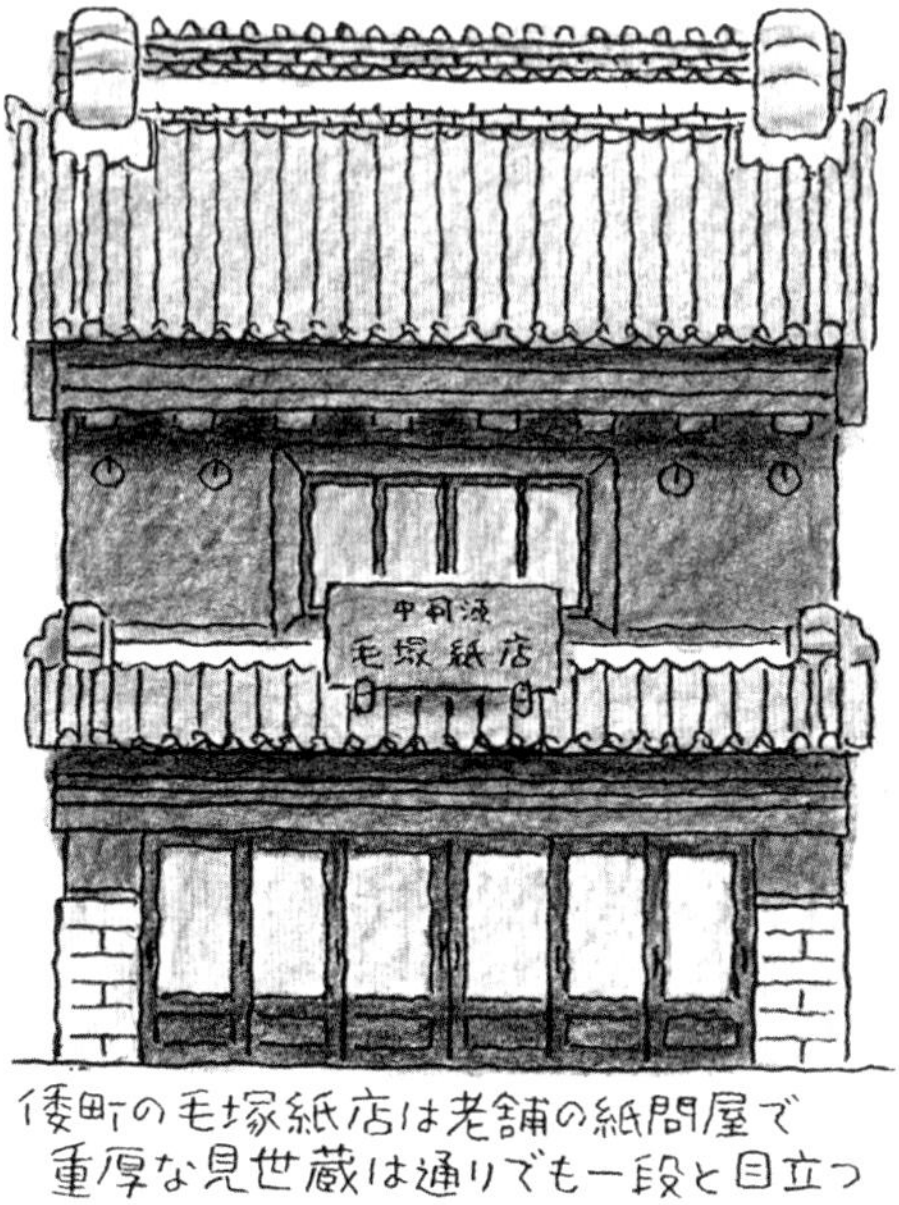
毛塚紙店
倭町の毛塚紙店は老舗の紙問屋で
重厚な見世蔵は通りでも一段と目立つ

■**歩行距離**：約5.2キロ
● **起・終点**：JR両毛線・東武日光線栃木駅から約1キロ、徒歩15分

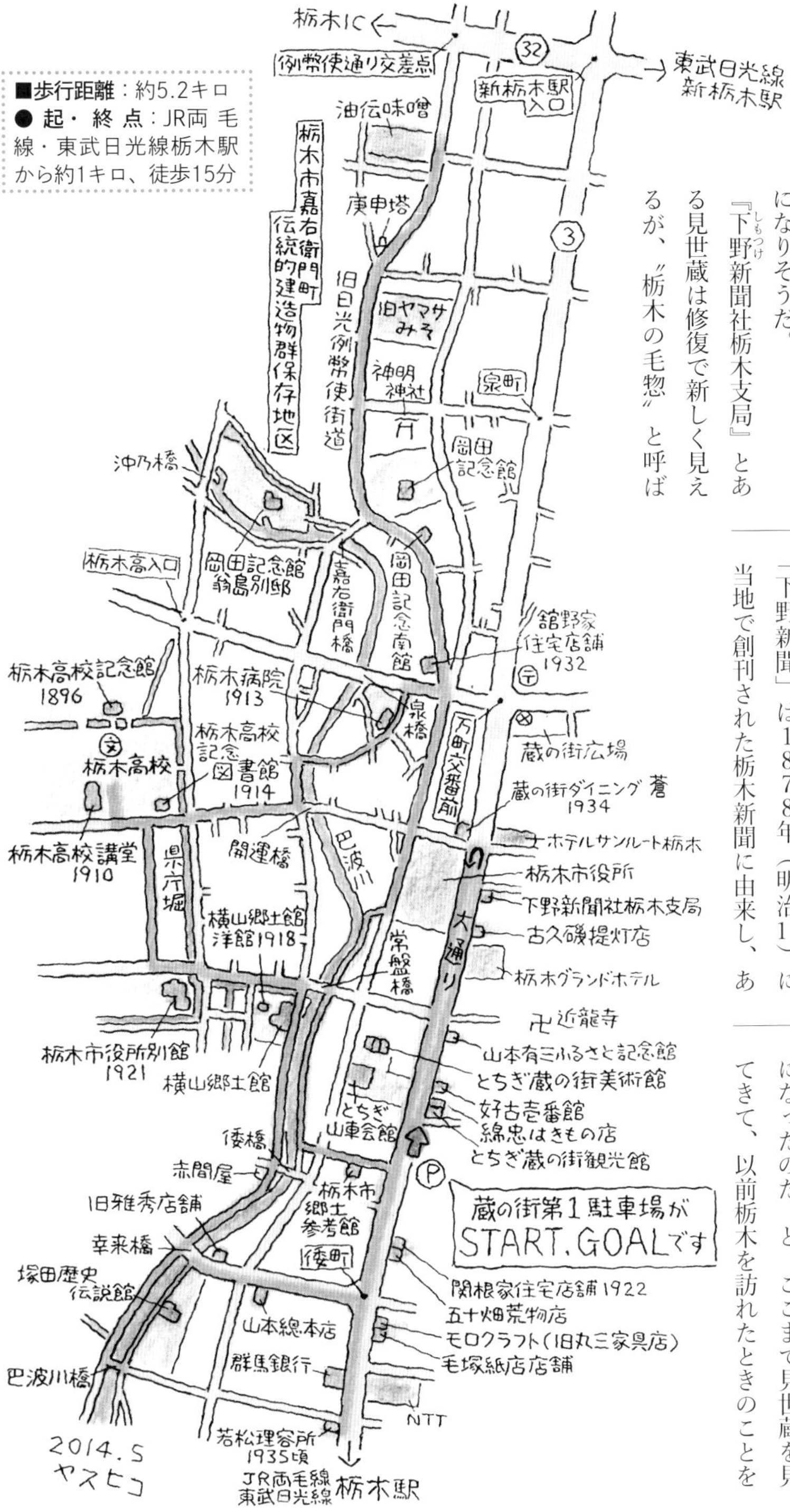

栃木IC
32
例幣使通り交差点
東武日光線
新栃木駅
新栃木駅入口
油伝味噌
栃木市嘉右衛門町伝統的建造物群保存地区
庚申塔
3
旧日光例幣使街道
旧ヤマサみそ
神明神社
泉町
岡田記念館
沖乃橋
栃木高入口
岡田記念館翁島別邸
嘉右衛門橋
岡田記念南館
舘野家住宅店舗1932
栃木高校記念館1896
栃木病院1913
泉橋
万町交番前
蔵の街広場
栃木高校
栃木高校記念図書館1914
蔵の街ダイニング 蒼 1934
栃木高校講堂1910
開運橋
巴波川
ホテルサンルート栃木
県庁堀
栃木市役所
下野新聞社栃木支局
横山郷土館洋館1918
大通り
古久磯提灯店
常盤橋
栃木グランドホテル
近龍寺
栃木市役所別館1921
山本有三ふるさと記念館
横山郷土館
とちぎ蔵の街美術館
好古壱番館
とちぎ山車会館
綿忠はきもの店
倭橋
とちぎ蔵の街観光館
赤間屋
栃木市郷土参考館
旧雅秀店舗
蔵の街第1駐車場がSTART.GOALです
幸来橋
倭町
塚田歴史伝説館
関根家住宅店舗1922
五十畑荒物店
山本総本店
モロクラフト（旧丸三家具店）
群馬銀行
毛塚紙店店舗
巴波川橋
NTT
若松理容所1935頃
2014.5
ヤスヒコ
JR両毛線
東武日光線 栃木駅

いだ耐火建築であり、全国的にも蔵造り店舗の最古のグループに入るときいた。黒漆喰《くろしっくい》のぶ厚い外壁が、いかにも頼りになりそうだ。

『下野《しもつけ》新聞社栃木支局』とある見世蔵は修復で新しく見えるが、〝栃木の毛惣〟と呼ばれた豪商の二代目・毛塚惣八が1861年（文久元）に建てたとあり、実に堂々たる構えだ。この見世蔵を支局にする「下野新聞」は1878年（明治11）に当地で創刊された栃木新聞に由来し、あの田中正造が編集主幹を務めたこともあるとか。後に「下野新聞」となって蔵の町の由緒ある見世蔵に支局を設けることになったのだ。と、ここまで見世蔵を見てきて、以前栃木を訪れたときのことを

思い出した。当時栃木の大通りは両側ともアーケードで覆われて、建物が見づらかった。今はそれがすっかり取払われ電柱も撤去され、建物の修復も進み、町並みをしっかり見ることができる。

『栃木市役所』の向かい角の『蔵の街ダイニング 蒼』は旧足利銀行栃木支店の建物（1934）で、小さくても昭和初期の銀行らしい意匠が好ましく、それをレストランに活用しているのもおもしろい。そして、ここから大通りを渡り同じ道を引返すのだが、それはここまで見てきた建物を反対側から眺めるためだ。見世蔵の屋根を飾る箱棟《はこむね》や影盛《かげもり》（鬼瓦《おにがわら》を漆喰で大きく塗り上げ引きたてたもの）は、離れて見る方がよろしい。

「蔵の街ダイニング 蒼」はもと銀行の建物を活用

『とちぎ山車《だし》会館』のそばの『とちぎ蔵の街美術館』は「釜佐」善野家の並び土蔵をうまく生かした施設で、妻側を見せた黒漆喰塗り観音開扉の3連土蔵には凄みさえ感じる。いずれも1843年以前の築とあるので、これまた幕末の4度の大火を防ぎきった価値ある土蔵だ。

ハイカラな洋風オフィス建築の関根家の店舗

少し先へ行った左手にある洋館は『関根家住宅店舗』（1922）で、老舗煙草卸商・関根家の店舗部分で貸事務所として建てられたとある。玄関まわりからパラペット（外壁の最上部）まで大正末期らしい意匠でまとめられてスキがない。『好古壱番館』と同じく、蔵の町にたまにある洋風建築はいいなと思う。隣は洋館と対照的に重厚な『五十畑荒物店』の見世蔵だ。

倭《やまと》町《ちょう》交差点の先、『毛塚紙店店舗』の見世蔵（1908）は栃木有数の老舗紙問屋「中源」毛塚家のもので、高い箱棟に影盛、軒の3重蛇腹がすばらしく、屋根や下屋庇《げやびさし》の漆喰の白と外壁の黒漆喰の対比が美しい。

倭町交差点から巴波川に向かうと『旧

雅秀店舗』の立派な見世蔵と、『塚田歴史伝説館』（1916）のある塚田家の土蔵群、それを背景にした栃木のシンボル・巴波川の景色が広がるので、ここは蔵と川のある風景を楽しんで歩くことにしよう。散歩向きの巴波川沿いの道は、舟運が盛んだった昔に水深が浅く流れの速い川を溯《さかのぼ》るのに舟を綱で曳いた、そのための綱手道《つなてみち》の名残とある。

横山郷土館の洋館
は意外にも
内部が和室
である

上流へ向かうと、2棟の石蔵の間に麻苧問屋と銀行の店舗があった両《りょう》袖《そで》切《きり》妻《づま》造《づくり》という珍しい建物（石蔵は明治42、43年上棟）の『横山郷土館』（1909）があり、屋敷内に離れの洋館（1918）がある。アールヌーヴォー風の意匠に大正7年という築年を感じて内部を見ると、そこは床の間のある和室で、天井と照明だけが洋風だった。

『栃木市役所別館（現在『文学館』に改修中）』は1921年に『栃木町役場庁舎』として建てられた洋館（設計・堀井寅吉）だ。役所建築といえば普通は玄関上の塔屋を中心に左右対称、両翼を広げて権威を示すものだが、この役所は時計付の塔屋を端に寄せてしかも45度向きを変え、左翼はなくそのかわりに北東隅を45度切った。意匠も当時のモダン感覚を取入れて権威的な要素がない。大正デモクラシー風というか、この自由さを漂わせる町役場の建物に、好感を持った。周囲の『県庁堀』も建物によくなじんで、心地よい風景を作っている。『県庁堀』（1873）は栃木県庁がこの地に置かれたときに設

栃木町役場庁舎として1921年に建てられた
栃木市役所別館

栃木高校記念図書館は同校同窓会の記念事業として1914年に建てられた

けられ、県庁が宇都宮へ移った後も穏やかな水辺の風景を保ち続けている栃木の隠れ名所だ。

『栃木高校』の3つの歴史的建造物は、学校の受付で許可を得て見学させていただく。『記念図書館』（1914）は下見板張ペンキ塗りの洋館だが、どこか和風を感じる建物だ。また『講堂』（1910）は同じペンキ塗りでも古典主義様式が加わって明治らしい洋風学校建築である。グラウンドに面した『記念館』（1896）は学校創立年に建てられた最古の建物なのに3棟の中で最も古さを感じない。校舎らしいシンプルさのためだろうが、この後日本の校舎建築が長くこのままだったことに気付いた。

学校を退出して巴波川を渡ると、狭い横丁に面した木造2階建ての『栃木病院』（1913）に出合う。ハーフティンバーと下見板張を採用した大正初期モダンの意匠もおもしろく、玄関と2階ベランダの組合せの正面、遠くから見る屋根の変化、近くで見る床下通気孔と見どころがいっぱいの病院だ。

市道を横断して北へ向かうと、その一帯が「栃木市嘉右衛門町伝統的建造物群保存地区」で、旧日光例幣使街道に沿って幕末から昭和初期にかけての各種建築が多く残っている。見世蔵、土蔵や石蔵、木造真壁出桁造《もくぞうしんかべだしげたづくり》店舗といった建物が旧時代の町並みを作る地域だ。町名にある通り岡田嘉右衛門という人物に由来する場所であり、『岡田記念館』（旧陣屋）、『岡田記念館翁島別邸』（1920）が公開されている。街道筋に老舗の構えを見せる『油伝《あぶでん》味噌』で折り返し、再び巴波川沿いの道をたどって『蔵の街第1駐車場』でゴールインとしよう。

築約80年の今でもモダンな若松理容所

6 足利氏ゆかりの史跡と近代産業遺産を辿る

足利

栃木県

かつて織物の町といわれた足利には、その歴史を物語るいくつかの建物が現存する。また市街の中心にある『史跡足利学校』は、中世の日本で学問研究の中核をなした日本最古の総合大学といわれる足利学校の歴史文化を伝えるためにおかれた施設だ。さらにその裏に広い寺領を持つ『鑁阿寺《ばんなじ》』は足利氏の居宅跡を境内にした古刹である。

そういった歴史の町・足利を行く今回の散歩は、『史跡足利学校』に向かう学校様通り入口をスタートする。「足利学校」の標石と孔子の石像を左右に見て石畳道を行き、入徳門を入り参観料を支払って「学校」とだけ書かれた学校門をくぐり『史跡足利学校』校内へ。正面は『孔子廟』（聖廟）で右に方丈や庫裡《くり》があり、ここに足利学校についての説明がある。足利学校の創設は奈良時代、平安時代と諸説があるが、室町時代に再興されてからは資料が残っていて、最盛期には学徒3000人、ザビエルが「日本国で最大の坂東の大学」と報告したのがこの頃とある。当時の所在地は現在のJR足利駅の南西辺りだったという。現在の建物や庭園はすべて復元で、学校門だけが江戸時代の築とか。

『史跡足利学校』の西北にある『鑁阿寺』は、四方を水堀で囲まれており特別な景観を見せている。正面入口の唐破風付きの太鼓橋（江戸時代）が印象的で、背後の山門（室町時代）も立派だ。境内に入ると大御堂（本堂）が鎌倉時代の建立で国宝。経堂が室

旧足利学校遺蹟図書館は足利学校敷地内にあり
史跡足利学校を知るために必要な施設だ

町時代、鐘楼は鎌倉時代の建立で、ともに国指定の重要文化財。そのほか江戸時代の多宝塔、宝庫（校倉《あぜくら》）など見どころの多い建造物が続き、樹齢約600年、直径約9・5メートルの大イチョウ（天然記念物）もみごとだ。建物では特に鐘楼のシンプルかつ味わい深い造形にしばらく見入った。

鑁阿寺の鐘楼は1196年（建久7）建立で禅宗様式

1196年（建久7）に足利義兼《よしかね》が屋敷内に持仏堂を建てたのが『鑁阿寺』の起源とある。義兼は源義家の孫で足利氏の祖・義康《よしやす》の息子すなわち義家の曽孫であるから、

源氏の正統だ。頼朝の挙兵に応じて平家追討に加わり奥州藤原氏征討にも貢献し、足利では平家方についた藤原系足利氏

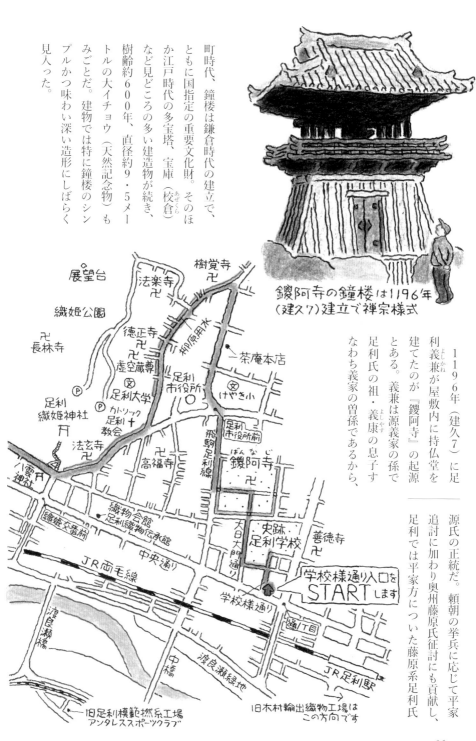

（藤原秀郷の子孫で足利荘《あしかがのしょう》の覇者）を滅ぼして足利一円の支配者となり、頼朝の妻・政子の妹・時子を娶ったというのだから源氏の成功者だ。持仏堂を中心にして本堂や塔頭《たっちゅう》12坊を建てたのは義兼の息子の義氏《よしうじ》（父と同じく鎌倉幕府の重臣）だが、そう思って見るせいか『鑁阿寺』の佇まいに鎌倉五山の建長寺、円覚寺、寿福寺、浄智寺、浄妙寺（これは足利義兼が開基したものである）と共通するものを感じた。ちなみに足利3代の義氏から5代目の後胤《こういん》に当たるのが足利尊氏《たかうじ》（室町幕府将軍）だ。

鑁阿寺・太鼓橋
いまでは足利のシンボルのひとつ

『鑁阿寺』西門（1432年=永享4に再修された鎌倉期の武家造りでシンプルで剛毅な門）を出て北へ向かい市役所横を通って行くと、そば好きに足利と問えば「一茶庵《いっさあん》」と応える、その『一茶庵本店』がある。

■**歩行距離**：約5キロ
●**起点**：JR足利駅から0.8キロ、徒歩10分
●**終点**：足利公園北西の通七丁目から「あしバスアッシー」7分、JR足利駅下車。足利公園からJR足利駅まで歩く場合、2.2キロ、徒歩27分。

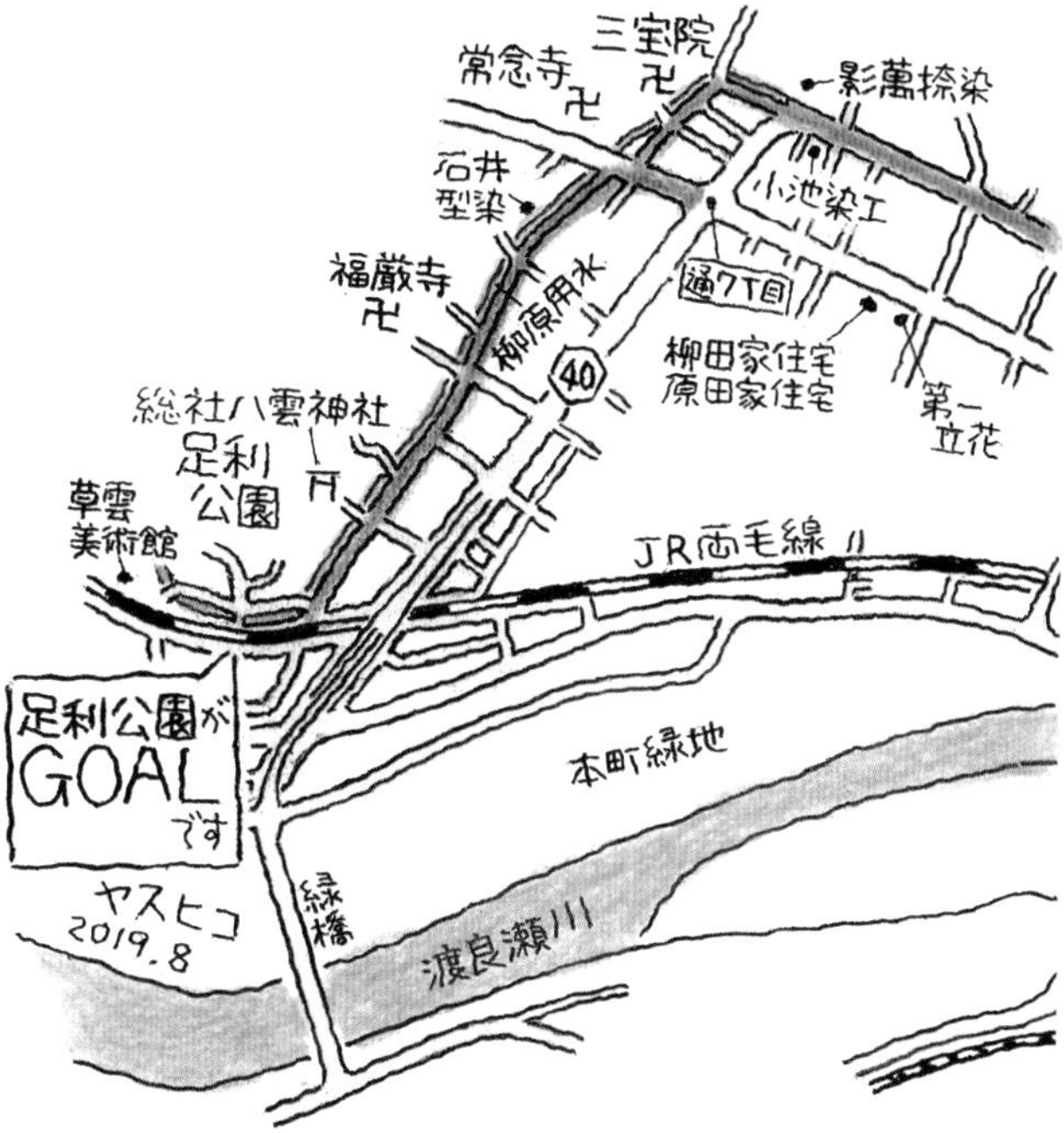
三宝院
常念寺
影蔦捺染
石井
型染
小池染工
福厳寺
柳原用水
通7丁目
40
柳田家住宅
原田家住宅
第一
立花
総社八雲神社
足利
公園
草雲
美術館
JR両毛線
足利公園が
GOAL
です
本町緑地
ヤスヒコ
2019.8
緑橋
渡良瀬川

やがて道は変則四差路になり、サラサラと水が流れる用水に気付く。これが足利の大切な環境資産、『柳原《やなぎわら》用水』だ。足利が天領だった江戸時代初期に渡良瀬《わたらせ》川の水を足利北方の水田に送るために開削されたもので、散歩はこの『柳原用水』に沿って行く。

用水沿いの歩道は快いもので、右に織姫山、左に閑静な住宅地を眺め、用水沿いに立派なお寺が次々と現れる。どのお寺も季節の花が美しく、手入れの行き届いた境内に心が洗われる。そこで思い当たるのが京都・東山の山裾に点在するお寺と疏水《そすい》が流れる『哲学の道』で、ここは足利だから儒学の道かなとつぶやいてしまった。お寺がない所は『足利大学』のキャンパスで、モダンな校舎群が山の斜面にまで立ち並ぶ。そして織姫山に登る石段の下に到着。石段を上れば『足利織姫神社』である。

織物などの産業振興を願って1937年（昭和12）に創建された神社だが、いまは（織り糸の関連で）縁結びの神社としても尊崇を集め、若い参拝者が多いので驚いた。境内からの眺めがまたすばらしく、関東平野が一望できる。日本夜景遺産認定というのも納得だ。

神社から先は用水が歩道の下を流れるが、しばらく行くとまた元通りに。美しい境内のお寺の先で道と用水が分かれるが、幹線道路の先でまた出合う。用水沿

明治の産業遺産のひとつ
旧木村輸出織物工場事務所棟

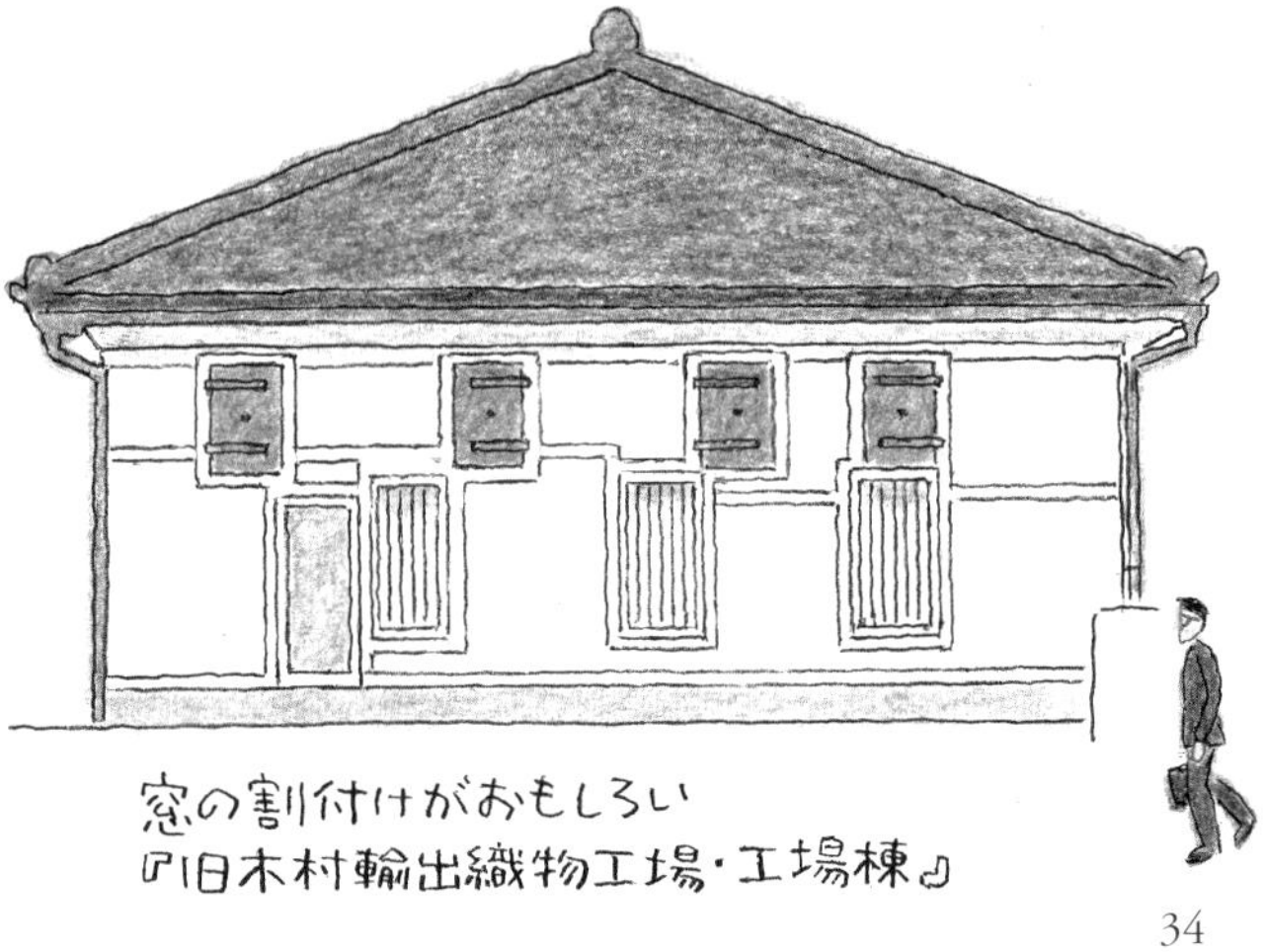

窓の割付けがおもしろい
『旧木村輸出織物工場・工場棟』

足利模範撚糸工場は
輝かしくまた貴重な
日本の近代産業遺産だ

いに散歩して足利総鎮守『総社八雲《やぐも》神社』を経てゴールの『足利公園』に着く。そこで気付いたことがひとつ。用水は北の山地から南の渡良瀬川へ向かって流れていると思い込んでいたが実は逆だった。その点でも京都の疏水と同じだと思った。

ここでコース外の物件を4件、紹介したい。

『旧木村輸出織物工場・事務所棟・工場棟』（現・足利織物記念館／1911／足利市助戸仲町・助戸公民館内）は明治後期から大正、昭和と隆盛を極め輸出織物生産をリードした会社、工場で、事務所棟は小さくても端正で美しい本格洋風建築だ。工場棟は窓の割付がおもしろい土蔵造りである。

『旧足利模範撚糸工場』（現・アンタレススポーツクラブ／1903／足利市本町）は明治政府の模範工場設置政策を受けて建設された工場で、大谷石《おおやいし》造りの重厚な大アーチ、バットレスに目が止まる。模範工場の誇り高い工場建築が丁寧に保存されている。

『JR足利駅』の昭和モダンがおもしろい駅舎は1933年に完成した。昭和初期のスタイルが残る駅舎は北関東ではここだけで、「関東の駅百選」に選定されている。

JR足利駅
『JR足利駅』の昭和モダンの駅舎

7

水と緑に彩られた歴史の街
水戸藩の面影と洋風建築

水戸

茨城県

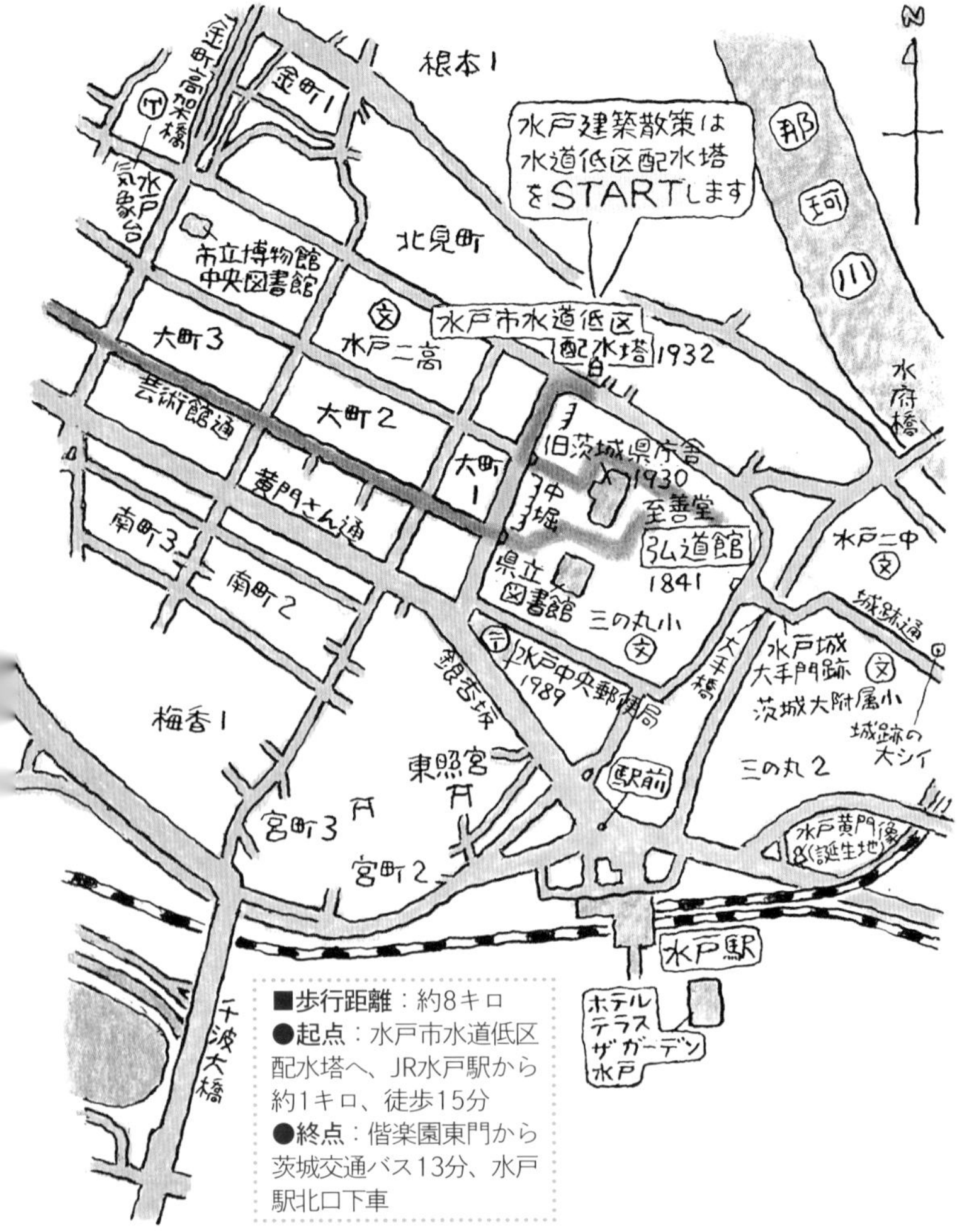

■歩行距離：約8キロ
●起点：水戸市水道低区配水塔へ、JR水戸駅から約1キロ、徒歩15分
●終点：偕楽園東門から茨城交通バス13分、水戸駅北口下車

『水戸中央郵便局』の角を北へ向かって歩くと、突然鮮やかな水色のドームが見えてくる。それは一瞬イスラム教のモスクのように見えたが、すぐにこれが有名な水戸の配水塔だと気づいた。近寄ってみると正しく水戸のランドマーク『水戸市水道低区配水塔』（1932、後藤鶴松）で、その種の塔らしくない装飾と彩色で輝くばかりである。また、ドームの部分はまるでモスクだし、配水塔にあるはずのない窓があり、出入口付近も教会のようだ。ゴシック様式の窓があったりするけれど、全体を見れば何様式でもないとわかる。

この塔は市内低区（土地の低い地区）に配水するために、市の水道技師の後藤鶴松という人が設計したと案内にある。

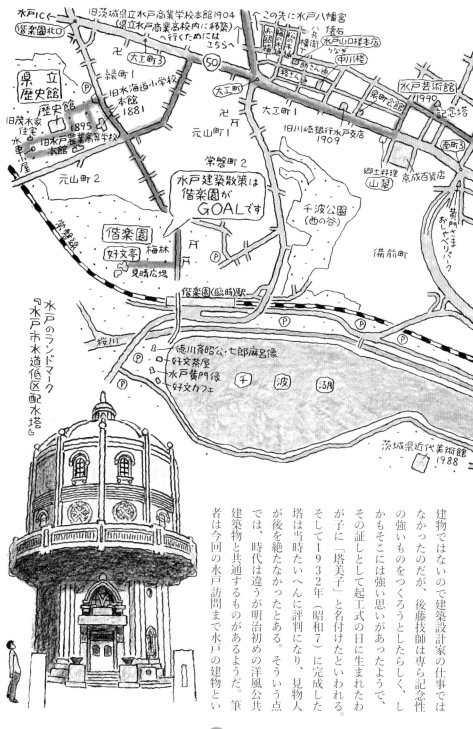

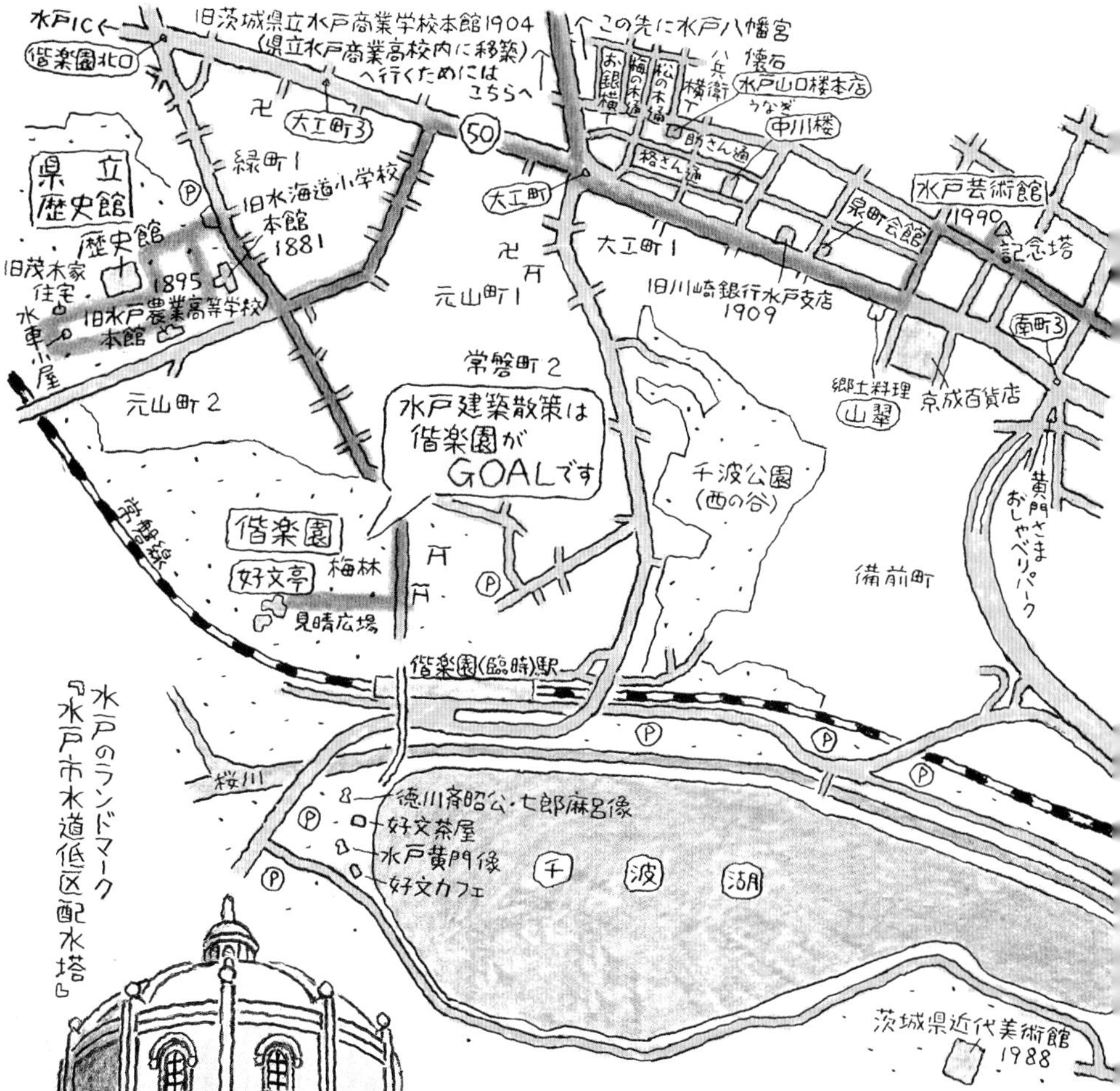

水戸ICへ
偕楽園北口
旧茨城県立水戸商業学校本館1904
（県立水戸商業高校内に移築）
へ行くためには
こちらへ
この先に水戸八幡宮
お隠居横丁
梅の木通
松の木通
八兵衛横丁
懐石
水戸山口楼本店
うなぎ
中川楼
助さん通
格さん通
大工町3
50
緑町1
県立歴史館
歴史館
旧茨木家住宅
旧水海道小学校本館
1881
1895
旧水戸農業高等学校本館
水車小屋
大工町
大工町1
元山町1
旧川崎銀行水戸支店
1909
水戸芸術館
1990
泉町会館
記念塔
南町3
常磐町2
元山町2
水戸建築散策は
偕楽園が
GOALです
郷土料理
山翠
京成百貨店
千波公園
（西の谷）
黄門さま
おしゃべりパーク
偕楽園
好文亭
梅林
見晴広場
常磐線
備前町
偕楽園（臨時）駅
桜川
徳川斉昭公・七郎麻呂像
好文茶屋
水戸黄門像
好文カフェ
千
波
湖
茨城県近代美術館
1988

水戸のランドマーク
『水戸市水道低区配水塔』

建物ではないので建築設計家の仕事ではなかったのだが、後藤技師は専ら記念性の強いものをつくろうとしたらしく、しかもそこには強い思いがあったようで、その証しとして起工式の日に生まれたわが子に「塔美子」と名付けたといわれる。そして1932年（昭和7）に完成した塔は当時たいへんに評判になり、見物人が後を絶たなかったとある。そういう点では、時代は違うが明治初めの洋風公共建築物と共通するものがあるようだ。筆者は今回の水戸訪問まで水戸の建物とい

泉町2丁目の泉町會館

われて思い当たるものがひとつもなかったが、変わった配水塔があるとは聞いていたので、後藤技師の意図は成功したのだと思う。ちなみに塔身のエンブレムにある消防ホースのノズルは、配水の目的のひとつが消火だったことを示すと聞いた。この塔は「昭和初期の市民生活の近代化を象徴する文化財」となっており、1985年（昭和60）には全国水道百選に選ばれ、1996年（平成8）には『旧茨城県立水戸商業学校本館』とともに茨城県初の国登録有形文化財に指定された。配水塔としての役目は、2000年（平成12）3月に終わったそうだ。

『水道低区配水塔』からスタートした水戸建築散歩の次の物件は、隣の『旧茨城県庁舎』（現・三の丸庁舎／1930、置塩《おしお》章）である。

1930年（昭和5）に完成した旧県庁舎は、同時代に完成した多くの各県庁舎と共通するところが多い。左右対称のシルエット、玄関車寄せ、塔屋、中央階段室と、この時代の県庁舎の基本はどれも同じようで、筆者はその共通する部分をあえて比べてみているのだが、これがなかなかおもしろい。そのひとつが中央階段の親柱で、小さいながらも他とはちがうという見せ場になっている。

『旧茨城県庁舎』から背中合わせの位置にある旧水戸藩の藩校『弘道館』へと向かう。実は旧茨城県庁舎のある場所も『弘道館』の敷地だったということで、なるほどそうかと思いながら『弘道館』の正門に回り、通用門を入るとそこに『弘道館正庁』と『至善堂』（正庁と棟続き）があった。この建物と正門だけが戦

『旧三菱東京UFJ銀行水戸支店』の建物は1909年に川崎銀行水戸支店として建設された

旧茨城県立水戸商業学校本館玄関は
茨城県営繕技師の駒杵勤治が設計して1904年に完成した

火を免れて水戸藩の存在を現代に伝え、国の重要文化財である。

『弘道館』は徳川御三家のひとつ水戸徳川家九代・斉昭公（烈公）が、尊皇攘夷に基づく藩政改革のひとつとして開設した藩立学校だ。斉昭公は烈公といわれるように、藩政改革のほかにも海防参与として幕政に参加し軍備拡充を唱え実行（大砲鋳造から戦車の試作までしている）、将軍継嗣問題や日米修好通商条約でも大老・井伊《いい》直弼《なおすけ》と対立して主張し行動するラジカルな殿様で、ついには幕府から永蟄居《えいちっきょ》を宣告された。けれども時代は水戸徳川家の遺伝子を必要としており、斉昭の七男で一橋家へ養子に出ていた慶喜《よしのぶ》が家茂死去の跡を継いで征夷大将軍に就任。才気煥発なこの〝最後の将軍〟は意表をついて大政奉還を上奏、勅許されて新国家体制を画したがこれは失敗。鳥羽伏見の戦いにも敗れて江戸城に戻った後、上野『寛永寺』に籠り、江戸開城と同時に少年時代を過ごした水戸に退いて謹慎したのが、『至善堂』だった。いまも春になれば梅の香る座敷は慶喜が起居した当時のままで、庭先からその室内を覗くことができる。

芸術館通を西へ向かい、現代水戸の文化活動の拠点である『水戸芸術館』（1990、磯崎新、三上建築設計事務所）へ。美術館、劇場、コンサートホールなどの複合文化施設である芸術館は小学校の跡地に市街地活性化を図って1990年（平成2）に生まれた。シンボルのアートタワーは金属の正四面体を組合せた螺旋状の塔で、市制百年を記念して高さ100メートル。どこからもよく見え、朝夕の光を映して美しい。低区配水塔に次ぐ水戸のランドマークだ。

国道50号線に出るとすぐに出合う『旧三菱UFJ銀行水戸支店』（旧川崎銀行水戸支店／1909、新家《にいのみ》孝正）の建物は、いまは目立たないが1909年（明治42）にこの地に出現した時は、ルネサンス様式の格調ある姿がどんなに目立ったことかと思う。川崎銀行の創始者・川崎八右衛門は水戸藩の勘定方から身を起こして維新後、川崎財閥を築いた人なので、東京・日本橋の本店と同じ格調を水戸支店にも求めたといわれ、設計も本店と同じ新家孝正である。

大工町の交差点を右折、国道118号線と合流して約200メートル先で左折すると『旧茨城県立水戸商業学校本館』（玄関部分／1904、駒杵勤治《こまぎねきんじ》）のピンクの建物が見えてくる。学校にしては華やか過ぎると思われるこの建物だが、1904年（明治37）に当時、茨城県営繕技師だった駒杵謹治が設計し、木造石張りという仕様で建てられた。駒杵は設計に当たって、『ベルサイユ宮殿』を模したと伝わる。駒杵は東京帝国大学工科大学卒業後あえて地方官庁の営繕に身をおき、その2年余りの間に学校や警察署など県の公共建築を独自の作風で多数残した。この校舎もいま見れば明治の香りが強いが、当時はこの地方の教育の場に新風を吹き込む建物だったかと思う。

再び50号線に戻り、『茨城県立歴史館』を目指す。歴史館の敷地に入って左手を見ると大型の木造建築が見えて、建築散歩に慣れた人ならすぐに〝擬洋風〟と気づくだろう。全国の擬洋風学校建築の中でも特に有名な、この『旧水海道《みつかいどう》小学校本館』（1881、羽田甚蔵）は、大きく張り出した玄関ポーチと2階のバルコニー、八角形の太鼓楼が、見る者を驚かす。西洋の古典様式ではなく禅宗寺院のような列柱、軒下の瑞雲、中国風の鼓楼屋根などいま見れば珍奇であっても、1881年（明治14）にこれを建てた棟梁・羽田甚蔵は西洋風の学校を目指して図面を引き、文明開化が叫ばれる時代の要請に応えたのだ。

下見板張りペンキ塗の外壁は当初は漆喰塗だったそうで、2度の移築を経て板張りになった。歴史館にはほかに『旧水戸農業高等学校本館』（復元）、『旧茂木家住宅』、『水車小屋』などが移築されている。

日本三名園のひとつ、また梅の名所としても有名な『偕楽園』が水戸建築散歩のゴールなので、同園をつくった徳川斉昭が建設地から建築意匠まで自らきめたという『好文亭』（木造2層3階建本体と平屋奥御殿、戦災焼失後復元）を見学して散歩を終わる。

棟梁・羽田甚蔵が設計施工した『旧水海道小学校本館』

8

中山道の宿場町は レンガ生産発祥の地

深谷

埼玉県

レンガ造り倉庫と
昭和モダンの
店舗が並ぶ
『小林商店』

かつて深谷は、中山道《なかせんどう》六十九次のうち板橋宿から数えて9番目の宿場として栄えた。今も旧中山道筋の東西に残る常夜灯が、宿場の規模を示す。本陣1、脇本陣4、旅籠《はたご》80（天保年間）は街道一の宿場のしるしとある。明治以後の深谷は日本の資本主義をつくり育てたといわれる実業家・渋沢栄一の生誕地として知られ、また建築の近代化に欠かせない建材だったレンガの国産化のために渋沢らが立上げた『日本煉瓦《れんが》製造株式会社』がレンガ生産を始めた地だ。ここに有名な「深谷ネギ」を加えるとしても、ともかくそんな深谷の建築散歩を、旧中山道の常夜灯（西）前から始めよう。

　出発するとすぐに『滝澤酒造』のレンガの大煙突に出合う。古典主義様式の円柱にも似た格調ある煙突で、レンガの町・深谷をいきなり見せられた気がする。その先でまたもや出合うレンガの煙突は『七ツ梅酒造跡』のもので、煙突は使われていないが、母屋、店蔵、精米蔵、釜屋などの跡を生かして映画館、イベントホール、就労相談所、カフェなどでひとつの文化コンプレックスを形成しているのに瞠目《どうもく》した。各々の建物内部もおもしろく、営業中なら客として見ることができる。

次の辻を右折すると、『小林商店』のレンガ造り倉庫（1912）と昭和初期モダンの店舗（1927）が並んでいるのに出合う。倉庫の棟札にレンガ職人の名が残っているそうで、築年と職人の名がわかるレンガ倉庫は珍しいとのこと。小口積みの外壁に、隣にあった建物の形が残っている。旧中山道に引き返すと『深谷れんがホール』（1933）

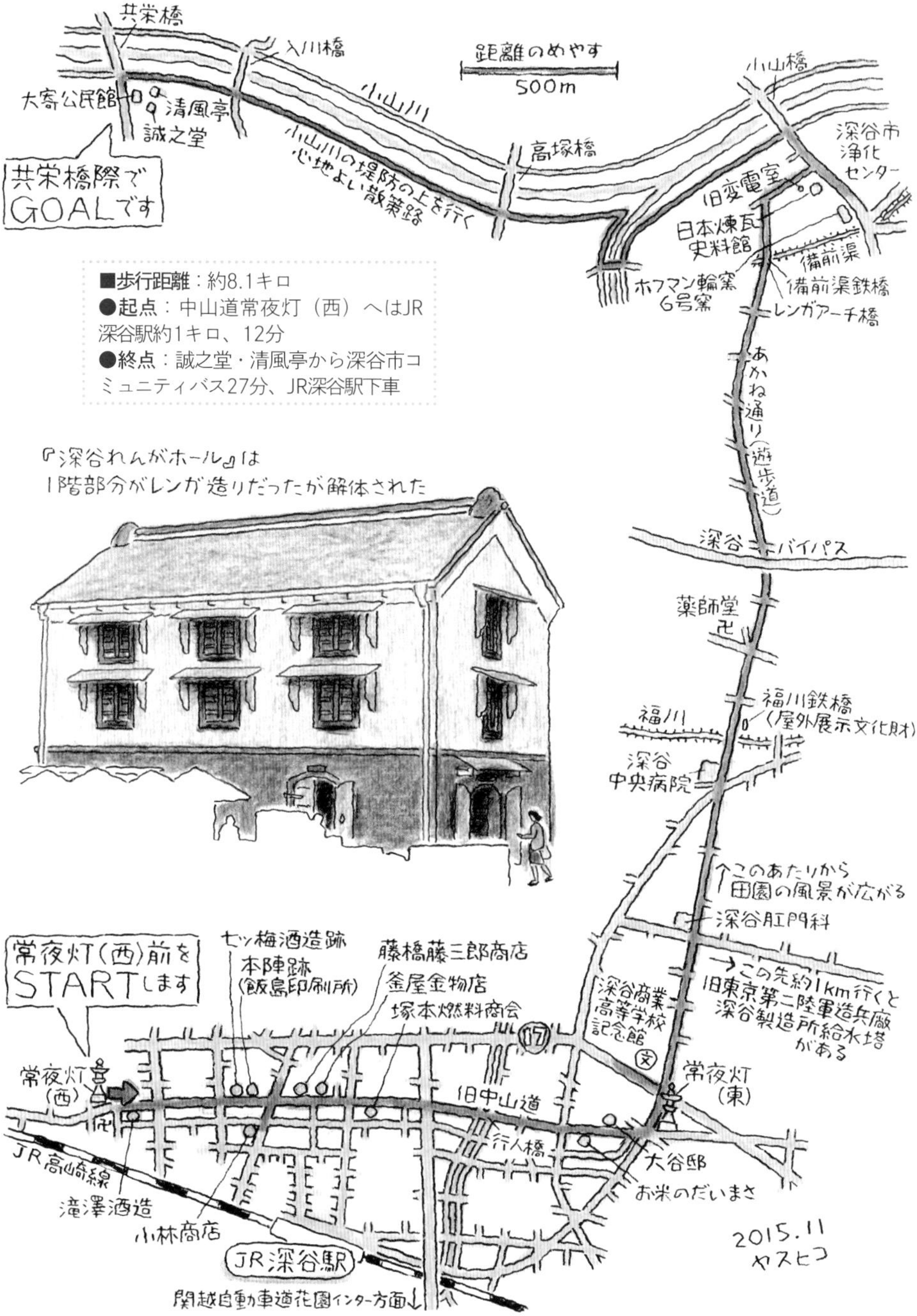
共栄橋
入川橋
距離のめやす
500m
小山橋
大寄公民館
清風亭
誠之堂
小山川
小山川の堤防の上を行く心地よい散策路
高塚橋
深谷市浄化センター
共栄橋際でGOALです
旧変電室
日本煉瓦史料館
備前渠
ホフマン輪窯6号窯
備前渠鉄橋
レンガアーチ橋
あかね通り(遊歩道)
『深谷れんがホール』は1階部分がレンガ造りだったが解体された
深谷バイパス
薬師堂
福川
福川鉄橋(屋外展示文化財)
深谷中央病院
このあたりから田園の風景が広がる
深谷肛門科
→この先約1km行くと旧東京第二陸軍造兵廠深谷製造所給水塔がある
常夜灯(西)前をSTARTします
七ツ梅酒造跡
本陣跡(飯島印刷所)
藤橋藤三郎商店
釜屋金物店
塚本燃料商会
17
深谷商業高等学校記念館
常夜灯(西)
常夜灯(東)
旧中山道
行人橋
大谷邸
お米のだいまさ
JR高崎線
滝澤酒造
小林商店
JR深谷駅
関越自動車道花園インター方面↓
2015.11
ヤスヒコ

■**歩行距離**：約8.1キロ
●**起点**：中山道常夜灯（西）へはJR深谷駅約1キロ、12分
●**終点**：誠之堂・清風亭から深谷市コミュニティバス27分、JR深谷駅下車

の3階建てで1階部分がレンガ造り、もとは柳瀬金物店の倉庫だったがそれはまた解体された深谷信用組合のレンガを利用して建てられたというレンガ史的建物があったのだが、最近解体されて残念だ。

旧中山道沿い、三つ目のレンガの煙突は『藤橋藤三郎商店』（明治末期〜大正初期）のものだ。米蔵、精米所などが木骨レンガ造りで立ち並び、レンガ職人の精巧な仕事が見つかる。これまでの2本とあわせて3本のレンガ煙突は、レンガの町・深谷の立派なモニュメントではないかと思った。煙突はコンクリートよりもレンガが美しいねとつぶやきながら行くと、ハッとする建物に出合った。それが『塚本燃料商会』（大正初期）の店舗で、何よりも目立つレンガの「総うだつ」（隣家との境界に設けた防火壁）が砦のようだ。伝統的な街道筋の商家の造りにヨーロッパ風のレンガ壁が合体して、不思議な風景をつくっていると思った。

レンガ造りの「総うだつ」が見事な『塚本燃料商会』

旧深谷宿の東端に当たる常夜灯（東）からは、遊歩道を北へ向かう。この道は深谷市街北方の上敷免《じょうしきめん》にあった『日本煉瓦製造株式会社』の工場で大量生産されるレンガを東京などへ運ぶために工場と深谷駅の間に1895年に建設された日本初の民間専用鉄道「煉瓦輸送専用線」の線路跡で、今は歩行者と自転車の各専用道路が併行している。この「あかね通り」ともいう遊歩道を歩いて上敷免へ向かう。

国道17号線を陸橋で越えると左に『深谷商業高等学校記念館』（1922）が現れる。かつて上越地方や信州へ車で行くとき、高速がなかった昔は専らこの17号線を往復し、深谷を通るたびに車中から『深谷商業高校』のクラシックな校舎を見た。けれども通過の一瞬で見る印象としっかり見るのとでは、ずいぶん違った。明治の学校に多い木造ゴシックと勝手に決めていたのだが、築年を聞くと大正11年とずっと新しく、威厳はあっても権威的ではなく、装飾も単純化が相当に進んで、もうすぐ昭和モダンがやってくる予感がある。復原工事が成ったばかりとのことで、そのせいもあってか明るく若々しい校舎で、ここでも大正デモクラシーという言葉を思い出した。

威厳があってしかも明るい『深谷商業高等学校記念館』

遊歩道を北へ向かうと、田園の風景が開ける。福川を過ぎた所の右手に『福川鉄橋』（1895）の実物が展示してあり、現存する日本最古の「ポーナル型プレート・ガーダー橋」とある。さらに深谷バイパスを過ぎると、晩秋の乾いた空気の向こうに日光連山、赤城山、榛名山が意外に大きく、白く輝く浅間山が美しい。この建築散歩は晴れの日に実行すべしと思いながら行くと、また用水路を橋で渡るが、今度は現役の橋が『備前渠鉄橋』（1895）で、構造は同じくポーナル型だ。そして橋の数メートル南寄りのレンガアーチ橋（長さ2メートル）も同時に建設されたとあるので用水路脇に下りて確かめた。

『日本煉瓦旧事務所』（現・史料館／1888）は意外にもレンガ造りではなかった（レンガ生産を始める前に建てたのだから当然か）。木造平屋下見板張、上下窓に鎧戸というこの質素な建物は、日本政府の要請でこの地にやってきたドイツ人、レンガ製造技師ナスチェンテス・チーゼが娘クララと居住し事務所にもした建物で、自身の設計と伝わる。工場では「異人館」または「教師館」と呼ばれ、はじめは現在の深谷市浄化センターの場所にあった。チーゼはここで材料土の調査、レンガ製造の指導にあたり、彼らが1889年に帰国した後は工場事務所として使われた。また近くに残る『ホフマン輪窯《わがま》6号窯』（1907）は、最盛期6基あったうちのひとつで、1968年まで使われていた。ホフマン窯はドイツ人窯業技師のフリードリヒ・ホフマンが1858年に考案したレンガ焼成用のドーナ

旧日本煉瓦製造株式会社事務所棟が現在は『日本煉瓦史料館』になっている

『日本煉瓦史料館』敷地内の
『旧変電室』は
小さくても味のある建物だ

ツ型の窯で、これによりレンガの量産が可能になった画期的な窯とある。操業時は地上3階の木造上屋《うわや》で2階が燃料投入室、3階がレンガ乾燥室になっていたが、現在は2、3階が取り除かれている。敷地の隅にある『旧変電室』（1906）は電灯線を引いた際に変圧器の建屋として建設されたレンガ造りの小建築だが、仔細に見ると細部も疎かにせず丁寧に仕上げてあり、レンガ職人の誇りを感じた。床下通気孔グリルの意匠にも感心した。

この先は小山川の堤防に沿って行くので、関東平野を囲む山々の眺めがすばらしく、この散歩はぜひ好天の日に実行したいと重ねて思う。小山橋から数えて四つ目の共栄橋際が散歩のゴールだが、ここまで来たのは橋際の『大寄公民館』敷地内に移築されている2棟の建物を観賞するためだ。『誠之堂《せいしどう》』（1916、田辺淳吉）は深谷出身の実業家・渋沢栄一の「喜寿」を祝って当初は東京・世田谷に建てられ、後で深谷に移築されたもの。イギリスの田舎家風に日本、アジアの意匠を加えたところがおもしろい。レンガ煙突外部に「喜寿」がデザインされている。『清風亭《せいふうてい》』（1926、西村好時）は『誠之堂』同様、東京・世田谷から移築された記念建築で、スパニッシュを基調に田園風の趣を加えたものだ。

これで今回の散歩は終わるが、付録として1物件を記す。コース中の「あかね通り」（遊歩道）の深谷肛門科の辻を東へ約1キロ行くと、田園風景の均衡を破って突然5層のタワーが現れて驚く。これが『旧東京第二陸軍造兵廠《ぞうへいしょう》深谷製造所給水塔』（1944）だ。以前、給水塔を改造したホテル（ドイツ・ケルン市）に泊まっておもしろかった記憶があるが、この場合は住宅に改造されて今日に至っており、稀有な例なので紹介した。

田園の中で目立つ5層楼は
『旧東京第二陸軍造兵廠
深谷製造所給水塔』だ

9

江戸・東京の表情を残す深川界隈

清澄白川～越中島

東京都

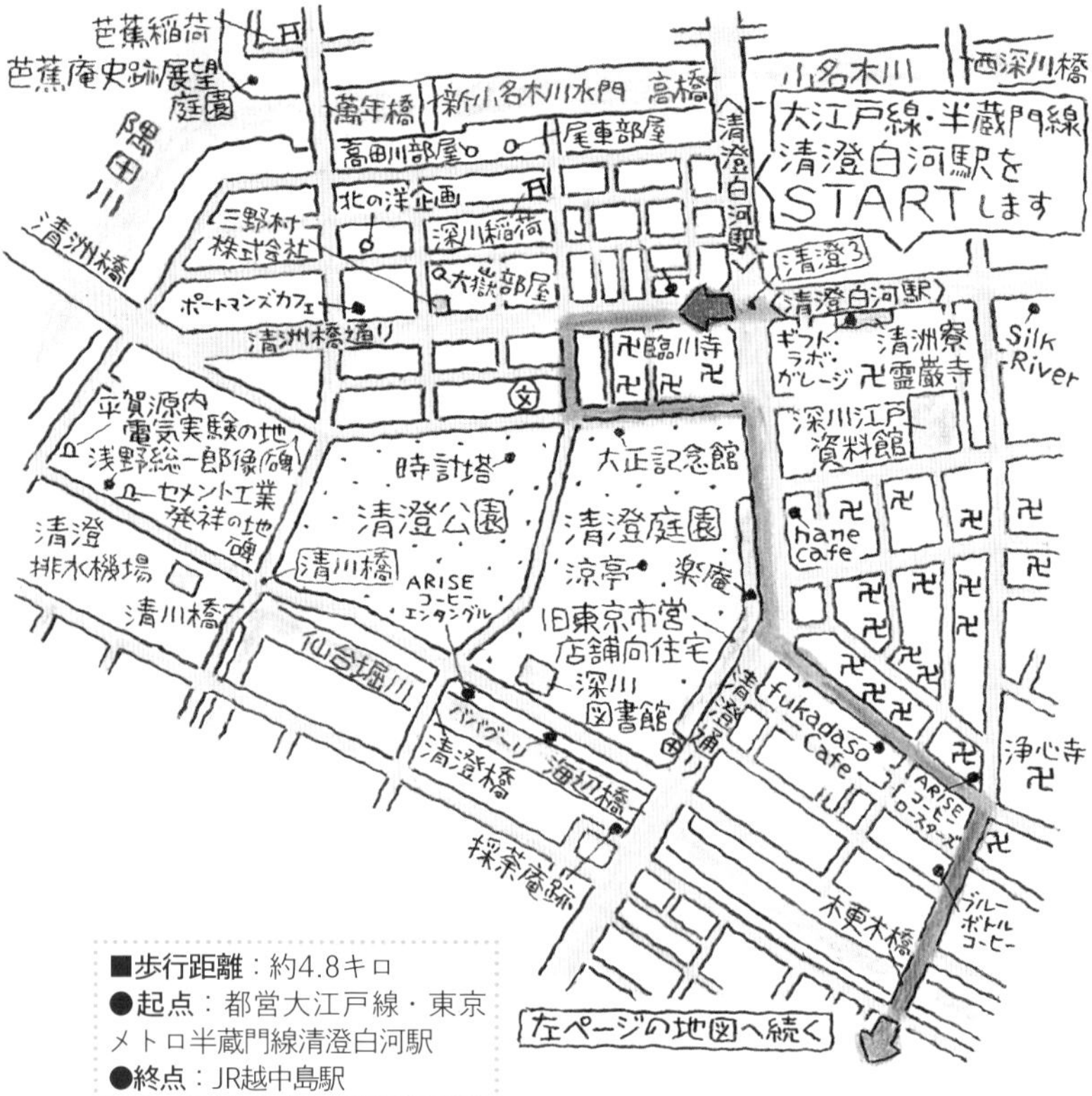

■**歩行距離**：約4.8キロ
●**起点**：都営大江戸線・東京メトロ半蔵門線清澄白河駅
●**終点**：JR越中島駅

久しぶりに隅田川を渡って江東の地を訪ねた。ぼくの故郷は旧日本橋区米澤町（現中央区東日本橋）で、通学した高校が箱崎町にあったから隅田川の右岸で暮らしたのだが、友人知己が本所深川に多かったので隅田川左岸にもよく出かけた。だが、その後は東京の西寄りで暮らすようになり、たまに行っても車で通過するだけでは何も分からない。なので今回の訪問は、久しぶりに故郷に帰った気分だった。

関東大震災や戦災の被害が同じように甚大だったのに隅田川の右岸に比べて街の履歴がよく残っているのは、江東の土地柄なのだと思う。この地を歩いて感じるのは実にそのことで、しゃれたレストランやカフェ、いま風のブティックが目立っても、ひと皮はがすと昭和モダンや大正デモクラシーが出てくる。もうひと皮はがすと明治のハイカラが、さらにはがすと江戸の粋やイナセが見えてくるのが江東区だと思う。

散歩のスタートは〈清澄《きよすみ》白河《しらかわ》駅〉で、まずはこの界隈のランドマークである

『清洲寮』（1933、大林組）へ。現代風のカフェもあって大切にされている建物は、昭和初期スタイルがしっかり残っていてうれしい。そこから西に向かい左折して出合う『清澄庭園』は1924年に岩崎家別邸の東半分に当たる優雅広壮

清澄白河のランドマークである『清洲寮』は1933年築の
ヴィンテージアパート　近寄れば昭和の夢が見られるのでは

な日本庭園を東京市に寄付したもので、J・コンドル設計の華麗な西洋館を震災で失った西半分は後に東京市に寄贈され、『清澄公園』になった。1878年に岩崎彌太郎がこの土地を取得する前は徳川新三位中将が所有。さらに江戸時代には老中職を務めた久世《くぜ》大和守《やまとのかみ》の所有で結構な庭園が配置されていたとあり、幾重にも重なる土地の履歴がわかってくる。

清澄通りに出て南へ向かうと西側にある、250メートルも続く連棟の1階が店舗で2階が住宅の『旧東京市営店舗向住宅』（1928、東京市復興事業）は、関東大震災の後で東京市が新計画の一環として実行したものだ。これも大切にされて現代風ブティックやカフェが入っているが、それを一枚はがすと設計時点での意図がみえて、それは建物の隅の方に残る原形で分かる。ちなみにこの敷地は岩崎家別邸の使用人宿舎跡とのことだ。

清澄通りがくの字に曲がるところで『浄心寺』方面に向かうと、このあたりは「珈琲の街」としてますます人気の清澄白河の中心と思われ、さまざまな趣向のカフェが目立つ。

木更木橋を渡って右折すると『明治小

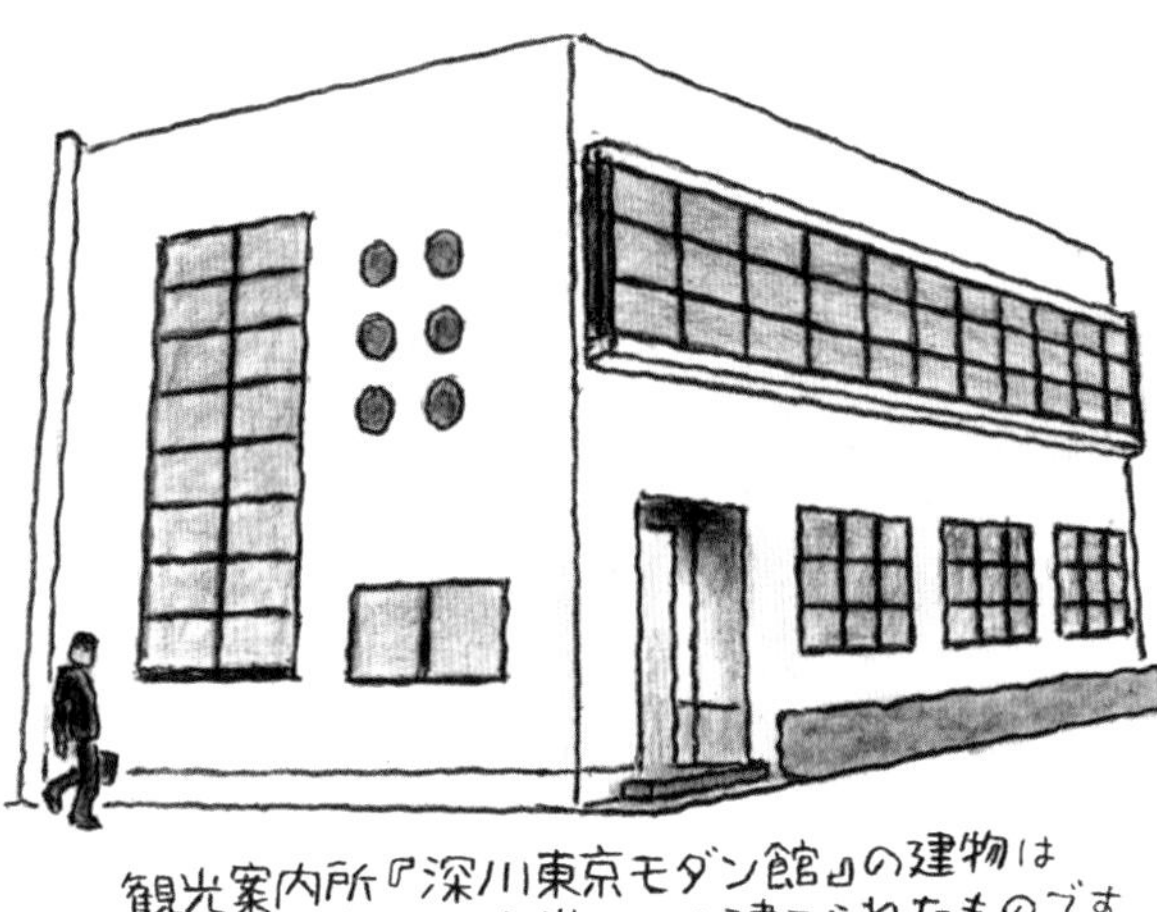

観光案内所『深川東京モダン館』の建物は
「東京市深川食堂」として建てられたものです

『石造燈明台』は1898年に
深川不動堂の境内に建設された

学校』があるが、この敷地は1910年まで『海福寺』という黄檗《おうばく》禅寺の境内で（その後、寺は目黒区に移転）、実は同寺はわが家の菩提寺で、隅田川右岸にあったぼくの実家あたりには昔から仏教寺院はなく、だからどの家も本所深川方面に菩提寺があるのだと教えられた。深川のこのあたりは幕末の地図で見ると寺町だったことがわかる。

清澄通りに出て左折し首都高速下を過ぎてすぐの信号で西へ入り『深川東京モダン館』（旧東京市深川食堂／1932、東京市復興事業）へ。一見してあっと驚く昭和モダンの建物はもしや戦後の建築かと思うほど明るいが、関東大震災の復興事業の一環で東京市が設けた「深川食堂」と知ってまた驚く。一部は震災前から設置されていた16カ所の市設食堂のひとつで低所得者のために安くて栄養のある食事を提供する施設とあるが、そういう食堂がこのデザインで震災後に建てられたことを考えると、既に見た『旧東京市営店舗向住宅』も併せてあるいは東京の復興に尽力した後藤新平が関わるプランかと思う。

参詣人で賑わう『深川不動堂』『富岡八幡宮』から東富橋、平久橋へ向かう。平久橋の脇にある『波除碑』は1791年に深川洲崎一帯を襲い死者行方不明者多数を出した高潮の経験から、幕府が広大な被災地を全部空地とし両端に波除碑を建てて後世への警告としたもので、これはその一基だ。

越中島では『東京海洋大学』

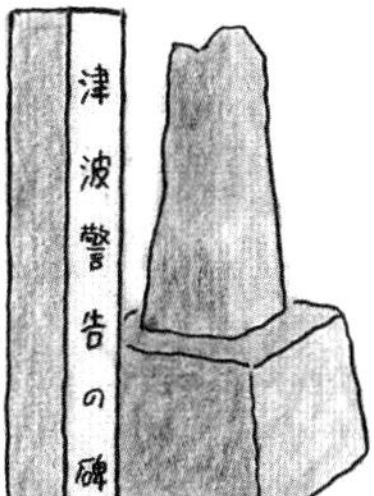

『波除碑』はいまも
津波警告の碑として
警鐘を鳴らしている

京橋楓川（現中央区）に1878年に架けられた『旧弾正橋』
は初期の鉄橋で いまは富岡八幡宮の近くに八幡橋の名で
保存されている 橋の下は堀跡で遊歩道になっている

東京商船大学旧天体観測所『第二観測台』は『第一観測台』と同じ1903年に建設されて東京海洋大学構内に現存する

を訪ねる。守衛所で見学の許可をもらい中へ入ると正面に『1号館』（1932、文部省・大蔵省）の船をイメージしたという建物と、右手に『先端科学技術研究センター』（旧管理棟／1932、文部省・大蔵省）の建設当時のトレンドが分かる姿がある。そして左手の樹木の間には『東京商船大学旧天体観測所第一観測台』『同第二観測台』（1903、三橋四郎）のレンガ造りの2棟がある。銅板張りのドームに天体望遠鏡用の窓が開き、明治の学究施設らしい装飾を見ることができる。

散歩の終わりは『明治丸』（国重要文化財／1874、グラスゴー、ネピア造船所）だ。日本政府が燈台巡廻船として英国に発注した『明治丸』は1896年に商船学校に譲渡された。海運振興を政策とした政府は、当初海運界で実力のあった郵便汽船三菱会社に海員養成を依頼、同社は三菱商船学校を創設し英国人航海術教師G・E・O・ラムゼイらを教員に迎えて授業を開始した。1882年には官立東京商船学校に、また後に大阪・函館両商船学校を統合して東京商船学校とあらためた。後に東京商船大学となり、2003年に東京水産大学と統合し『東京海洋大学』となった。練習船となった『明治丸』は進水以来の2本マストを3本マストに改造されている。『明治丸』見学の後はJR越中島駅で散歩のゴールとなる。

『東京海洋大学・先端科学技術研究センター』の建物は旧東京商船大学の管理棟である

10

港区の高台に建つ西洋建築を巡る

三田〜高輪

東京都

東京・港区の三田から高輪へかけては、ほとんどが台地である。江戸の昔は現在の第一京浜国道がほぼ海岸線というから、この江戸湾が一望の台地は展望のすばらしい場所だったに違いない。

慶應義塾大学
図書館旧館 玄関
ロビーの三連アーチが
美しい

今回の建築散歩はその台地を北から南へ歩くわけで、JR田町駅をスタートして、まずは台地上の『慶應義塾大学』三田キャンパスへと向かう。

目指す建物はキャンパス内にあるので門衛所で許可をもらって入っていくと、写真で見知っている赤レンガに花崗岩とテラコッタを合わせた、ゴシック様式の『図書館旧館』（1912、曾禰《そね》中條《ちゅうじょう》建築事務所）に至る。

図書館の外観の美しさには言葉もなく、しばらく眺めてから中へ入る。玄関ロビーの三連アーチに感心し、その先の階段室で鎧《よろい》武者《むしゃ》がペンを持つ女神と対面する場面を描いたステンドグラスを鑑賞。下にある文字は〝ペンは剣よりも強し〟のラテン語表記だ。

創立50周年を記念するこの『図書館旧館』は1912年築、曾禰中條建築事務所の設計である。戦前最良の建築事務所として知られ、大仰や威圧感をきらい、品格を重んじた上質の仕事を多く残した同事務所として、この建築は中でも華やかな作品といわれる。

そう思って隣の『塾監局』（1926、曾禰中條建築事務所）を見ると、黄土色のスクラッチタイルとテラコッタの外壁の静かなたたずまいにも、この事務所らしさを感じる。

「慶應義塾」は中津藩士・福澤諭吉が1858年（安政5）に江戸築地鉄砲洲の中津藩中屋敷で開いた蘭学塾に始まる。その後、芝新銭座に建物を新築して移ったのが1868年（慶應4)、ここで年号に因んで「慶應義塾」と名付けられ、1871年(明治4)に肥前・島原藩松平家下屋敷跡の現在地に移転。そしていまの『塾監局』の辺りに『三田演説館』(1875)が建てられた。福澤が西洋で行われている〝演説〟の重要性を唱え実行しながらのことで、〝スピーチ〟を演説、〝ディベート〟を討論と訳したのも福澤と伝わる。

『三田演説館』の建物は擬洋風建築といわれるが、よく見ると少し違うようだ。擬洋風建築は明治の初めに洋風建築の知識も技術もない大工の棟梁《とうりょう》が自分のイメージにある〝洋風建築〟を在来工法で建てたものだが、『三田演説館』新築に際して福澤は米国から多数の公会堂建築資料を取寄せ検討しており、自身も海外渡航の体験で西洋建築を知っていた。ただし施工はこの時代では棟梁に頼るほかないから、外部は無難な在来の桟瓦葺《さんがわらぶき》屋根にナマコ壁、切妻屋根の玄関とし、洋風は上下窓ぐらいで、ここまでは擬洋風だ。しかし演説会堂としての内部は取寄せた資料も役立ったに違いなく、演壇や背後の曲面壁、二層吹抜けと2階のギャラリー、全面に明るい

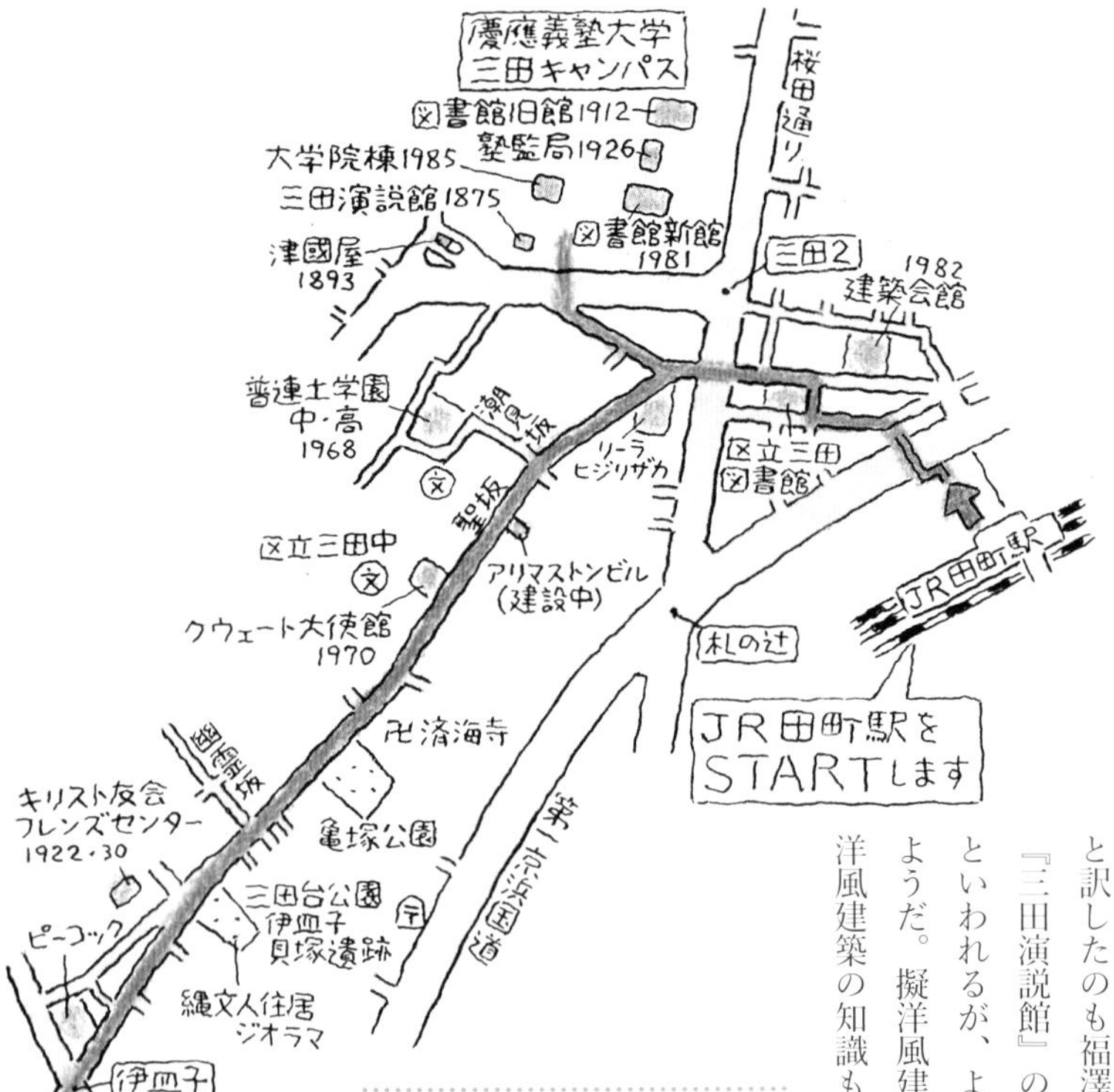
この先 左図に続く

■歩行距離：約5.9キロ
●起点：JR田町駅
●終点：JR・京浜急行線品川駅

慶應義塾大学塾監局の教会堂のような正面入口

漆喰《しっくい》塗で板張の床に椅子を並べて新時代を開く演説会堂にふさわしい洋風建築になっているので、この内外仕様の使い分けこそ福澤諭吉の合理精神ではないかと思う。『三田演説館』は内部を公開していないが窓から覗くことはできるので、こうしたことがわかる。

聖《ひじり》坂を上っていくと左側に小さいビルの建設現場がある。表にこの『アリマストンビル』という建物を取材した新聞記事が張ってあり、それによるとこの建物は自らが施工する建築家が設計し、現在も施工中で8年目とある。工法も70センチずつ段階的に鉄筋コンクリートを打って何層も重ねていき、偶然性も取込みながらジャズの即興演奏のように建物ができていくとはおもしろいことで、これはすばらしいビルの建て方だと思った。折しも上の方で作業をしている人が自ら施工する建築家に違いないので声をかけてみようと思ったが、見物人がじゃまをしてはと思って止めた。まだ当分は建設中にちがいない。

その先右側の積木のような『クウェート大使館』は、1970年築で丹下健三の仕事。幽霊坂を見送った先の二股を右に入ったすぐ右側の『キリスト友会フレンズセンター』の奥まった建物

慶應義塾大学三田演説館は
日本最初の演説会堂

右図から続く
堀江歯科
1924
天神坂
虎屋
明治学院
白金キャンパス
東海大高輪台
高・中
東海大
泉岳寺
インブリー館
1889頃
明治学院
礼拝堂
1916
記念館
1890
桜田通り
高輪台小
1935
高輪署前
高輪消防署二本榎出張所
1933
明治学院
桂坂
日本基督教団
高輪教会
1933
東禅寺
東芝山口記念会館
1925
二本榎通り
光福寺
円福寺
高輪2
グランドプリンスホテル高輪
貴賓館1911
第一京浜国道
JCHO
高輪病院
グランドプリンスホテル
新高輪
1982
江戸の殉教者
顕彰碑
シナガワ
グース
柘榴坂
カトリック
高輪教会
1989
JR
品川駅
京浜急行
品川駅
京浜急行 品川駅が
JR
GOALです
2014.1
ヤスヒコ

（私有地で進入不可）は、１９２２年築（１９３０年増築）でヴォーリズ建築事務所の設計。遠目にも同事務所の東京都港区元麻布にある『西町インターナショナルスクール』（旧松方正熊邸／１９２１）によく似た外観だ。

伊皿子《いさらご》交差点を過ぎて、台地の尾根道をさらに行く。この道について、三田台公園の案内に「古代の奥州路で中世には鎌倉街道」とあった。後で江戸情報地図で調べたら幕末の地図と現状とがぴったり重なる。真っすぐ長々と続く道を「縄手道《なわてみち》」というのは知っていたが、ここは高台なので「高縄手《たかなわて》」と称したとか。なるほどこれが高輪の地名の由来と感心した。

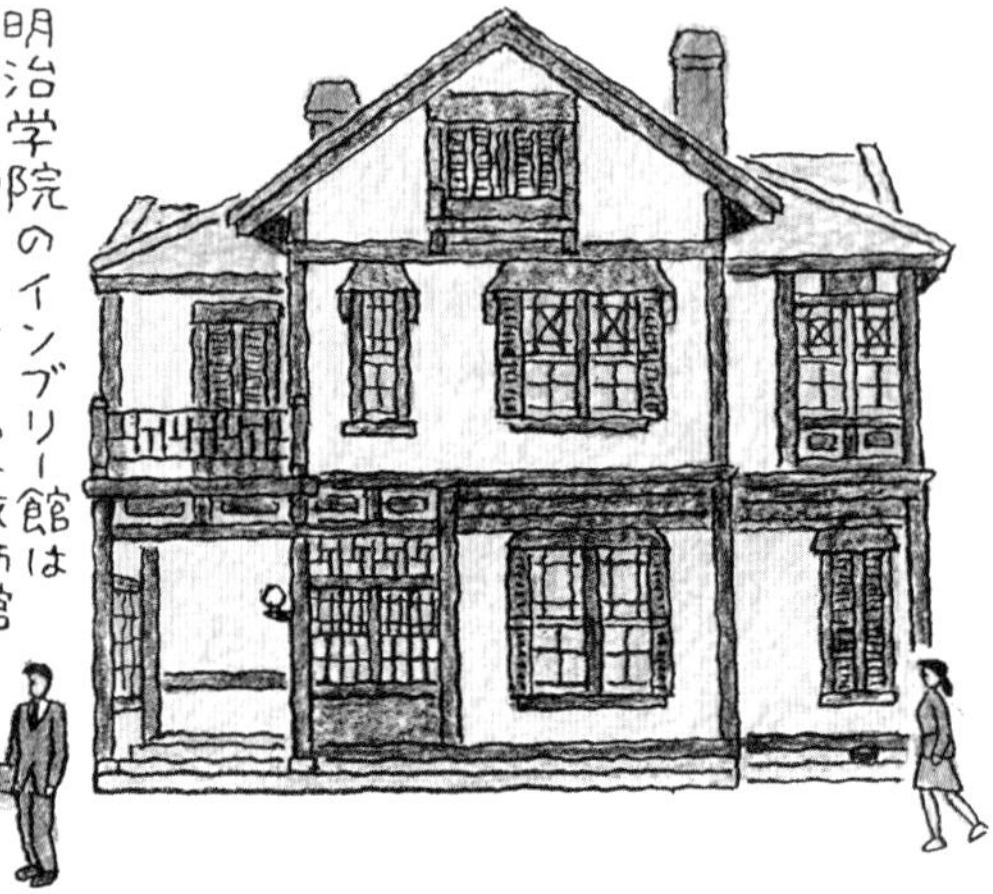

明治学院のインブリー館は
都内最古の宣教師館

白金台の『明治学院』白金キャンパスでは、やはり事前に門衛所で見学の許可を得て構内へ入る。目指す建物はまとまってあり、中でも興味深い１棟が『インブリー館』（１８８９頃、設計者不詳）だ。学院で教壇に立つ宣教師が築地居留地から通う不便さをなくすために建てられた住宅で、当時の米国の木造住宅に倣った設計とある。ほかの２棟は『明治学院礼拝堂』（１９１６、W・M・ヴォーリズ）と『記念館』（１８９０、H・M・ランディス＝明治学院教員）だ。

高輪署前交差点の『高輪消防署二本榎出張所』（１９３３、警視庁総監会計課営繕係、越智操）の昭和初期モダンの望楼付き消防署は、ぼくにとってもまことに懐かしい建物だ。白金の『瑞聖寺』に先祖の墓があり、また御殿山に親戚もいたためか、ぼくは戦前にこの辺をよく通り、伊皿子、魚籃《ぎょらん》坂、清正公前《せいしょうこうまえ》といった変わった地名とともにこの望楼のある建物は印象が強く、前を通るのを楽しみにしていたのを思い出す。消防署の望楼そのものは当時は珍しくなく、母の実家近くの『青山消防署』の望楼などはいま

昔から高輪のランドマーク
高輪消防署二本榎出張所の勇姿

でも絵に描けるが、この高輪の望楼は特別で、それは子どもにもわかるほどのモダンデザインだったからだろう。今回久しぶりに対面して、望楼のてっぺんに以前はなかった不似合いな尖塔が付いているのが気になった。

その先に、やはり昭和初期モダンの『日本基督教団高輪教会』（1933、岡見健彦）がある。一見してライト風とわかる建物で、タリアセン（F・L・ライトのアメリカ・ウィスコンシン州にある制作拠点）から帰国したばかりの設計家の作と聞いて納得した。

グランドプリンスホテル高輪 貴賓館の華麗な玄関

桂坂の途中右手の『東芝山口記念会館』（旧朝吹常吉邸／1925、ヴォーリズ建築事務所）は非公開なので、樹木の間にスパニッシュの建物を認めるにとどまる。それに比べると次の『グランドプリンスホテル高輪貴賓館』（旧竹田宮邸／1911、宮内省内匠寮《たくみりょう》、片山東熊《とうくま》、木子《きご》幸三郎、渡辺譲）は前が開けているのでありがたい。フランス・ルネサンス様式を得意とする宮廷建築に数多く携わった片山が代表作『迎賓館』（旧赤坂離宮／1909）の後で手掛けたこの洋館は片山の絶頂期の仕事といわれるので、華やかにして格調高い仕事を鑑賞しよう。戦後、『迎賓館』同様に建築家・村野藤吾の手で改修復元、創建当時の姿がよみがえったとある。『貴賓館』から再び二本榎通りに戻り、その村野藤吾の『グランドプリンスホテル新高輪』（1982）にしばし足を止め、その後は柘榴《ざくろ》坂を下って京浜急行・JR品川駅でゴールインとしよう。

1933年に完成した
日本基督教団高輪教会

11 強羅から宮ノ下へ 箱根の名建築を巡る

箱根

神奈川県

春夏秋冬、いつ訪ねても季節の彩りが美しく、格調ある宿と接客が快い箱根。今回の建築散歩はその箱根を強羅《ごうら》、小涌谷《こわくだに》、宮ノ下と歩くことにした。

スタートする箱根登山鉄道・強羅駅はスイスの登山鉄道との友好を示して、アルプスの山小屋風の造りだ。その駅を出て踏切を渡り、右折すると温泉旅館『強羅環翠楼』（１９２１頃）がある。この宿の主な部分は、岩崎彌太郎の三男・康彌が大正10年頃に別荘として建てたものだ。

岩崎家と箱根の縁は、旧三菱財閥の創業者・彌太郎の弟・彌之助が、１９０２年（明治35）の欧米旅行でスイスに立寄ったことに始まるという。交通、宿泊などすべて整った観光先進国スイスに感銘を受けた彌之助は、既に別荘地として開けていた湘南の海沿いではなく、その奥の箱根に関心を持った。彌之助は別荘地・箱根だけでなく観光地としての可能性も考えていたといわれるが、岩崎の箱根に関するさまざまな噂がたち、観光地開発は断念したという。ちなみに後年、彌之助は『箱根国園論』を著して箱根を国立公園にと説いている。

１９０６年（明治39）、彌之助は箱根湯本に広大な庭園のある別荘建設を始め、１９０８年にはそこにジョサイア・コンドル設計の西洋館（現存せず）を建てたが、その完成を見ずに他界し、長男・小彌太がそれを引継いだ。コンドルは岩崎宗家茅町邸（１８９６）、岩崎彌之助高

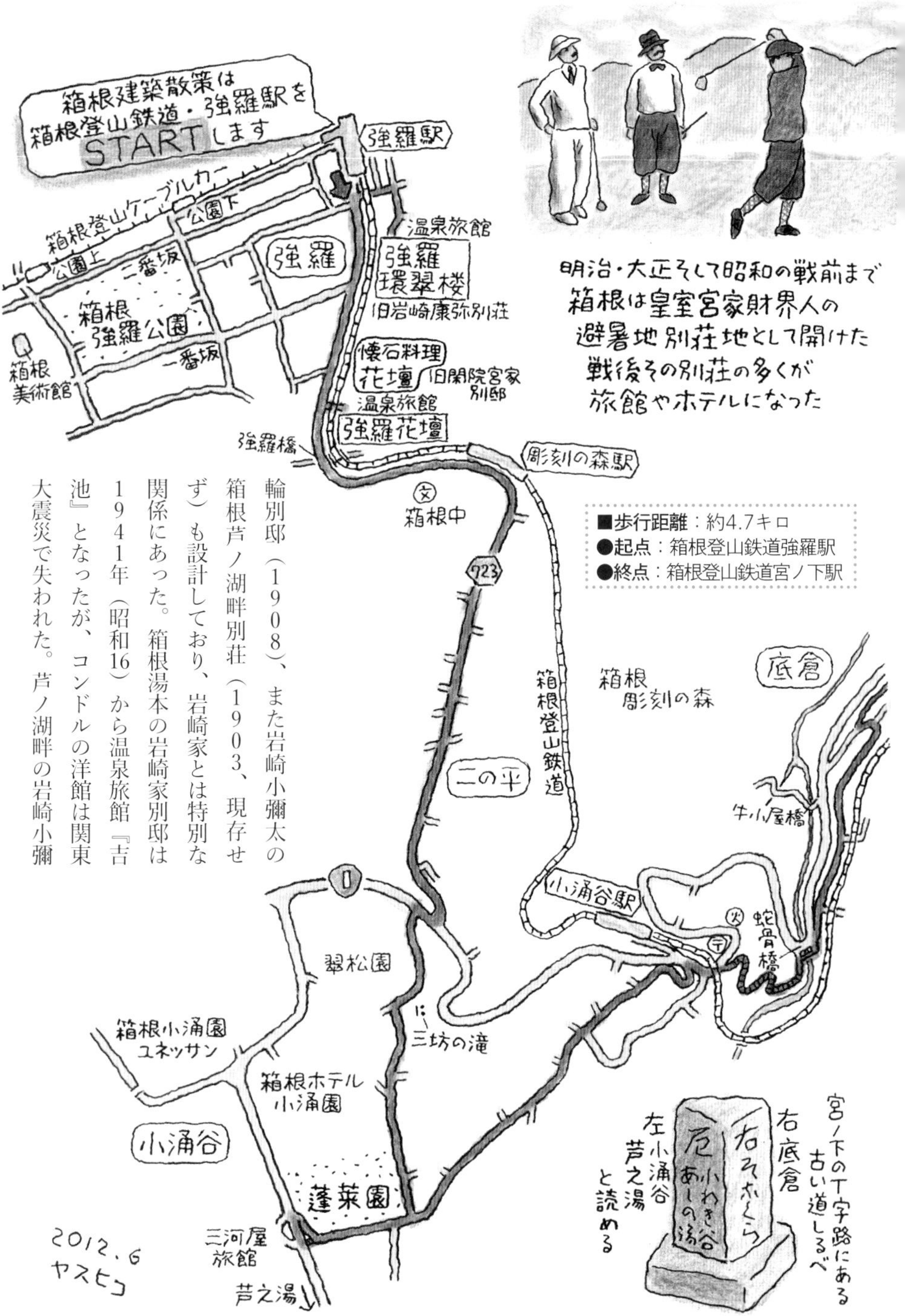
明治・大正そして昭和の戦前まで
箱根は皇室宮家財界人の
避暑地別荘地として開けた
戦後その別荘の多くが
旅館やホテルになった
箱根建築散策は
箱根登山鉄道・強羅駅を
STARTします
強羅駅
箱根登山ケーブルカー
公園下
公園上
強羅
二番坂
一番坂
箱根強羅公園
箱根美術館
温泉旅館
強羅環翠楼
旧岩崎康弥別荘
懐石料理
花壇
旧閑院宮家別邸
温泉旅館
強羅花壇
強羅橋
彫刻の森駅
箱根中
723
箱根登山鉄道
箱根彫刻の森
二の平
底倉
牛小屋橋
小涌谷駅
蛇骨橋
1
翠松園
三坊の滝
箱根小涌園ユネッサン
箱根ホテル小涌園
小涌谷
蓬莱園
三河屋旅館
芦之湯
2012.6
ヤスヒコ
宮ノ下のT字路にある古い道しるべ
右そこくら
左小わき谷あしの湯
右底倉
左小涌谷
芦之湯
と読める

輪別邸（1908）、また岩崎小彌太の箱根芦ノ湖畔別荘（1903、現存せず）も設計しており、岩崎家とは特別な関係にあった。箱根湯本の岩崎家別邸は1941年（昭和16）から温泉旅館『吉池』となったが、コンドルの洋館は関東大震災で失われた。芦ノ湖畔の岩崎小彌

■歩行距離：約4.7キロ
●起点：箱根登山鉄道強羅駅
●終点：箱根登山鉄道宮ノ下駅

太別邸は1948年に『山のホテル』が受継いだが、こちらも洋館は現存していない。

岩崎康彌は1915年（大正4）に強羅に土地を取得、1921年頃に別荘を建てた。1928年（昭和3）に閑院宮載仁親王《かんいんのみやことひと》がこの別荘に泊まり、この環境を大変気に入って康彌から南半分を譲り受け別荘を構えた。それがこの後で訪ねる『強羅花壇』の洋館だ。

『強羅環翠楼』の旧岩崎康彌別荘の座敷から望む庭園は、庭というよりも強羅の森そのものに見え、紅葉が長く楽しめるように選んだといわれる木々も箱根の自然にすっかり同化して、造られた庭というよりは溢れるような野趣を感じる。この地は箱根火山の堆積物が谷に向かって傾斜する場所に当たるので、樹木は岩石に根を張り、地下水が湧き出て流れを作る。そんな荒々しい自然こそ実は人を癒すので、明治・大正の財界人が下界を離れて箱根に憩う理由は、この箱根火山の自然の営みにあったのではないかと思う。

県道に戻って進むとすぐに、温泉旅館『強羅花壇』（1988、建築集団アモルフ）とレストラン『懐石料理花壇』（1930、柳井平八）に至る。前述の閑院宮が建てた別荘が後者の建物で、ハーフティンバー（木骨の構造を外壁に見せて柱間に漆喰《しっくい》やレンガを用いた洋式真壁づくり。腰壁までが切石積のためとも）を採用している。設計は陸軍の営繕技師で柳井平八という人。陸軍とあるのは載仁親王が参謀総長も務めた陸軍元帥であったことによる。内部では玄関や階段室のステンドグラスが、控え目だが美しい。

温泉旅館『強羅花壇』は旧閑院宮家別荘敷地内の一画に1952年（昭和27）に創業した旅館で、1988年（昭和63）に建築集団アモルフの設計で建てられたのが現在の建物だ。旅館での〝和モダン〟の代表としてよく知られる建物なので期待して拝見し、強羅の自然に対して、〝静〟の構えで向かう意図を感じた。

県道に出て国道1号線まで『箱根彫刻の森』の脇を通って行く。正月に大学対

華清園（庭園）に面した
環翠楼の建物
ヤスヒコ

抗箱根駅伝のランナーが走り抜ける国道に出たら『小涌園《こわきえん》』寄りに歩行者用信号機があるのでこれを使って横断し、向かいにある狭い道を辿って箱根の名庭といわれる『蓬莱園』へ向かう。この辺はもう小涌谷で、箱根の老舗温泉旅館として有名な『三河屋旅館』を再び出合った国道1号線から眺め、通行車輌に注意しつつ伝統の和式旅館の造りを観賞する。

懐石料理 花壇
建物は旧閑院宮家別邸として
1930年(昭和5)に建てられたもの

『蓬莱園』も本来は『三河屋旅館』の庭園なのだが、今は箱根町が管理している。ツツジで有名な園内を抜けてもよし、脇を通ってもよしで、箱根登山鉄道の小涌《こわき》谷《だに》駅への小径へ入る。企業の保養所や民家の間を抜けて小涌谷駅入口で再々度国道に出たら、踏切を越えてすぐ右の小径に入る。ただし森の中の遊歩道なので女性のひとり歩きは勧められない。階段状の道を10分ほど行くと蛇骨橋。

橋を渡ると右に上る車道へ入り宮ノ下の商店街へ向かう。途中、旧温泉小学校の校門、上げ下げ窓にヨロイ扉の洋館、エントランスのおもしろい民家などに感心しながら地図の朱線の通りに歩いて宮ノ下商店街の国道に出る。『豊島豆腐店』『渡邊ベーカリー』『ラバッツァ』と評判の店が多い宮ノ下は外国人観光客のためのアンティーク街でもあり、『ギャルリー蔵』『芝商店』『大和屋商店』『やまや』と続く。『川邊光栄堂』は炭酸せんべいの名店、そしてホテルのベーカリーショップ『ピコット』の先が宮ノ下『富士屋ホテル』入口だ。

筆者は、初めてこのホテルへ足を踏み入れた時の印象を忘れることができない。当時20歳そこそこだった筆者は、親戚の大人数名に連れられて食堂棟へ入った。そして、その瞬間、あっと思い足が止まった。そこは外国とも日本ともいえない世界で、まだ海外体験もなかった筆者はなじみ難いものを感じて足が止まったのだと思う。それから昼食をとってようやく落ち着いたが、その後、本館のフロントロビーを通った時もひどく違和感を覚えたことを記憶している。それ以来、何度も訪ねてその不思議な感じに慣れ、これこそ宮ノ下『富士屋ホテル』でなければ味わえないものと思うようになったが、いま足が止まった瞬間を思い返してみると、それはこのホテルの和洋折衷様式のせいだと気付く。たとえばメインダイニングルームは格《ごう》天井にさまざまな絵が描かれ壁には彫刻があり、昼でも灯りが点いて和とも洋ともいえない不思議な雰囲気を醸す。これが和洋折衷様式の効果だ。『富士屋ホテル』は1893年（明治26）から1912年（大正元）まで外国人専用ホテルだったという。当時本館（1891年）は既にあり、食堂棟の完成は1930年（昭和5）だからなかったけれど、そうした歴史はホテルの雰囲気として残っていたはずだ。今回もロビーやティーラウンジにいる外国人のお客さんはみんな満足そうな笑顔だったが、それもきっとこの和洋折衷のおかげなので、建築だけでなくサービスや雰囲気や、すべてに和洋折衷の心がおよんでいると思った。本館はその代表に違いなく、西洋館（1906）は純洋式といっても車寄せの唐破風は立派な和だし、花御殿（1936）はさらに大きい唐破風で和洋折衷。食堂棟も改めて見れば竜宮城のようで和洋渾然だ。建築散歩でなくても未体験の人はぜひ宮ノ下『富士屋ホテル』に遊んで、この和洋折衷の不思議さに浸ってはいかがかと思う。温泉街をそぞろ歩いて散歩のゴール宮ノ下駅に戻る。

宮ノ下富士屋ホテルの建物群中の
白亜の『西洋館』唐破風の車寄が目立つ
(1906)
箱根宮ノ下の富士屋ホテルは
日本初の本格的リゾートホテルとして
1878年(明治11)に開業した

大唐破風におどろく
『富士屋ホテル本館』

⑫

日本海交易で栄えた街の料亭や花街、洋館を巡る

新潟

新潟県

新潟と聞いてイメージする建築物は正直いって少ない。筆者は既に何度も同地を訪ねて、『旧新潟税関庁舎』と『旧新潟県会議事堂』は見知っているが、地元の方と話していても、その他の見るべき建築物が話題にならない。けれども新潟は明治に大火、昭和に大火と大震災があったものの戦災は免れているので、おもしろい建物が相当に隠れているはずと思いつつ、今回の散歩となった。

　現地に着いてわかったのは、新潟は県都として近代化が進んだために下町には建築散歩向きの建物が少なく、一方山の手（新潟は一般の都市と違って海寄りに山の手がある）にそれが結構多いことだ。また下町でも古町花街という三業地には伝統的な建物や町並みが健在で、さすが日本海側最大級の紅灯《こうとう》の巷と感じ入った。また、かつては市内に掘割がたくさんあり、新潟が「水の都」だったことも知った。「柳都」という肩書もたぶんこの辺に関わるに違いなく、近代化で掘割がすべて埋められたのも知り、他所者の勝手な感想だが惜しいことだと思った。

　そこで今回の建築散歩は、山の手の中心辺りにある「どっぺり坂」をスタート&ゴールとした。どっぺりはドイツ語の「Ｄｏｐｐｅｌ」すなわち「二重」に由来し、坂の上にあった旧制新潟高校で「落第」の隠語だった。この話には、階段の数が及第点の60にひとつ足りない59段というオチがついている。その階段を上って、まずは坂上の『砂丘館』（旧日本銀行新潟支店長役宅／１９３３）を拝見しよう。洋間付きのこの大邸宅は、日銀支店長にふさわしい格調が見どころだ。また次の『安吾風の館』（旧市長公舎／１９２２）も大邸宅だが、こちらは和館と洋館に分かれる。「安吾」はご当地出身の作家・坂口安吾のことだ。坂を下って柾谷《まさや》小路に向かう

道を左折すると、『新潟カトリック教会』（1927）の双塔が目の前にそびえる。教会の歴史は相当に古いらしく、最初の神父さんが来た時にここは荒地で、井戸を掘ったら水が噴き出し池ができた。

■歩行距離：約4.8キロ
●起・終点：JR新潟駅前から新潟交通バス11分、西大畑下車後徒歩1分

やがて教会やポプラ並木を背景にボート遊びや魚釣り、冬はスケートを楽しむようになったが、近所の子どもたちが「異人池」と呼び親しんだこの池もいつか水が涸れ、消えた。昭和前期に多くの作品を残したイラストレーターの大先輩・三芳悌吉さんはこの近くの出身で、「異人池」を懐かしむ絵本『ある池のものがたり』（福音館書店）に在りし日の池の様子を描き残している。

角を曲がると誰もがびっくりするピンクの館、明治のハイカラ写真館は現在は『金井文化財館』（明治中頃）

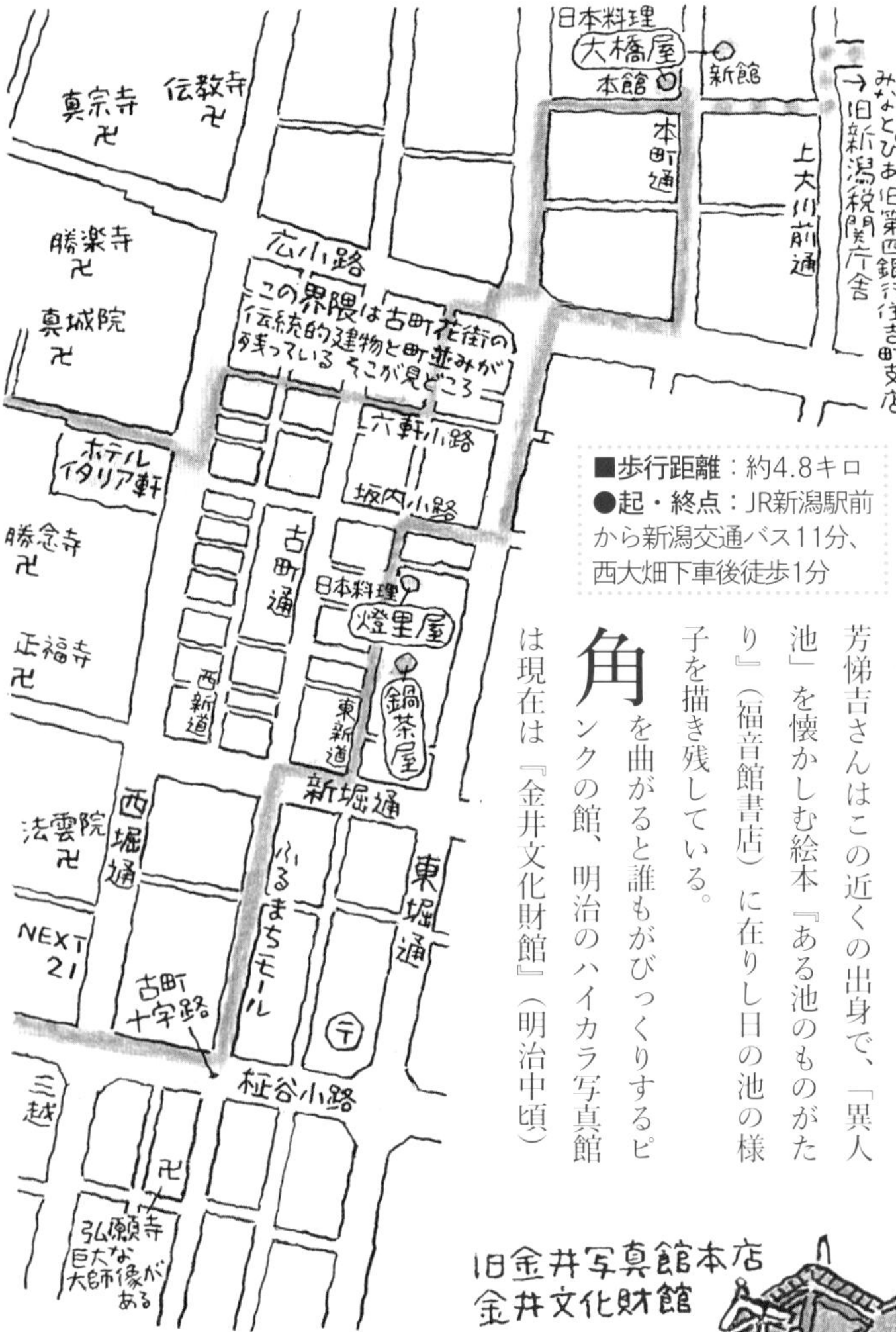
日本料理
大橋屋
本館
新館
みなとぴあ旧第四銀行住吉町支店
旧新潟税関庁舎
本町通
上大川前通
伝教寺
真宗寺
勝楽寺
真城院
広小路
この界隈は古町花街の伝統的建物と町並みが残っている そこが見どころ
ホテルイタリア軒
六軒小路
坂内小路
勝念寺
古町通
日本料理
燈里屋
鍋茶屋
正福寺
西新道
東新道
新堀通
西堀通
法雲院
東堀通
ふるまちモール
NEXT21
古町十字路
柾谷小路
三越
弘願寺
巨大な大師像がある

旧金井写真館本店
金井文化財館
明治のハイカラ写真館がいまもこの辺りで目立っている
（明治中頃）

とあり、スタジオを拝見したいと思ったが非公開だ。その先の『北方文化博物館新潟分館』（1895）は、名前は厳めしいがやはり山の手の邸宅のひとつ。1928年に増築したモルタル外壁の洋館は、いかにもこ

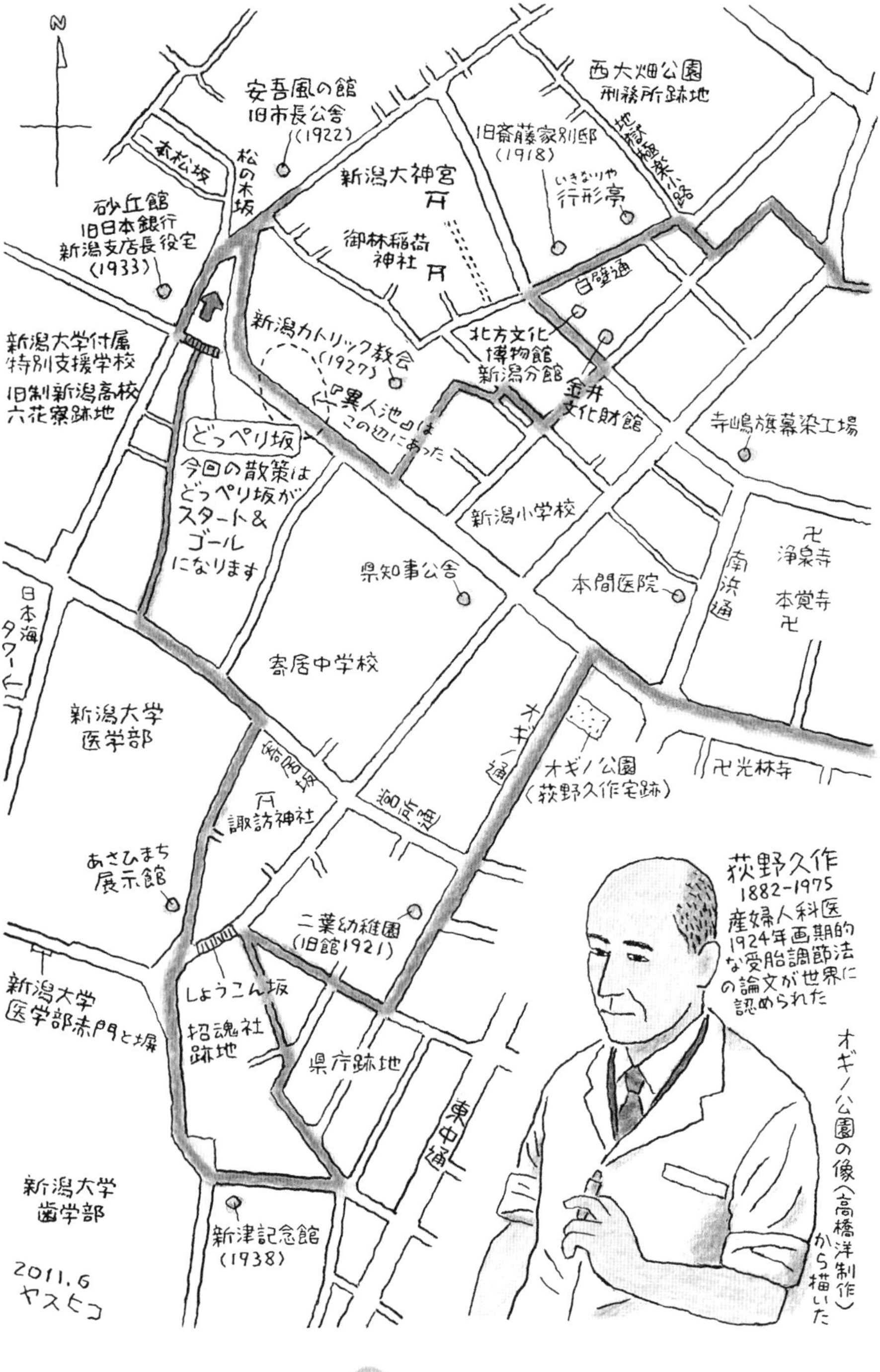
N
一本松坂
松の木坂
安吾風の館
旧市長公舎
(1922)
砂丘館
旧日本銀行
新潟支店長役宅
(1933)
新潟大神宮
御林稲荷
神社
西大畑公園
刑務所跡地
地獄極楽小路
旧斎藤家別邸
(1918)
いきなりや
行形亭
白壁通
新潟カトリック教会
(1927)
北方文化
博物館
新潟分館
金井
文化財館
『異人池』は
この辺にあった
新潟大学付属
特別支援学校
旧制新潟高校
六花寮跡地
どっぺり坂
今回の散策は
どっぺり坂が
スタート&
ゴール
になります
新潟小学校
寺嶋旗幕染工場
県知事公舎
本間医院
南浜通
浄泉寺
本覚寺
日本海
タワー
寄居中学校
新潟大学
医学部
オギノ通
オギノ公園
(荻野久作宅跡)
光林寺
諏訪神社
あさひまち
展示館
二葉幼稚園
(旧館1921)
新潟大学
医学部赤門と塀
しょうこん坂
招魂社
跡地
県庁跡地
東中通
新潟大学
歯学部
新津記念館
(1938)
2011.6
ヤスヒコ
荻野久作
1882-1975
産婦人科医
1924年画期的
な受胎調節法
の論文が世界に
認められた
オギノ公園の像(高橋洋制作)から描いた

の時代らしい建物で、会津八一（歌人、美術史家）が晩年を過ごしたとある。

次の角を右折するとこの道は白壁通といい、確かに白い漆喰壁がまぶしい塀や立派な土蔵が並ぶ伝統的町並みだ。『旧齋藤家別邸』（1918）もやはり山の手の邸宅で公開（月曜休）されている。

そして次の邸宅は門に「行形亭」とあり、奥のほうにのれんが見えた。『行形亭』は「いきなりや」と読み、元禄時代創業の料亭で、かつては松林に囲まれた茶屋だった由。屋敷内で何棟にも分かれ、主屋、土蔵、門などが国の登録有形文化財だ。『行形亭』の東側の横丁は地獄極楽小路とあり、そのわけは小路の右側の西大畑公園が以前は刑務所で左側は『行形亭』だから地獄と極楽の間の小路とわかりやすい。小路から寺町を抜けて『ホテルイタリア軒』のところで西堀通に出た。

新潟は日本海航路の拠点港で、背後に日本一の米産地が控え、長い繁栄の歴史を持つ。そして1868年（明治元）には開港場（外国船に開放された港）となり、新時代を迎えた。西堀通を越えた先には、そんな新潟の繁栄に伴って江戸時代から賑わい続けた古町花街が健在で、伝統的な建物、町並みが残り、そこが散歩の見どころだ。建物は数奇屋造りを基本に細部に透かし彫りや凝った職人技が施され、格子や目隠しでひと目を遮る工夫に〝粋〟を感じる。祇園や金沢の東町のような平入り（建物の棟が道と平行）の軒を揃えた町並みではないが、建築散歩では珍しい花街見物を楽しみつつ東堀通に出て、本町通の料亭『大橋屋』を目指す。『大橋屋』の本館は1935年（昭和10）完成の、この時代の料亭建築として名作といわれるものだ。外からは妻入りの4間間口しか見えないが、船大工の棟梁（と案内にある）渾身の凝った造りに感心する。火燈窓《かとうまど》にアールヌーボーの影響が、と一瞬思ってしまった。

『大橋屋』を後に、ここで散策路がふたつに分かれる。ひとつは古町に戻るコース。もうひとつは上大川前通から右折して『旧新潟税関庁舎』、『旧第四銀行住吉町支店』などのある『新潟市歴史博物館みなとぴあ』へと向かうコースのふたつで、許される時間によりどちらかを選ぶ。筆者はとくに『旧新潟税関庁舎』（国重

日本料理 大橋屋 木造3階の本館は
施主4代目慎太郎と船大工の棟梁
江口による料亭建築の名作（1935）

『新潟県政記念館』は旧新潟県会議事堂である

要文化財、新潟運上所／1869）を見てほしいと思う。開港の翌年（明治2年）なので洋風を取り入れての設計すなわち擬洋風のはしりとなる建物なのだが、洋風といえるのはガラス窓と入り口のアーチぐらいで建物の印象はほとんどナマコ壁だ。けれどもそうやって懸命に洋風を志したところを見てほしいと思う。

今回は古町に戻り、東新道（鍋茶屋通）の『鍋茶屋』を見学しよう。2階建棟が1910年（明治43）、3階建棟が1938年（昭和13）の築で、7棟が国の登録有形文化財。江戸末期創業の老舗料亭の料亭建築新旧のおもしろさと規模を拝見し、ついでに東堀通に回り、裏側ではあるが全体を眺めてみよう。

古町花街巡りを終えたら、ふるまちモール、柾谷小路を経てオギノ通のオギノ公園に至り、公園奥にひっそりとある荻野久作の像を見る。荻野は1882年（明治15）愛知県に生まれ、東京帝国大学医科大学を卒業、1912年に『新潟市竹山病院』の産婦人科医長に迎えられ、1924年には女性の月経の周期と受胎日の関係を明らかにした論文が画期的な受胎調節法として世界に認められた。いうまでもなくオギノ式である。この公園は自宅跡に造られたものだ。

この後、『新津記念館』（1938／月曜、冬季休）が休館中で記事にできなかったので、「どっぺり坂」でゴールインとした。なおコース外となったが『新潟県政記念館』（国重要文化財、旧新潟県会議事堂／1883、星野総四郎／中央区一番堀通町3）の見学をすすめる。

擬洋風のはしりといえる『旧新潟税関庁舎』

13

高原に移築した洋風建築と善光寺を目指す建築散歩

長野

長野県

JR長野駅バスターミナルから戸隠キャンプ場行きバス（ループ橋経由）で約50分、「一之鳥居」で下車するとそこは飯縄《いいづな》山麓の森で、野鳥の声にこころ安らぐ。バスで来た道を戻るようにして10分ほど歩くと左手の森の中に大型の建物がみつかる。これが『旧長野県自治研修所』（1913、長野県土木課）で今回の建築散歩の最初の物件だ。

長野市の建築散歩は「一之鳥居苑地」と「善光寺表参道」の2地域に分かれ、その間はバスを利用する。『旧長野県自治研修所』は「旧長野県庁舎」で、国内に現存する戦前の県庁舎の中で唯一の木造庁舎とある。県庁だから連日大勢の人々が忙しく出入りしたであろう建物が、静かな森の中に移築されているのに不思議を感じる。内部は公開されていないが、玄関扉のガラス越しにロビーや大階段が見える。

1913年（大正2）に長野県庁舎として建てられた『旧長野県自治研修所』

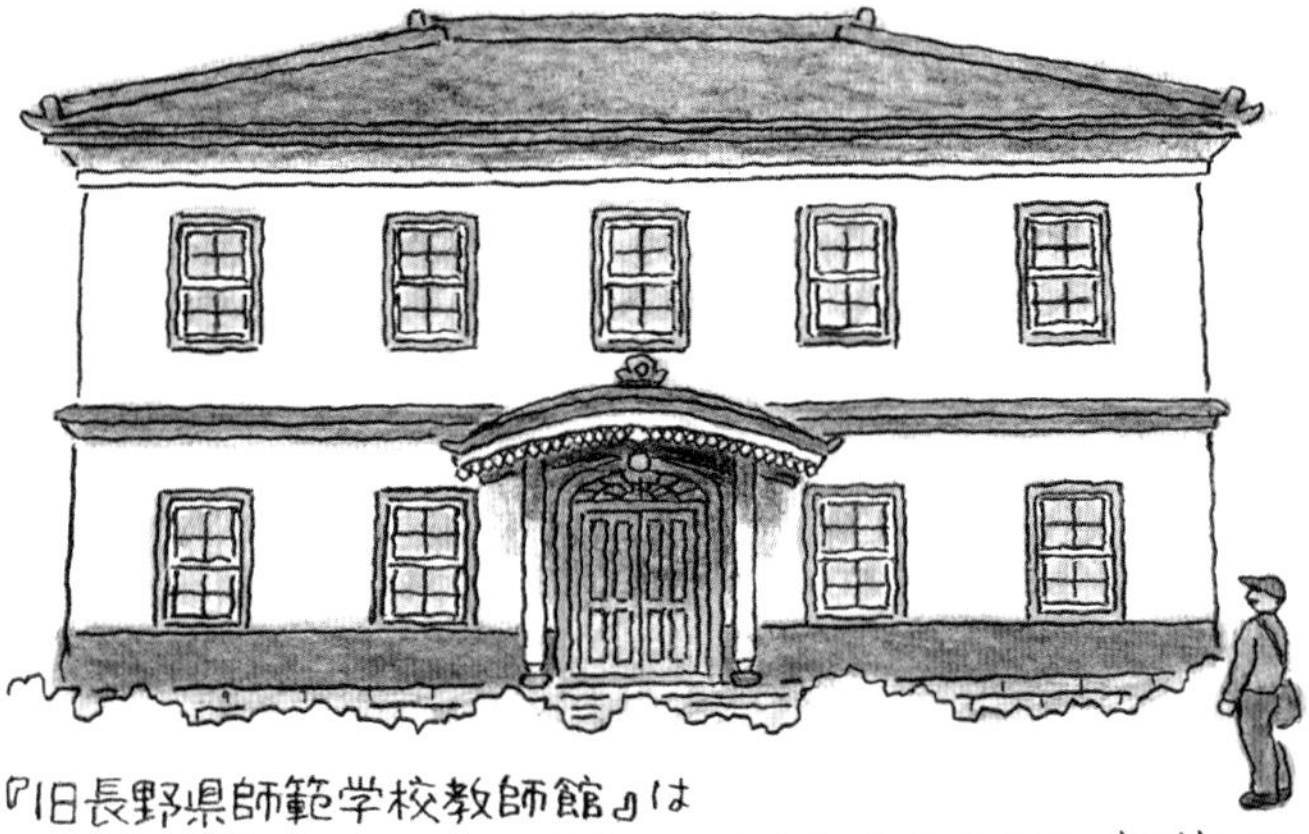

『旧長野県師範学校教師館』は長野県で最も古い洋風建築で1875年（明治8）に完成した

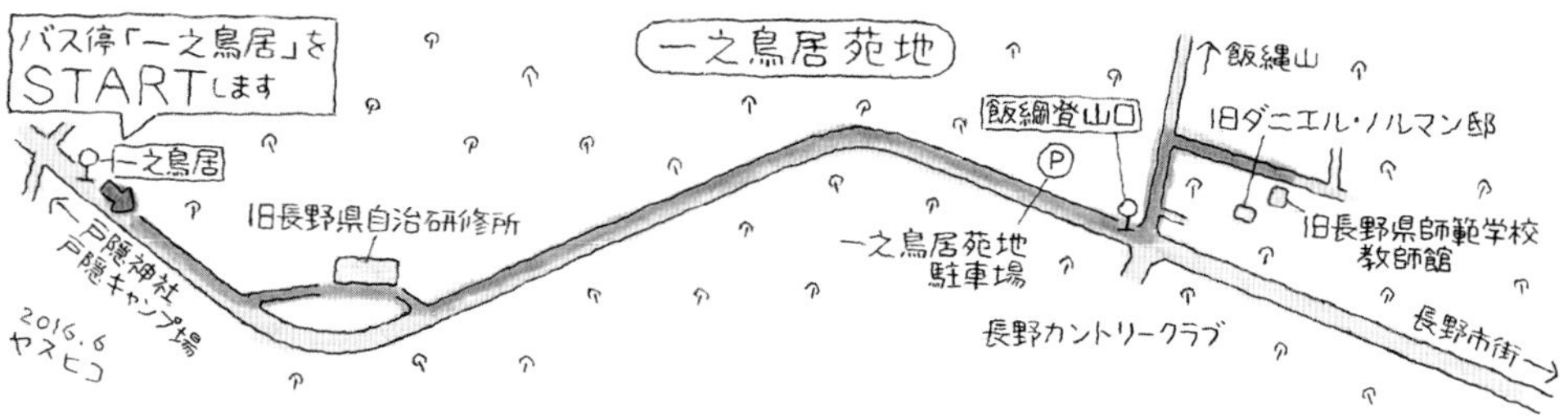

■**歩行距離**：約2.1キロ
●JR長野駅（アルピコバス49分）一之鳥居／飯綱登山口（同バス42分）花の小路
●**終点**：善光寺山門からJR長野駅へは約2キロ、28分

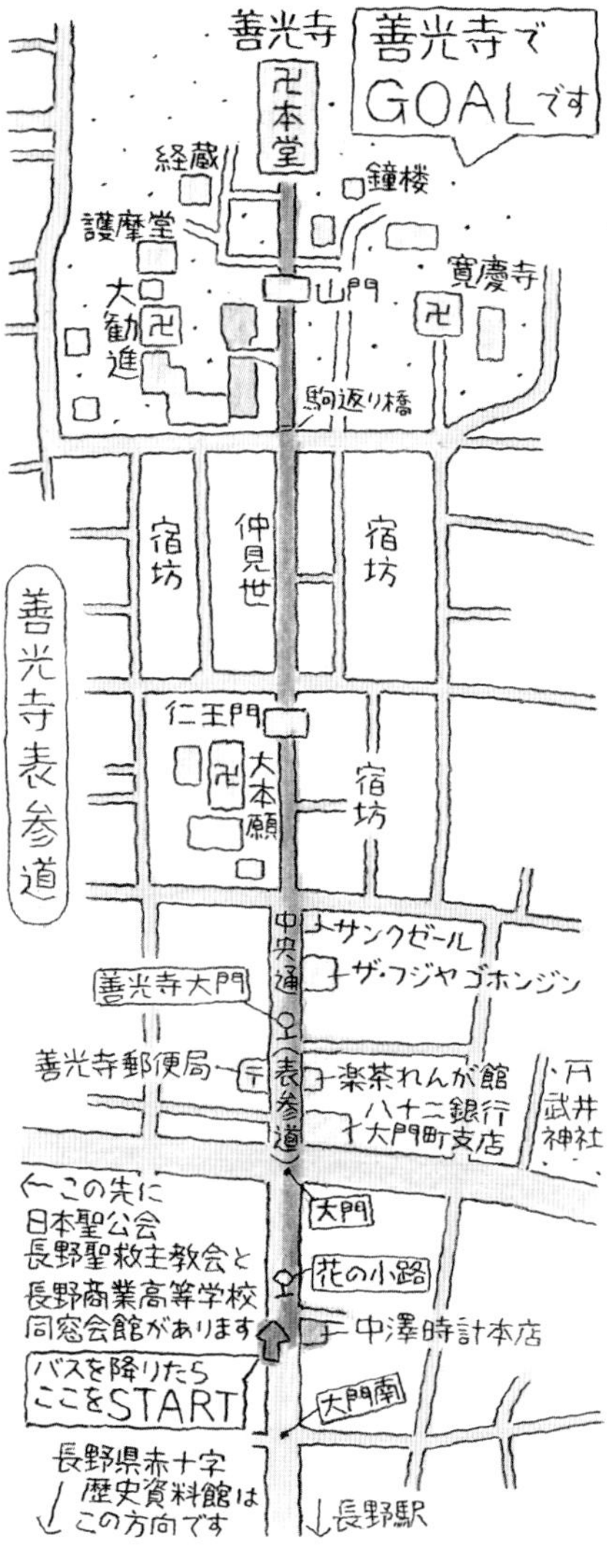

バス道路をさらに15分ほど戻ってバス停「飯綱《いいづな》登山口」へ（この道は歩道がなく交通量が多いので注意して）。飯縄山へ向かう道へ入り100メートルほどで右折すると、右側に2棟の移築物件がみつかる。1棟は『旧長野県師範学校教師館』（1875、尾野川清吉＝棟梁《とうりょう》）。長野県内では佐久市にある中込学校とともに最古の洋風建築とある。市内、長門町の師範学校内にあって明治天皇行幸の際に休息所になったともある。白漆喰《しっくい》の躯体《くたい》に玄関ポーチと上下窓、胴蛇腹《じゃばら》がハイカラだがポーチはむくり屋根だし不思議な軒飾りだし、八角柱の礎石は仏堂のようで、擬洋風そのものである。もう1棟は『旧ダニエル・ノルマン邸』（1904、ダニエル・ノルマン）で、カナダ人の宣教師ノルマンが自邸として夫人の意見も取入れて設計したとある。下見板張りペンキ塗りの質素な住宅だ。

「一之鳥居苑地」の散歩が終わったら、「飯綱登山口」バス停から長野駅行きバスに乗車し『善光寺』方面へ（この路線はほぼ1時間に1本の運行なのであらかじめ時刻表を見ておく）。「善光寺表参道」の「花の小路」で下車するとすぐ近くに『中澤時計本店』（１９２４、本田政蔵）の端正な洋風商業建築がある。正面左隅を切ったシンボル部分に専門店の誇りが見てとれる。大正末期らしく様式が単純化されて美しい建物だ。店内にある重錘式《じゅうすいしき》グランパクロックは１４０年の歴史ある大時計とか。

宣教師ダニエル・ノルマンが自分の設計で建てた『旧ダニエル・ノルマン邸』

『善光寺』に向かって行くと左手の『善光寺郵便局』（１９３２、不詳）はかつての「五明館」（旅館）の建物の転用で、和の強い和洋折衷の上質な建築が古びて味わいがある。「五明館」は江戸時代から続いた旅館とあり、戦後はウィリアム・フォークナーが滞在し、池波正太郎、吉田健一など多くの名士に愛されたとある。

郵便局の向かいにあるレストラン『楽茶れんが館』（１９１２、不詳）は運送業の「信濃中牛馬合資会社」の社屋として建てられたもので、焼きしめた施釉《せゆう》レンガを用いた表参道初のレンガ造りである。いま見てもしゃれた印象の建物なので、１００年以上も昔の表参道では目立ったことだろう。開口部のアーチが美しく、大ぶりの屋根窓がこの建物のシンボルだ。レストランで飲食すると、ノスタルジックなインテリアを見ることができる。

さらに歩みを進めた右手にレストランとして生まれ変わった大型の洋風建築があり、これが『ザ・フジヤゴホンジン』

時計の老舗『中澤時計本店』の現在の建物は1924年（大正13）に完成している

『楽茶れんが館』は運送会社の「信濃中牛馬合資会社」の社屋を用いている

（1925、不詳）だ。いかにも大正末期モダンの建物で、江戸時代初期創業の旅館「藤屋」が和魂洋才を具現すべくこれを建設したとある。「藤屋」はかつては宿場の本陣（大名の宿泊所）で、明治以後も各界名士が宿泊した。平成のリニューアルで「ゴホンジン」を称したのも、その歴史による。

大門町の東角に立つ洋風商業建築は『サンクゼール』（1924、不詳）で、

「深澤洋品店」が大正13年に建てた。木造モルタル3階建ての洋風建築は当時は斬新だったろう。パラペット中央の円型は建設時には「徳」（初代店主深澤徳十郎に由来）の字が入っていたが、戦時中に国家の金属供出令で外されたとある。

これより先は右側に宿坊が並び、左側に『大本願』（尼僧寺院で善光寺を護持する山内浄土宗の本坊）、さらに『仁王門』（1918再建、金剛力士像は高村光雲〈光太郎の父〉と米原雲海の作）を過ぎると仲見世の商店が続き、駒返り橋（源頼朝の馬がひづめを挟んで動けなくなったので、ここから歩いたという伝説の橋）の先の左側に『大勧進』（善光寺を護持する山内天台宗の本坊）がある。

『山門』（1750建立の大楼門）正面にかかる扁額《へんがく》は輪王寺宮・公澄《こうちょう》法親王《ほうしんのう》の筆で〈善光寺〉の3文字の中に5羽の鳩が隠されており、〈鳩字の額〉といわれる。二層入母屋造りの大屋根は平成の解体修理で檜皮《ひわだ》葺きから栃《とち》葺きに戻された。

そしてその先が『善光寺・本堂』（1707、甲良宗賀《こうらむねよし》＝幕府方棟梁）で、江戸時代中期を代表する堂々の大伽藍《だいがらん》、国内屈指の巨大木造建造物、国宝である。『善光寺』の御本尊は日本最古といわれる仏像で絶対秘仏。その御本尊の分身仏である前立本尊は鎌倉時代の作で、7年に1度の御開帳では厨子の扉が開かれ、そのお姿を拝することができる。

内陣でお参りしたあとは「お戒壇《かいだん》めぐり」へ。瑠璃壇床下の真暗闇の回廊をめぐる途中に〈極楽の錠前〉があり、これにふれると御本尊様とご縁が結ばれて極楽往生ができるといわれている。

これで今回の建築散歩はゴールとなるが、このあと付録として4物件を紹介する。

『日本聖公会長野聖救主教会』

（1898、J・G・ウォーラー）はレンガ造り、ゴシック様式の美しい教会堂で、遠目にはシンプルに見えるが軒や窓まわりの飾り積みが精巧なのに驚く。バットレス（控え壁）が頼りになる二段

明治のレンガ建築が美しい
『日本聖公会長野聖救主教会』

構えである。「大門」交差点を西へ向かい3つ目の信号手前左側にある。

『長野商業高等学校同窓会館』（不詳）は大正末期モダンを感じる建物で、ひかえめな装飾が好ましい。聖救主教会前の交差点をさらに西へ行き、「商業学校」バス停で左へ折れた長野商業高校内にあり、学校の許可を得て鑑賞する。

『長野県赤十字歴史資料館』（1899、不詳）は明治32年に「日本赤十字社長野支部事務所」として建設されたとある、和式建築に玄関ポーチだけ洋式で加えたような建物。ポーチ4隅の円柱がこの時代とは思えないもので、特に柱頭のアカンサスがユニークだ。「大門」交差点を西へ向かい、「若松町」交差点を左折、「南県町」交差点を過ぎた先の右側に「日本赤十字社長野県支部」があるので、事務所で許可を得て鑑賞してほしい。

『日本クレーン協会長野支部博物館』（1893、不詳）は北安曇郡池田町の「池田警察署」を移築したもの。大切に保存されている物件で軒飾りが圧巻。JR・しなの鉄道篠ノ井駅西口を出て西へ向かい突当りを右へ、その先「下六反」交差点を左へ進む。「布施五明」交差点の先左側にある。事務所で許可を得て鑑賞する。

『日本クレーン協会長野支部博物館』は
1893年(明治26)完成の
「池田警察署」(長野県)の建物だ

14

加賀百万石を支えた商都時代を語る建築をたどる

高岡

富山県

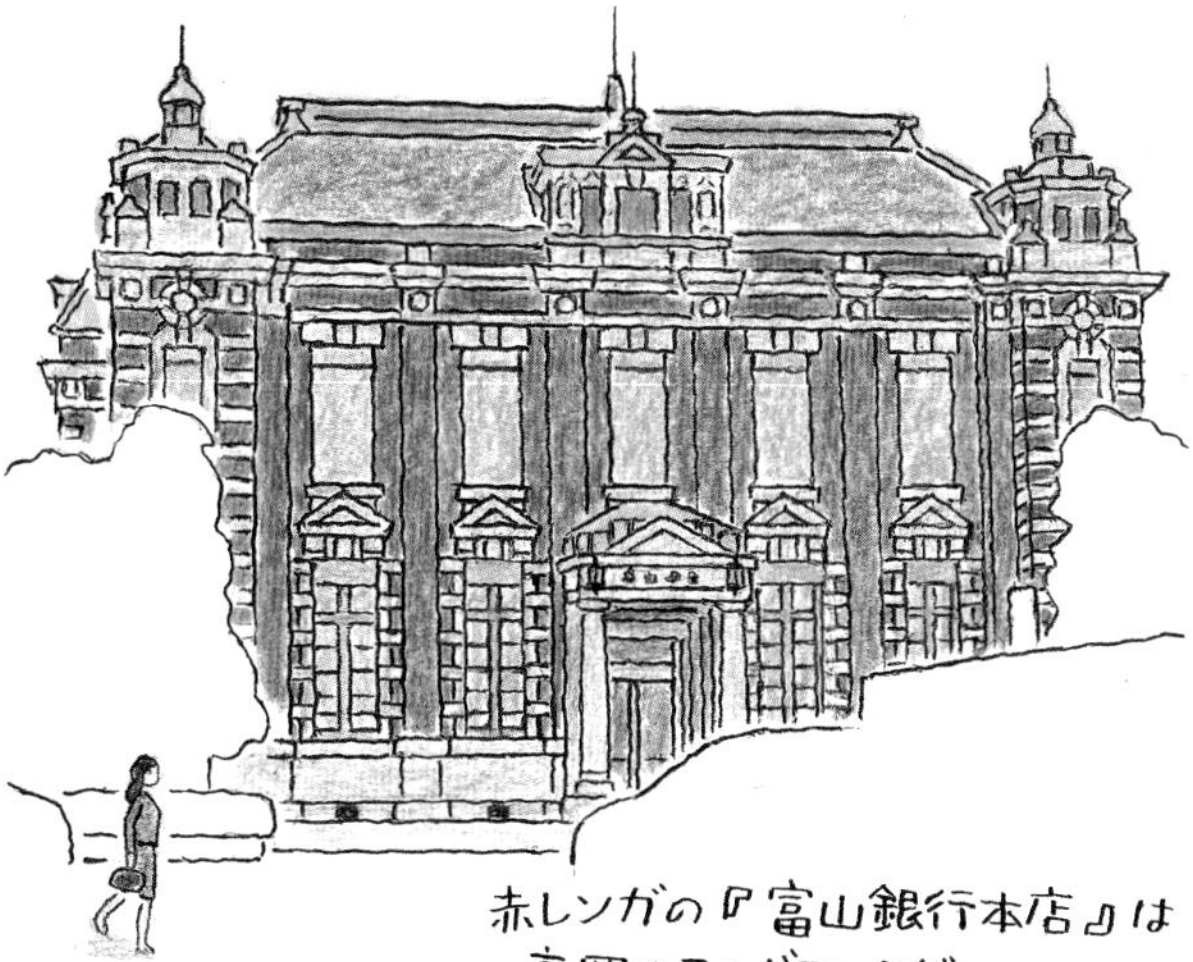

赤レンガの『富山銀行本店』は高岡のランドマークだ

かなり前のこと、何かの集まりで富山の話が出た時にある人が「富山県の行政の中心は富山市だが、経済や産業は高岡市だ」と言って胸を張った。後でその人が高岡の出身と聞いて納得したけれど、この時初めて高岡という地名を覚えた。その高岡に「建築散歩」のためにやって来たのだが、まず町が大きいので驚いた。昔、北前船が寄港した港町の伏木《ふしき》も市内なのである。また、古城公園があるのにどこにも城下町と書いてないのが不思議だったが、これは築城当時の事情を知って謎が解けた。

加賀、能登、越中の中心で水利もよく周辺は穀倉地帯という好条件から新城建設を思い立った加賀藩2代藩主・前田利長は、それまで関野と呼ばれたこの地を詩経の中の「鳳凰《ほうおう》鳴矣《なけり》于彼《かの》高岡《たかおかに》」から「高岡」と名付け、客将で築城家でもあったキリシタン大名の高山右近に任せた。ところが利長は新しい城に入り新しく藩政や城下町の整備を行おうとする時に死去。さらに翌年には幕府が発した一国一城令によって城も廃城と決まってしまった。そこで3代藩主・前田利常は城内の武具庫や煙硝蔵に代えて米蔵や塩蔵を置き物資の集散地に、また産業育成策を進めて物資の生産地を目指し、それで高岡は加賀百万石の台所として栄えた。ということで高岡を「城下町」と言わない理由も、後で歩く商人町の山町筋《やまちょうすじ》や職人町の金屋町《かなやまち》の起源も、明らかになった。

そこで高岡の建築散歩も、利長や利常の遺産ともいうべき「高岡古城公園」の旧鍛冶丸にある『高岡市立博物館』（1951、木村得三郎）前をスタート

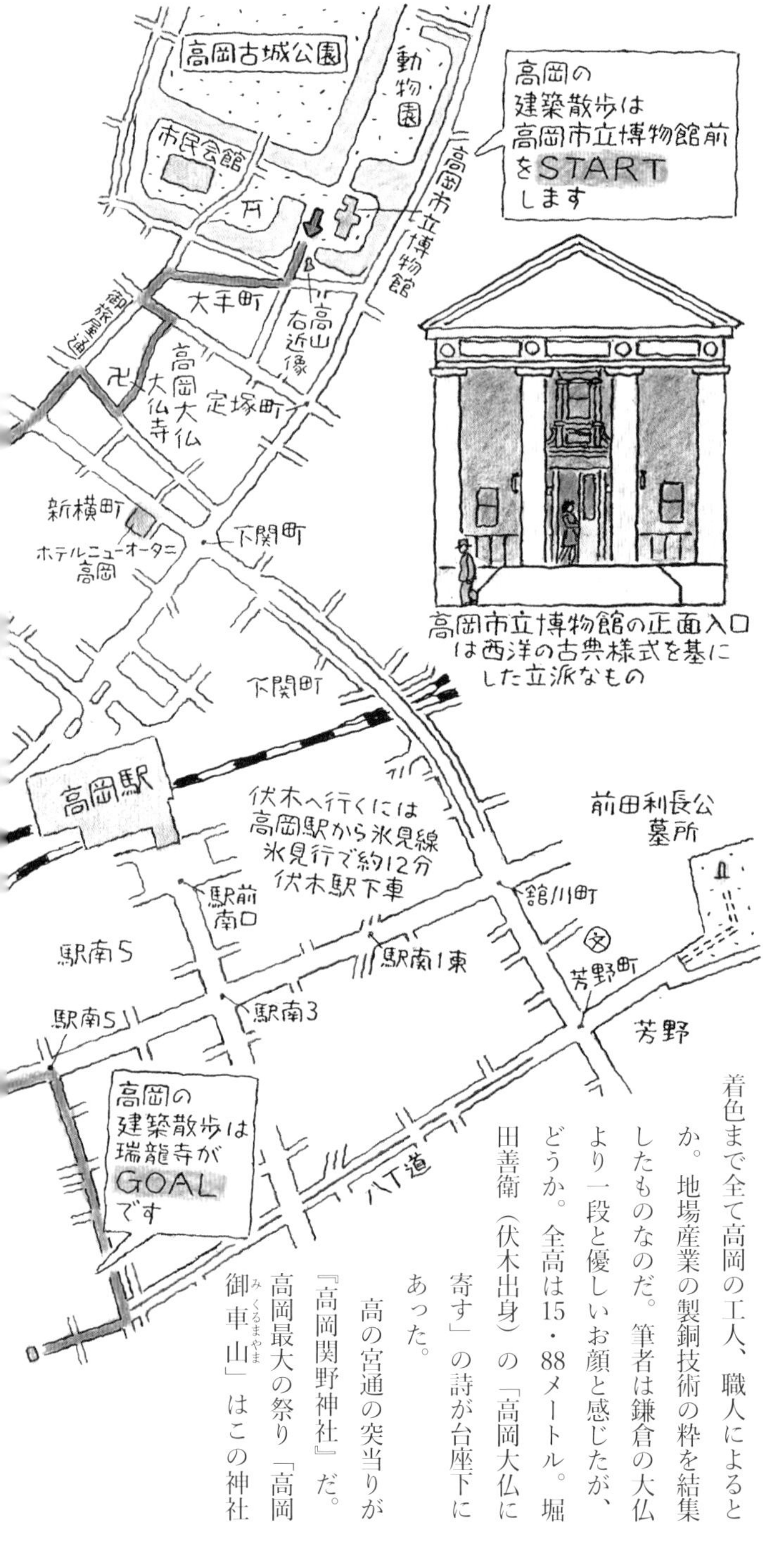
高岡古城公園
動物園
市民会館
高岡市立博物館
高岡の
建築散歩は
高岡市立博物館前
をSTART
します
大手町
高山右近像
御旅屋通
高岡大仏
大仏寺
定塚町
新横町
ホテルニューオータニ高岡
下関町
下関町
高岡駅
伏木へ行くには
高岡駅から氷見線
氷見行で約12分
伏木駅下車
前田利長公墓所
駅前南口
舘川町
駅南5
駅南1東
芳野町
駅南3
駅南5
芳野
高岡の
建築散歩は
瑞龍寺が
GOAL
です
八丁道
高岡市立博物館の正面入口は西洋の古典様式を基にした立派なもの

することにした。

博物館の正面入口は西洋古典様式を単純化したものだ。1951年の産業博覧会で使われた建物とあるが、古典様式の破風や列柱は意外にも古城公園の緑によく似合う。『高岡古城公園』は全体に築城時の地形がよく残っていて、特に面積の3分の1にあたるという水濠がすばらしい。博物館前から大手口に向かうと、左右に静かな水面を見ることができる。近くに、前述の高山右近のあっと驚く立像がある。右近は家康のキリスト教禁教令にも屈しなかったが、雪の北陸を後に国外追放されて、フィリピンに着いて間もなく病に倒れその生涯を終える。

『高岡大仏』は江戸時代中頃の木造金色像に始まるそうで、現在の銅像は1933年の完成。鋳造から着色まで全て高岡の工人、職人によるとか。地場産業の製銅技術の粋を結集したものなのだ。筆者は鎌倉の大仏より一段と優しいお顔と感じたが、どうか。全高は15・88メートル。堀田善衛（伏木出身）の「高岡大仏に寄す」の詩が台座下にあった。

高の宮通の突当りが『高岡関野神社』だ。高岡最大の祭り「高岡御車山《みくるまやま》」はこの神社

■**歩行距離**：約6.7キロ
●**起点**：高岡市立博物館へは、あいの国とやま鉄道・城端線高岡駅から0.9キロ、徒歩11分
●**終点**：瑞龍寺から高岡駅へは1.3キロ、徒歩17分

キューポラと煙突
内免橋
高岡市鋳物資料館
川原町
高岡鋳物発祥の地
金屋町
鳳鳴橋
伝統的建造物群保存地区
金屋緑地公園
川原町
土蔵造りのまち資料館
旧室崎家住宅
菅野家住宅
塩崎家住宅
源平町
川原本町
有礒正八幡宮
宗泉寺
千保川
土蔵造りの商人町
山町筋
筏井家住宅
片原町
セリオ
片原町
有礒神社前
横田橋
伝統的建造物群保存地区
富山銀行本店
中島町
高峰公園
佐野家住宅
堀上町
末広町
二番町
高岡関野神社
鴨島
末広町西
南幸町
白金町
白金町
南町
2012.5
ヤスヒコ
あいの風とやま鉄道
関大町
清水町1
清水町2
高岡の近代水道発祥の地
水道公園
156
関町
清水町2
清水町
蓮美町
城端線
総持寺
高岡山瑞龍寺

の春祭りの時に市内を巡行する（5月1日）。豊臣秀吉が後陽成《ごようぜい》天皇を京都聚楽第《じゅらくだい》に迎えた時に用いた山車7基を前田利家が拝領し、2代・利長が高岡の開町に際して七町（通町、御馬出町、守山町、木舟町、小馬出町、一番町、二番町）に与えたのが御車山だ。この山車は他に類のないもので、地場産業の金工、漆工が最高の技術を集めて安土桃山の豪華な装飾美を今に伝えて国の重要有形民俗文化財、御車山行事は国の重要無形民俗文化財なのだ。建築散歩の途中でも、しばしば御車山の写真やポスターに遭遇する。

土蔵造りの商人町・山町筋に入ると、高岡の核心部に来たのを実感する。

山町とは前述の御車山をもらった旧北陸道沿いの町々のことだ。この区域に1900年（明治33）の大火以降、二度と燃えないようにと土蔵造りの店舗や町家が競うように建てられた。それは商家の威勢を表すものでもあったわけで、そこを見比べての散歩がおもしろいと思う。

　山町筋の土蔵造りは2階建、切妻屋根、平入、黒瓦葺屋根に箱棟や棟飾、黒漆喰塗外壁、土扉、境界の総卯建《うだつ》（防火壁）などが伝統で、これに当時のモダンである洋風石張外壁、アーチ窓、上げ下げ窓に鉄扉、列柱などが加わる。外観の重厚さとは対照的に内装は繊細な数寄屋風が多いというが、その辺には商家の家風も関わるだろうと思う。土蔵造りの家並に大正から昭和初めの洋風建築の商店も何棟か交じり、これも見どころだ。

　見ごたえのある土蔵造りの『佐野家住宅』の先の右角にある「高峰公園」は、アドレナリンの発見やタカジアスターゼの開発で著名な工学・薬学者の高峰譲吉博士の生誕地で、胸像と説明板がある。その向かいの大法寺角には富山県里程元標があり、ここは旧北陸道（郵便局角とここでクランク状に曲がる）の要衝だったのである。旧北陸道の山町筋に面して「赤レンガの銀行」として市民に親しまれてきた『富山銀行本店』（1914、田辺淳吉）があり、これは高岡のランドマークだ。

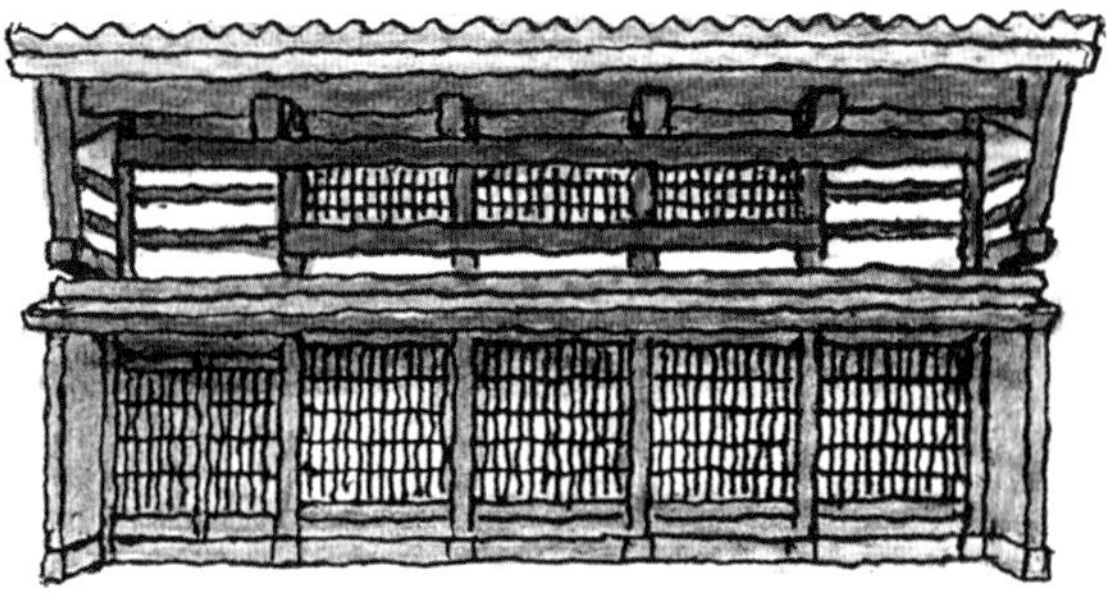

こうした千本格子の町家が
金屋町の町並を形成する

　千保川を渡ると町の様相は一変して、職人や工人の町になり、高岡鋳物発祥の地・金屋町にやって来たと気付く。案内によると、前田利長が7人の鋳物師《いもじ》を呼び寄せて諸役御免、交通自由、山林伐採の特権を与え、千保川右岸の城下に火災をおよぼさないように一定の敷地を千保川左岸に定め、5カ所に鋳物工場を設けたのが金屋町の始まりとある。

　金屋町として繁栄した頃の様子を今に伝えるのは伝統の千本格子の町家が並ぶ美しい町並で、山町筋の土蔵造りの町並とはまた別な庶民の町の温かさ、親しさが好ましい。建物の特徴は当地で「さまのこ」「むしこ」などという特別に細かい千本格子、厨子《つし》二階、深い軒とそれを支える袖壁、真壁造りの美しさといったもので、現在も鋳物や製銅に携わる家が多いとのこと。その工場は裏手にあり、

『旧南部鋳造所』のキューポラ（溶銑炉）や煉瓦の煙突が産業遺産として保存されている。

千保川を渡って右岸に戻り、あいの風とやま鉄道を過ぎると『水道公園』の旧配水塔が見えてくる。30メートル近い配水塔は銅板葺の貯水槽を格子状の架構が支え、そこにアーチ窓が市松に配されて、配水塔という役目を忘れてしまうような好ましい建造物だ。塔入口の上にある「恵澤萬年《けいたくばんねん》」の文字は元首相・犬養毅の筆になる。また近くの赤煉瓦外壁八角平面の小さい建物は『旧第3源井上屋』で、地下水汲上源井の上に立つ、いかにも愛らしい洋風建築で、心惹かれた。『水道公園』には他に半地下式の水源地水槽があり、ふたつの入口の上に「鍾水豊物《しょうすいほうもつ》」（犬養毅）、「滾々不尽《こんこんつきず》」（元知事・鈴木敬一）の文字が掲げてあり、この公園を価値あるものにしている。

旧第3源井上屋（水道公園）1931
小さいものだが容姿端麗である

旧配水塔（水道公園）1931
現在は清水町配水塔資料館になっている

『高岡山瑞龍寺』は、筆者は全く不明にして、これほどの霊域がここに在ることを知らなかったので、実に驚き、広大な境内を歩いて仏殿、法堂に詣で、石廟の彫刻に感心して退出した。

それで散歩はゴールとなったわけだが、時間が少し余ったので電車で伏木に向かい、『旧伏木測候所』『雲龍山勝興寺』『旧伏木銀行』（現・高岡商工会議所伏木支所／1908）と散歩した。『旧伏木銀行』は土蔵造り桟瓦葺が和式だが、後は洋風の和洋折衷で見どころが多い。特に内装で白漆喰の左官の洋風鏝《こて》細工に感心した。内外にコリント式オーダーが目立ち、その柱頭飾がチンゲン菜のようでほほえましかった。

高岡市伏木の高岡商工会議所伏木支所
伏木銀行として1908年（明治41年）に建てられた

15

昔の町並みを楽しみ
飛騨の匠の技を鑑賞する

飛騨高山

岐阜県

われわれ日本人は「昔の町並み」が大好きである。人気観光地のベストテンを見ても、昔の町並みの代表である京都の1位は当然だが、それに続いて昔の町並みを誇る町が続々とランク入りする。そして、それらを「小京都」と呼んで憧れることからも、日本人の「昔の町並み」好きがわかる。今回の建築散歩の地・飛騨高山も小京都と呼ばれて昔の町並み自慢の地である。ならばその昔の町並みを歩きおもしろい建物を探してみようということになった。

散歩のスタート地点、『高山陣屋』の見学はゴール後として、名物の陣屋前朝市だけひと回りしたら、中橋を渡って宮川右岸（川下に向かって右側）の道を北に向かおう。対岸に町家が並んでいる風景は京都の鴨川にちょっと似ている。ちなみに元禄年間まで6代にわたって高山の領主だった金森氏は、その前は越前大野城主で大野の町づくりを行い、また高山から出羽上山を経て美濃郡《みのぐ》上八幡《じょうはちまん》へ転封されたが、そこでも熱心に町づくりを行っており、これらの町々は今ではどれも昔の町並みで知られる観光地なので、金森氏は代々、町づくりが好きでまた上手な遺伝子を受けついだ殿様なのだと思う。

本町通りでも一際目立つ天狗本店
昭和初期モダンの賑やかさが楽しい
A

宮川沿いでもうひとつの朝市に出合うが、これが宮川朝市。土地の婦人と立ち話をしてご当地の産物を確かめて地方色や季節感を味わったあと、宮前橋の鳥居で右折、正

平湯峠
東山神明神社

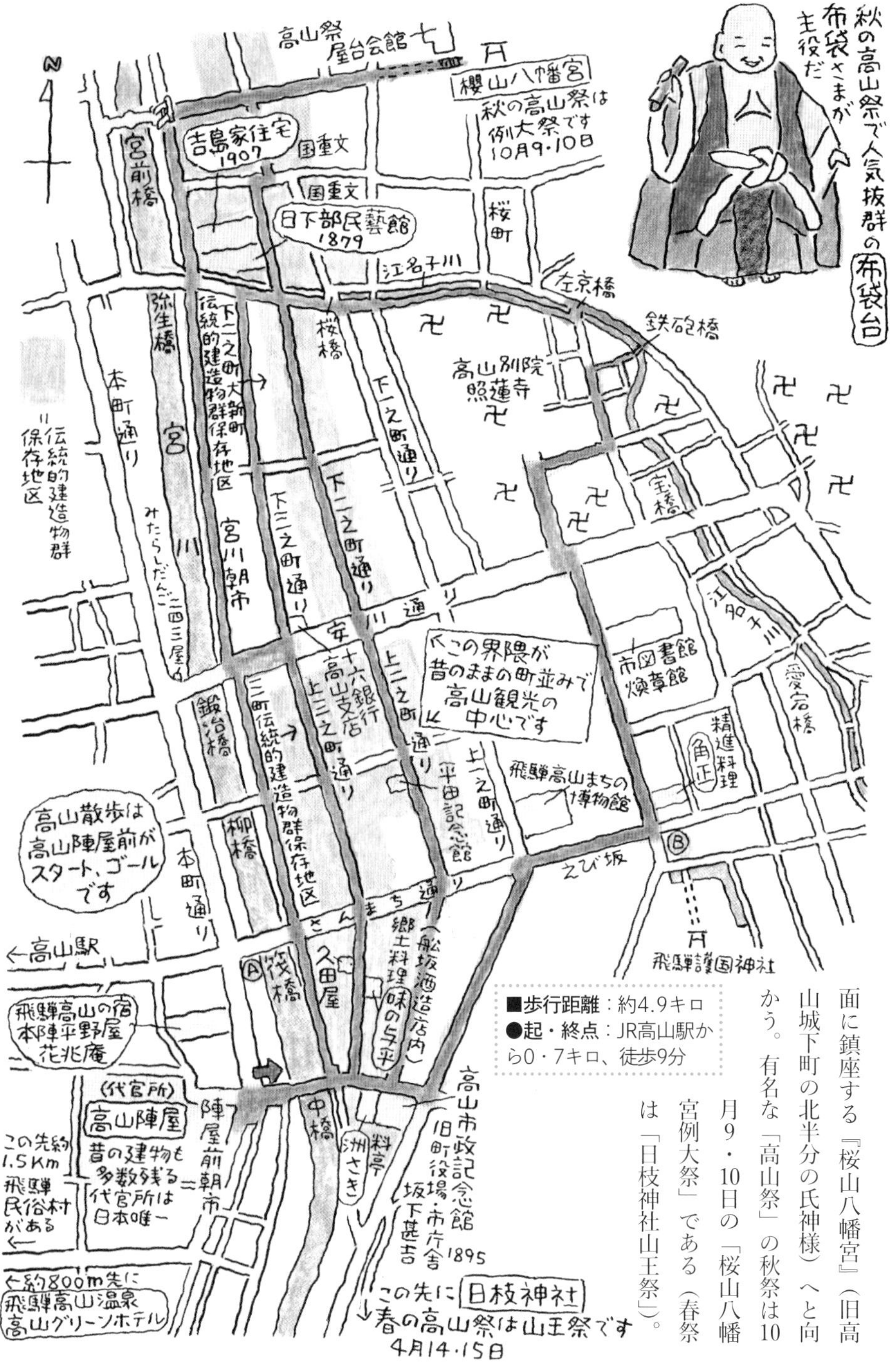

秋の高山祭で人気抜群の布袋台
布袋さまが主役だ
N
高山祭屋台会館
櫻山八幡宮
秋の高山祭は例大祭です 10月9・10日
吉島家住宅 1907
国重文
国重文
日下部民藝館 1879
桜町
江名子川
宮前橋
弥生橋
左京橋
鉄砲橋
桜橋
下二之町大新町伝統的建造物群保存地区
高山別院照蓮寺
下一之町通り
本町通り
宮川
＝伝統的建造物群保存地区
宮川朝市
下二之町通り
下三之町通り
みたらしだんご 二四三屋
安川通り
宮橋
江名子川
十六銀行高山支店
上三之町通り
三町伝統的建造物群保存地区
上二之町通り
この界隈が昔のままの町並みで高山観光の中心です
市図書館 煥章館
愛宕橋
精進料理 角正
鍛冶橋
平田記念館
上一之町通り
飛騨高山まちの博物館
高山散歩は高山陣屋前がスタート、ゴールです
柳橋
本町通り
えび坂
さんまち通り
郷土料理 味の与平
（船坂酒造店内）
飛騨護国神社
←高山駅
筏橋
久田屋
飛騨高山の宿 本陣平野屋 花兆庵
〈代官所〉 高山陣屋
昔の建物も多数残る代官所は日本唯一
陣屋前朝市
中橋
料亭 洲さき
高山市政記念館 旧町役場・市庁舎 1895
坂下甚吉
この先約1.5Km 飛騨民俗村がある←
←約800m先に 飛騨高山温泉 高山グリーンホテル
この先に日枝神社
↓春の高山祭は山王祭です 4月14・15日

■歩行距離：約4.9キロ
●起・終点：JR高山駅から0・7キロ、徒歩9分

面に鎮座する『桜山八幡宮』（旧高山城下町の北半分の氏神様）へと向かう。有名な「高山祭」の秋祭は10月9・10日の「桜山八幡宮例大祭」である（春祭は「日枝神社山王祭」）。

安川通りより北側の下町を舞台に絢爛豪華な11台の屋台が曳き回され勢揃いし、名物のからくり奉納や宵祭などファンタジックな2日間がここで行われるのだ。特に屋台のつくりやからくりのもとには伝統の「飛騨の匠《たくみ》」が存在する。そう

『高山市制記念館』は旧高山町役場の建物である

いったものは祭り当日でなければ見られないのだが、神社参拝のあと『高山祭屋台会館』で数台の屋台を見ることができる。

ここからいよいよ、昔のままの町並み訪問が始まる。まず出合うのが『吉島家住宅』（1907、西田伊三郎）だ。われわれ日本人がかつてどんな家でどんな暮らしをしていたか、そのひとつの例を見るのは実に興味深い。吉島家は造り酒屋で財をなした家で、建物はおもに1907年（明治40）と案外新しいが、お施主さんも建材も工法も江戸時代と同じ。ただし明治になって封建時代の禁令から解放された分、棟梁も職人もやりたいことができたと思う。江戸時代の町家は高い建物を禁じられていたのだが、一歩中に入ると天井が豪快に吹き抜け、贅沢な材が縦横に美しく組まれて見事なものだと感心する。この辺りに、伝統の設計と技術が光るのだ。土地の名工・西田伊三郎という棟梁の仕事とある。

隣の『日下部民藝館』（1879、川尻治助）は掛屋、両替商（今なら銀行）で、同じように豪快な梁組みから贅沢なつくりが家のあちこちに見える。こちらは親代々の棟梁・川尻治助渾身の作で、特に彫物に注目。1879年（明治12）に建てられ、明治の民家で初めて国の重

『吉島家住宅』
建材も工法も江戸時代と同じで建設された

要文化財に指定された建物だ。

江名子川を渡って下二之町通り、安川通りを横断して上二之町通り、さんまち通りと昔の町並みを楽しみながら進むと、正面に『高山市政記念館』（旧高山町役場、市庁舎／1895、坂下甚吉）の、木造としては大型の建物に出合う。1895年（明治28）に地元の棟梁・坂下甚吉の手になるものだが、坂下は明治の飛騨地方で江戸期木造技術の総決算ともいえる方法で、明治という時代が要求するこうした公的建造物や工場、倉庫といった新時代の建物を多数建てており、西田や川尻とはまた別の明治の棟梁として記憶されるべき人だ。『高山市政記念館』も、質素ながら堅実で明治の公共建造物らしい気骨が伝わってくる。

さて『高山市政記念館』から上三之町通りへ入って行くと観光客の人波だ。この辺りが昔の町並みで最もホットなところだろう。通りの左側の『久田屋』は年配者なら覚えているに違いない店で、その昔、洋酒のCMの背景となって知られ、それが高山観光に相当に寄与した。そのほか造り酒屋、味噌や溜り醤油店、郷土料理店、流行の和モダンのカフェ、骨董店などの続く昔の町並みに老夫婦、家族連れ、修学旅行から中国人観光団と、小京都・高山はまことに大繁盛と見た。昔の町並みも筆者が14年前に来たころより格段に古く美しく修景も整って、申し分ない。そこで下三之町通りを江名子川に行き着いたら右折して、川の南側の道を歩こう。

この散歩道は宮川沿いと違って山から流れる清らかな水と沿道の並木の風情が実によく、ずっと先まで行きたいのだが鉄砲橋を渡って照蓮寺門前から南へ向かう。そうすると左側に擬洋風かと思われる建物が見えてきて、高山にはこんな擬洋風はなかったはずと思ってよく見ると、新しい市立図書館が何と全体に擬洋風づくり、つまり擬擬洋風という趣向で、それも徹底していないので何かヘンだ。立派な図書館なのに惜しいなあ、と思いな

軒の低い木造2階建て平入りの町並みが美しい
宮川右岸の丸五みそや
味噌㊄溜り
えび坂上の辻で
Ⓑ
'11.5 ヤスヒコ

から擬擬洋風を眺めた。

そもそもこの通りは筆者は大好きで、老舗の『角正』や『丸五みそや』が実にいい雰囲気であり、それからえび坂を

山岳資料館には
昭和40年代以前の
山とクライミングとスキーの道具が展示されている
昭和40年代は 新旧道具の分かれ目だったことがわかる
←この部分は現在は外されているので資料から描いた
旧高山測候所
（1903） 坂下甚吉（伝）
現飛騨民俗村
山岳資料館
木造下見板張り
灘村（現高山市桐生町）にあった高山測候所の建物を
1970年に飛騨民俗村に移築した

下って、さんまち通りに出るのが今回の散歩のハイライトなので、のんびり歩こう。そして中橋から陣屋前に出て、今回の散歩はゴールインとなる。残った時間で、改修や復元で整った代官所、『高山陣屋』をゆっくり見学しよう。

最後に、筆者の好みになってしまうが、1903年（明治36）に灘《なだ》村に建てられた『旧高山測候所』（1903、坂下甚吉〈伝〉）を紹介する。現在は『飛騨民俗村』の中の『民俗村エリア』に移築されて『山岳資料館』となっている建物だ。

明治初期に欧米式の気象観測がお雇い外人の指導で始まり、1883年（明治16）に全国に23の測候所が設けられた。しかしそれでは当然足りず、以後各地に多数設けられた測候所のひとつがこれで、飛騨地方の気象観測を担当した。この建物はその時代の測候所の典型とのことで、それならばまことに興味深い上に貴重な存在ではないか、と思っていたら、何と設計者が前述の坂下甚吉（〝伝〟と資料にはあるが）であり、本当なら公的施設を多く手がけた彼らしい建物だと思う。

建物は内外ともにまことに地味で、昔の小学校のような感じだ。それに以前、移築前の場所で見たときは塔屋の上に望楼と思われる柵があったがいまはない。レーダーも気象衛星もない当時はそこで観天望気をして天気を予想したに違いないので、何とか復元できないかと思う。

〝山岳資料館〟としては大町の『山岳博物館』には比ぶべくもないが、同じ資料でもしっかり解説を加え、また当時の気象観測の詳細がわかれば充実するのではないかと思うがいかがだろうか。以上、余分ながらつけ加えさせていただいた。

16

郡上踊りと名水の町に町家の景観を訪ねる

郡上八幡

岐阜県

重要伝統的建造物群保存地区
として国に選定された
郡上八幡北町の町家群

奥美濃の城下町、郡上八幡《ぐじょうはちまん》は清流吉田川が貫流する名水の町として知られ、伝統の町家が軒を連ねる昔町、夏は町をあげての「郡上おどり」で有名だ。

1936年（昭和11）に完成した洋風建築の『郡上八幡旧庁舎記念館』前から散歩を始める。記念館は観光案内所でもあるので観光地図などをもらっておこう。スタートしてすぐに渡る『新橋』から眺める吉田川の渓谷や川の水は美しく、この町が水の町といわれるのが分かる。右岸（下流に向かって右）が「北町」、左岸が「南町」と通称されるのを覚えておこう。城山の上に見えている郡上八幡城の天守は1933年に木造で再建された日本最古の模擬天守とある。

橋の北詰を左折、次の角を右折すると右側に『安養寺』の大伽藍が現れる。道路脇の用水には滔々と水が流れ、その先に湧水を動力にした「ボットリ」という仕掛が復元されている。この仕掛も水の町らしいもので、昔はこうして水力が粉挽きなどに使われたそうだ。道路脇の用水はこの後も町筋に沿って各所で見ることができる。

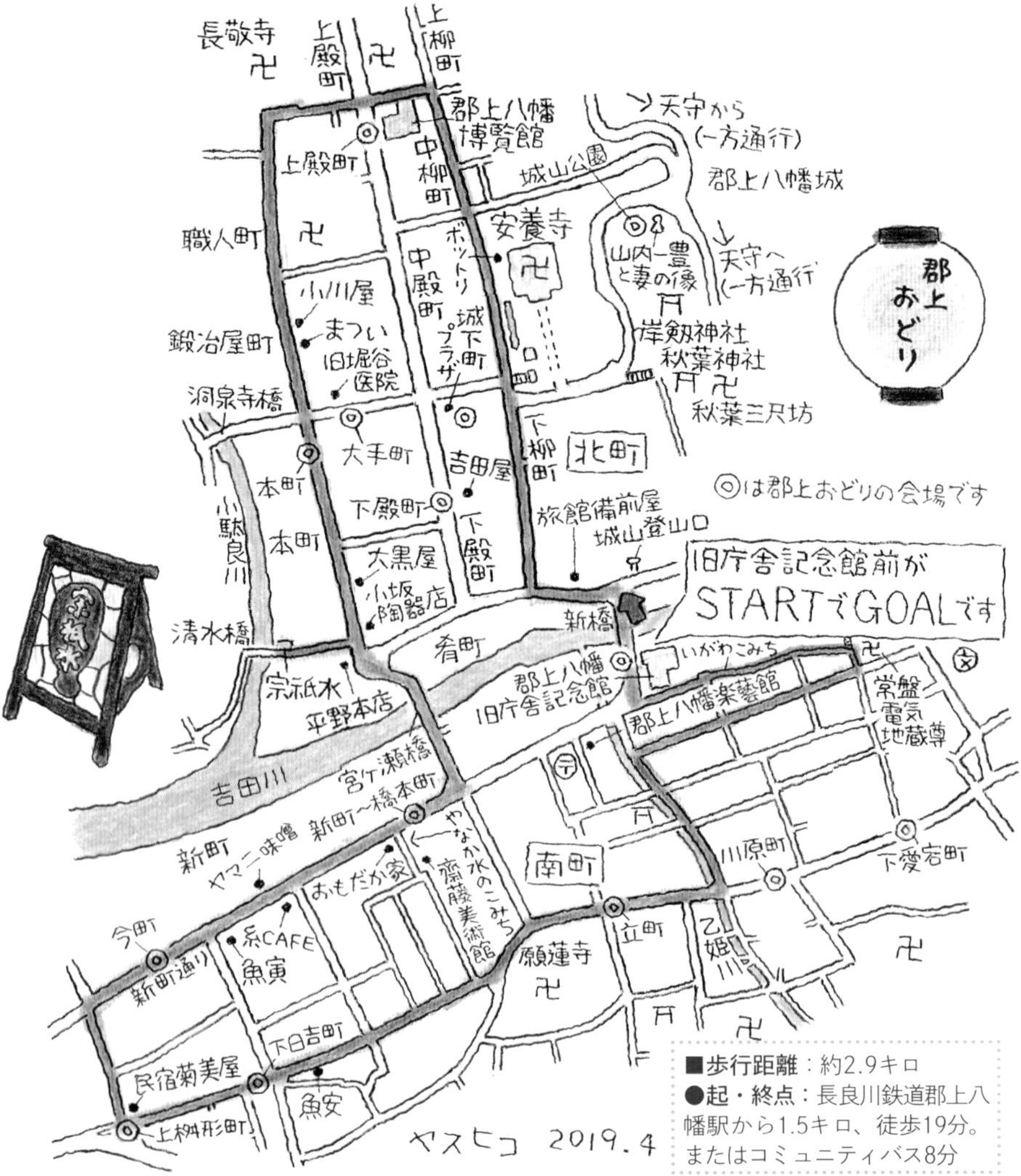
長敬寺
上殿町
上柳町
郡上八幡博覧館
天守から（一方通行）
郡上八幡城
上殿町
中柳町
城山公園
安養寺
職人町
ボットリ
中殿町
山内一豊と妻の像
天守へ（一方通行）
郡上おどり
小川屋
まつい
旧堀谷医院
鍛冶屋町
城下町プラザ
岸剱神社
秋葉神社
秋葉三尺坊
洞泉寺橋
大手町
下柳町
北町
本町
吉田屋
◎は郡上おどりの会場です
下殿町
下殿町
旅館備前屋
城山登山口
小駄良川
本町
大黒屋
小坂陶器店
旧庁舎記念館前がSTARTでGOALです
清水橋
肴町
新橋
宗祇水
郡上八幡旧庁舎記念館
いがわこみち
常盤電気地蔵尊
宗祇水平野本店
郡上八幡楽藝館
吉田川
宮ケ瀬橋
新町〜橋本町
新町
ヤマニ味噌
やなか水のこみち
齋藤美術館
おもだか家
南町
川原町
下愛宕町
今町
糸CAFE
魚寅
立町
乙姫川
新町通り
願蓮寺
下日吉町
民宿菊美屋
魚安
上桝形町
ヤスヒコ 2019.4

■**歩行距離**：約2.9キロ
●**起・終点**：長良川鉄道郡上八幡駅から1.5キロ、徒歩19分。またはコミュニティバス8分

１６５２年（承応元）、この城下町は大火に遭い町の大半を失った。時の城主・遠藤常友は吉田川右岸の岩壁を削って切通し（現在の新橋北詰から肴町《さかなまち》への道）を開削、町筋に用水を設けこれを分水して用水路網を計画した。いま町を流れる用水路はこれに由来するもので、石灰岩層の伏流水による豊富な湧水とこれらの用水路が防火、動力、生活用水に使われ現在の水の町のイメージのもとになったのだ。近代に入っては１９１９年（大正８）にも大火があり、北町一帯を焼失した。このときは道路拡幅、水路の付替えと防火水槽の整備、屋根材の不燃化などでさらに防火と水利を図った。いま町で見る軒に下げられた消火用バケツもそれ以来の慣習と聞いた。

中柳町にさしかかると、伝統的な町家が軒を並べているので目を見張る。郡上八幡の町家は2階建切妻造り平入り（棟と道路が平行）で真壁造《しんかべづくり》（柱が露出する）、木部を紅殻塗《べんがらぬり》とし壁を漆《しつ》喰塗《くいぬり》とするものが多い。また漆喰塗の袖壁を設けるのが普通なので、家並みを見通したときに袖壁の生むリズムが美しく、上柳町まで続く。

『郡上八幡博覧館』は1920年（大正9）建設の旧税務署の建物を使用しており、町の歴史や伝統文化を展示紹介しているが、何といっても郷土の名物「郡上おどり」の実演を一年中見られるのがありがたい（有料）。「郡上おどり」の本番は毎夏、7月中旬から9月初旬にかけての毎夜にわたり、各町の会場を順に使って行われる。中でも盂蘭盆会《うらぼんえ》の8月13日～16日の「徹夜おどり」（午後8時から翌朝4時または5時まで）は全国の盆踊りファンが憧れるものだ。

400年以上の歴史を誇る「郡上おどり」は初代藩主が領民の親和を深める意図で奨励したと伝わり、いまも誰もが踊りの輪に参加できるオープン性が特徴だ。博覧館の実演では席に座ったままできる郡上おどりレッスンがあって、これが人気だ。

職人町、鍛冶屋町へさしかかると、ここも伝統的な町家が軒を並べ、特別な雰囲気を感じる。中柳町辺りとの違いは軒高が不ぞろいなことだが、これがまた町の景観の特徴になっていると見た。上、中、下の柳町界隈と職人町、鍛冶屋町、大手町界隈、それに『岸剱神社』、『城山公園』から『郡上八幡城』跡まで含める郡上八幡の「重要伝統的建造物群保存地

旧税務署の建物を使用する『郡上八幡博覧館』

『旧堀谷医院』は見所の多い建物です

区」はまことに広域で、伝建地区ウォッチャーにとってうれしい町といえる。その伝建地区にある洋風建築の『旧堀谷医院』（大手町／1920、不詳）は、目立ちはしないが見所の多い大切な建物だ。玄関ポーチ庇と右手の大窓はともに、アーチではなく部分的円形を採用している。大窓の形からはアールヌーボーを感じた。庇の持送りと欄間の縁飾りに丁寧な漆喰細工を見る。大きめの繰形の上には大正モダンの上下窓が並んで、この建物の価値を高めている。

本町の外れで石畳の小路を西へ入ると『宗祇水《そうぎすい》』がある。祠《ほこら》の下から湧き出る清冽な水はこれこそ水の町のシンボルとなってきたもので、全国名水百選の第1号に指定され、郡上八幡が「水の郷百選」に選ばれたのもこの湧水によるところが大きい。室町後期の連歌師・飯尾宗祇《いいおそうぎ》が郡上の領主で歌人の東常《とうつね》縁《のり》から古今伝授（『古今和歌集』の解釈上の問題点を師から弟子へと伝えていくこと）を受けて京へ戻るとき、この泉の畔で常縁が「もみじ葉の流るる竜田白雲の花のみよしの思ひ忘るな」と詠じ、宗祇は「三年《みとせ》ごし心をつくす思ひ川春立つ沢に湧き出づるかな」と返して別れを惜しんだとある。宗祇が泉の畔に草庵を結び水を飲用していたのが泉の名の由来とか。

『宮ヶ瀬橋』を渡るときに北町の肴町辺りを見ると、家並みと重なるような巨岩が目に留まる。これが前述の切通し開削工事の岩壁の一部だが、市街地での巨岩の眺めは珍しい。

南町へ入り『やなか水のこみち』などを過ぎ新町通りを西へ、左折して上桝形《かみますがた》町《ちょう》から下日吉町を通って乙姫川沿いを歩き、新町通りの一筋手前を右折する。『いがわこみち』への入口は分かりにく

いが『常盤《ときわ》電気地蔵尊』（明治時代の水力発電所跡）の10歩ほど手前に入口がある。ここは生活用水路沿いの情緒ある小路で、運がよければイワナも見られるという。小路を出たところが『郡上八幡旧庁舎記念館』前で、ここがゴールだが、散歩の最後に旧庁舎記念館の先にある『郡上八幡楽藝館』（旧林療院／1904、不詳）とその付属建物へと向かう。旧林療院本館は玄関ポーチを備えた左右対称の設計で、建設当時は町の誇りとなる立派な建物だったに違いない。格調を重んじた施主の望みは、様式の乱れが散見されるにしてもいまに伝わるものがある。当時の郡上八幡は、県内の他所と比べても医療が充実していたという。裏手に続く『旧林療院レントゲン棟』（大正期）は本館よりも楽しめる洋風で好ましい。レントゲン施設としては県下で最も早く設けられたといわれ、ここで当時最新の医療が行われたとある。『旧林療院看護婦棟』（幕末期）は本館に隣接する和風建築で、藩政時代の長屋の一部を移築したとあり、その来歴からして興味ある建物だ。簡素なつくりやいかにも天井高が低いところなどを見た。

格調高い明治建築
『郡上八幡楽藝館』（旧林療院本館）

『旧林療院レントゲン棟』

『旧林療院看護婦棟』

17

工芸の町ならではの個性的な建築を探る

越前市

福井県

越前市は奈良時代に越前国の国府が置かれたところで、以来、越前文化の中心地となった。現在の越前市は2005年（平成17）に旧武生《たけふ》市と旧今《いま》立《だて》町が合併して生まれたが、旧武生市の中心にあたる市街が国府の跡と考えられており、安土桃山時代には越前府中城が築かれた。今回の建築散歩はその旧武生市の市街地を行くわけで、また後に紹介する付録物件はおもに旧今立町にある。

越前市役所前をスタートして銀座通りに向かうと、右側に『武生公会堂記念館』（1929、武生市営繕）がある。昭和初期モダンの色濃い建物で、エントランスの柱や2階から3階への階段など内部も見どころが多い。銀座通りを西へ向かい、次の信号で右折すると伝統的な商家建築や土蔵に足が止まるが、さらに行くと左側に『旧武生郵便局』（現・M工房／1914、不詳）が現れる。木造下見板張り2階建てで上下窓、レンガ基礎で、大正初期の郵便局らしい懐かしい建物だ。

道を戻って「蔵の辻」という土蔵に囲まれた広場へ入り、南へ折れて善光寺通りに出ると向かいに『MODE大井ビル』（1930、久野節《みさお》）がある。大型アーチが目立つ3階建てのこのビルが「大井百貨店」として出現した当時は町中から注目されたとあり、伝統的な町並みの中で目立ったことが容易に想像できる。ビルの西側の小路をたどりタンス町通りへ入る。名前のようにこの横町は箪笥《たんす》をつくり商う店が並ぶ指物職人の町。越前市は国の伝統的工芸品指定の「越前箪笥」「越前打刃物」「越前和紙」といった手工芸品の町として昔から知られ、タンス町通りのほかにも各所で手工

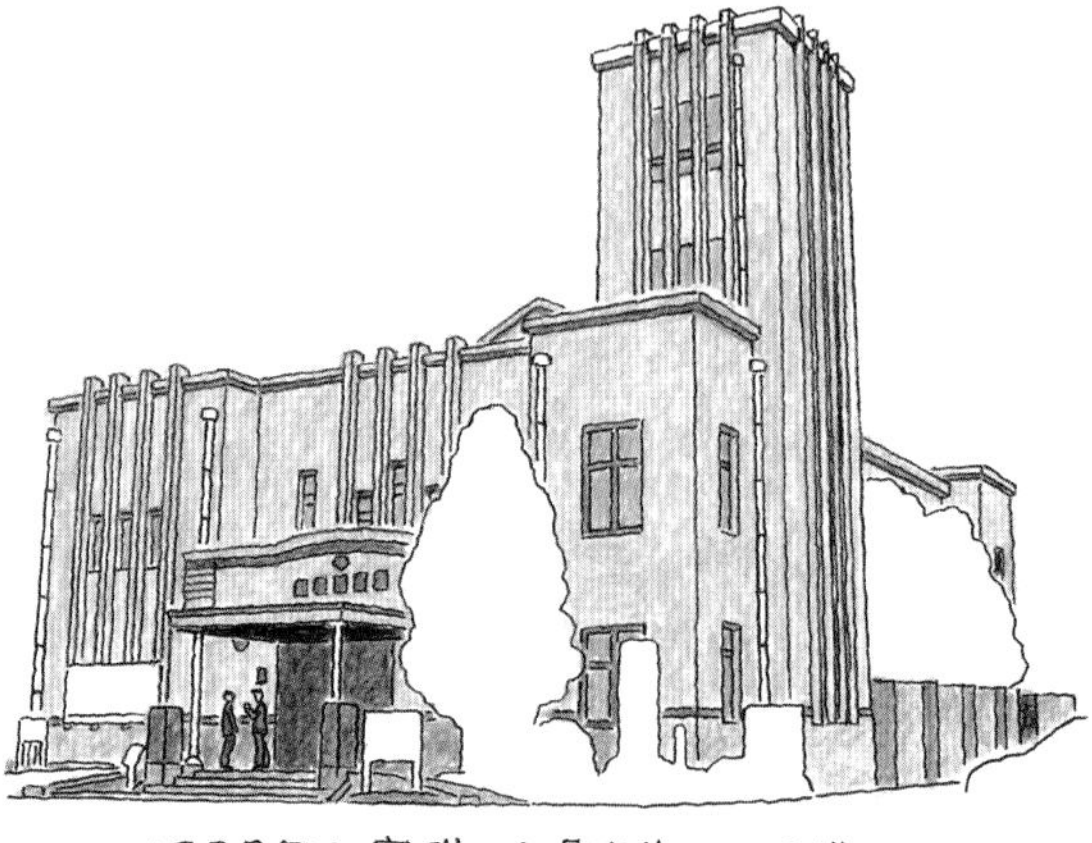

1929年に完成した「武生町公会堂」が現在は『武生公会堂記念館』となっている

芸の伝統に触れることができる。

「卍《まんじ》が辻」を抜け次の角で左折して表通りに出ると、そこは打刃物の町で、京都の刀匠・千代鶴国安《ちよづるくにやす》という人が水を求めて定住し、刀剣をつくる一方、農作業用の鎌などをつくったのを始まりとする越前打刃物の伝統を示す建物が軒を接している。

河濯山《かわそさん》通りへ入り直進して、伝統的商家建築の店先にガス灯や杉玉を掲げた『越前酒の店・はやし』（不詳）の前でしばらく佇む。それから少し戻って北に向かうと丁字路の右角に『聖徳太子堂』（1848）がある。方形屋根の上の笏谷石《しゃくだにいし》という石づくりの相輪《そうりん》が目立つお堂は、聖徳太子が「さしがね」をつくった人ということから、指物職人の多いこの町で尊崇されているとある。

善光寺通りに出て左折するとすぐ左側に『旧北川医院』（1914、不詳）の端正な西洋館を見ることができる。木造モルタル2階

『MODE大井ビル』は1930年に
大井百貨店として建てられた

■歩行距離：約3.5キロ
●起・終点：JR武生駅から170メートル、徒歩2分

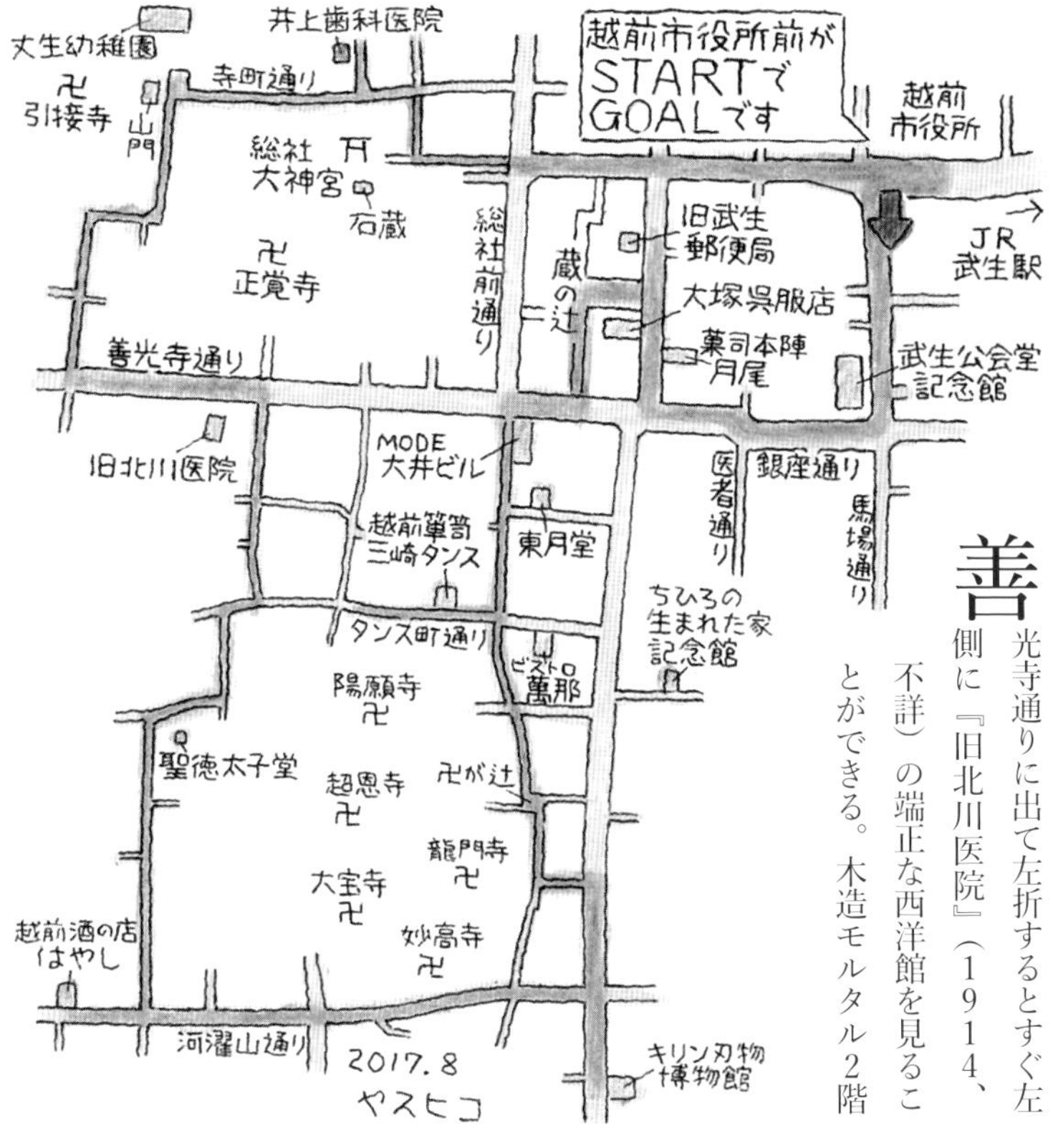
越前市役所前が
STARTで
GOALです
越前
市役所
JR
武生駅
井上歯科医院
大生幼稚園
寺町通り
引接寺
山門
総社
大神宮
石蔵
正覚寺
総社前通り
蔵の辻
旧武生
郵便局
大塚呉服店
薬司本陣
月尾
武生公会堂
記念館
善光寺通り
旧北川医院
MODE
大井ビル
医者通り
銀座通り
馬場通り
越前箪笥
三崎タンス
東月堂
ちひろの
生まれた家
記念館
タンス町通り
ビストロ
萬那
陽願寺
聖徳太子堂
超恩寺
卍が辻
龍門寺
大宝寺
妙高寺
越前酒の店
はやし
河濯山通り
2017.8
ヤスヒコ
キリン刃物
博物館

建てで上下窓、2階正面のバルコニー窓や付け柱、軒蛇腹《のきじゃばら》など細部もすばらしい。善光寺通りをさらに西へ向かい、次の角を北に入って突きあたりの塀沿いに行くと立派な山門が見えてくる。『引接《いんじょう》寺《じ》』は天台宗真盛派別格本山。引接とは阿弥陀如来が極楽浄土に人びとを導くの意とある。山門の羅漢さんを描いた彫刻が実にみごとだ。そして境内の北寄りに『丈生《じょうせい》幼稚園』(1899、不詳)がある。左右対称の2階建てで塔屋や玄関の張り出しが明治初期の擬洋風を思わせるが築年からしてそうではなく、和洋折衷の一様式として設けたのではないか。福井市に福井県警察部庁舎として建てられ1924年に当地に移築、改修して幼稚園に転用されたとある。なお同寺は明治天皇を迎えるに当り作庭された池泉回遊式庭園でも知られる。

1899年頃に完成した福井県警察部庁舎を移築し改修して使用している『丈生幼稚園』

　石畳の寺町通りを東へ進み次の角で左折すると、左側に『井上歯科医院』(1908、不詳)がある。木造とあるので組積造《そせきぞう》に見えるのはモルタル仕上げ技術のたまものと思うし、古典主義様式を採用して細部まで丹念につくられているのに驚く。このような貴重な建物がこの地にある意義は、まことに大きい。

　『総社大神宮』から東へ向かって直進すると市役所前にいたり、今回の散歩はゴールとなるが、ここからは付録物件を紹介する。

『井上歯科医院』は1908年に建設された土蔵造の洋風建築だが組積造を模した格調ある様式がみごとだ

越前武生駅で福井鉄道福武線に乗り、次の北府《きたご》駅（1924、2012改築、不詳）で降車すると、この駅舎が物件だ。きれいに改築されたので古い駅舎の味わいはいささか失われたが、基本形は変わらず出入口や改札口、窓枠などに改築前の姿を残したとある。待合室のベンチに座って昔の駅舎を懐かしむことができる。

『丸共特殊織物』の社屋は1916年に建設され1963年に現在地に移築されている

この後は旧今立町の物件を紹介しよう。『旧西野製紙所第二工場事務所』（現・丸共特殊織物／1916、不詳）は工場敷地内に立つ事務所棟で、木造下見板張り2階建て、上下窓はアルミサッシに替えてある。重厚な玄関ポーチはほかの物件にも共通するこの地方の事務所棟の特徴と見た（この物件に限っては旧武生市から1963年に移築とある）。寄せ棟屋根の本棟《ほんむね》の両端に特徴があり（袴《はかま》腰《ごし》というつくり）これが建物の印象に微妙に関わると感じた。工場の敷地内なので、観賞するには許可が必要だ。越前市民バス「戸板」下車、徒歩約10分（上庄境町43－6）。

『中留織物』事務所棟（1933、不詳）は、田園の中の集落の一角に毅然と立つ木造下見板張り2階建て。まずは本棟の両端の「しゃちほこ」に驚く。重厚な玄関ポーチはほかの物件とも共通だが棟端が前の物件の袴越と同じ形式で、こ

屋根のしゃちほこに驚き立派な玄関に圧倒される『中留織物』の事務所棟

木造タイル張り和洋折衷の重厚な姿に感心する『福井特殊紙』の事務所棟

ちらは近くで見る分だけ印象が強い。この建物のある集落はほかにも伝統的で豪勢なつくりの建築が多いので探して欲しい。市民バス「中津山」下車、徒歩約2分（中津山町19－1）。

『旧長谷川医院』（1909、不詳）は木造下見板張り2階建てで上下窓が健在。左右対称の中央に凝った装飾の玄関ポーチがある。もとは電力会社の営業所で移築と聞いていたが学校の校舎のような印象を持った。市民バス「野岡」下車、すぐ前（野岡町9－37）。

『福井特殊紙』の事務所棟（1908、不詳）は木造タイル張り2階建てで上下窓がアルミサッシに。玄関ポーチの重厚感はこちらが最強。破風が城郭を思わせ、軒下に端雲がたなびく。玄関口は一転して洋式でアーチ形の欄間が華麗。事務所棟というより豪邸の印象だ。市民バス「今立総合支所」下車、徒歩約10分（定友町13－7）。

『越前市島会館』（1936、今藤仁三郎）は遠目にも昭和初期モダンとわかる建物。越前市の建築散歩で最も印象鮮やかな物件だった。建物のシンボルであるガラス張り曲面の中は階段室で、踊り場からガラス越しに見る町の風景が好ましい。1、2階とも広いワンルームで、現在は市民の会合に使われている。東京で印刷業・三秀舎を興し成功した嶋連太郎の寄付によって、彼の故郷の旧粟田部町に花筐《かきょう》文庫として誕生したのがこの建物で、昭和初期に緑の山を背景とするモダンなビルが出現したのだ。この建物、実は裏（隣のお寺の墓地）から見ると一段とモダンに見える。市民バス「本町」下車、徒歩約10分（粟田部町22－22）。

『島会館』は東京で印刷業を興し成功した嶋連太郎の寄付によって新築された「花筐文庫」の建物である

18

宿場、軍都から文教都市へ 歴史的な建造物を巡る

豊橋ハリストス正教会聖堂の
白い壁と緑の屋根が青空の下で美しい
県内最古の正教会です

豊橋

愛知県

東海地方で唯一という、のどかな路面電車の町・豊橋。駅前でその電車に乗り、４つ目の豊橋公園前で降車する。公園に向かって初めの角を左折してせまい道を行くと突然、白亜の鐘塔と緑のドームという異国風の建物が現れて驚く。

　これが『豊橋ハリストス正教会聖堂』（聖使徒福音記者馬太《マトフェイ》聖堂、国重文／１９１３、河村伊蔵）で、町家と公園に挟まれた目立たない立地のためにサプライズが大きい。ビザンチン様式木造下見板張白ペンキ塗りの聖堂は１９１３年（大正４）に半田市出身の河村伊蔵の設計で建てられた。京都市中京区の『京都ハリストス正教会生神女福音聖堂』（１９０１、松室重光）を見習ったとのことで、ぼくはその聖堂なら度々見学しており、確かによく似ているが玄関ポーチなどの装飾が京都のは細かく華やかで、こちらは対照的にシンプルなのが特徴だ。

　正教会聖堂に共通なのは玄関、鐘塔、啓蒙所、聖所（ドーム）、至聖所（祭壇）が一列に配置されていることで、イラストでは左からその順となる。至聖所と信者が礼拝する聖所の間のイコノスタシス（聖障《せいしょう》）にあるイコン（聖像画）に、ロシアに留学してイコン制作を学んだ日本初の聖像画家で明治の女性洋画家でもある山下りん（１８５７〜１９３９年）の「主の昇天」「ハリストス（キリスト）の降誕」がある。

　ロシア正教会聖堂といえば『函館ハリ

ストス正教会復活聖堂』（1916、河村伊蔵）と『日本ハリストス正教会東京復活大聖堂ニコライ堂』（1891、J・コンドル）と前述の京都の聖堂がよく知られているのに、豊橋の聖堂は引っ込んだ場所にあるせいか、知る人が少ない。この美しい聖堂を、今回の散歩で記憶に

豊橋のランドマークは このように立派な公会堂
2つのドーム それを囲むワシ 6本の大列柱
そして大階段 誇り高い公会堂です

豊川
吉田大橋
隅櫓（復元）
吉田城址
P
豊橋公園
吉田神社
祇園祭は7月
第3金～日曜日
手筒・大筒花火
を奉納
文
豊城中
1
旧陸軍歩兵第18連隊
西門門柱
豊橋市
美術
博物館
豊橋市役所
旧陸軍歩兵第18連隊
衛兵哨舎
1928
23
南門
門柱
豊橋市
公会堂
1931
神明社
豊橋鉄道市内線
豊橋公園前停留所を
STARTします
西八町
豊橋ハリストス
正教会聖堂
1915
とよはし
こうえん
まえ
中京銀行
豊橋支店
1927
丸よ
1
しやくしょまえ
若松園
札木通
（東海道）
豊橋鉄道
市内線
大手通
昇天教会
八町通3
高札場跡
新豊橋駅へ向かい
豊橋鉄道渥美線に乗ります
（左図に続く）
ふだぎ
2013.8
ヤスヒコ

留めた。

聖堂から150メートルほど西へ行くと、国道1号線に向かって開けた場所に『豊橋市公会堂』（1931、中村與資平《よしへい》）の威風堂々たる姿がある。豊橋のランドマーク、またシンボルともいわれる有名な公会堂は半球ドームとそれを囲む大ワシ群、大列柱と連続アーチ、ロンバルディアバンド、そして2階までの大階段が圧倒的で、建物自体の大きさのわりに前に立っての威圧感が大きい。

公会堂の建設が望まれていた豊橋市は、昭和天皇御大典奉祝記念事業として市で初めての大型建造物である公会堂の建設を目指し、市政25周年の1931年（昭和6）にこの建物が完成した。設計は静岡を中心に多くの仕事をした中村與資平で、中村の仕事のひとつ『静岡市役所』を知っている人ならドームの意匠に共通するものが見つかるだろう。

また御大典のほかに、昭和6年という時代と軍都であった御当地の事情も反映されていると思う。豊橋には1885年（明治18）にまず陸軍歩兵第18連隊が置かれ、同41年に第15師団が軍備拡張にともなって設置された。大正時代に軍備縮小で師団は廃止になるが、この散歩の後半でふれるように師団跡は教導学校や予備士官学校に使われた。吉田城址の旧陸軍歩兵第18連隊の遺跡は公会堂裏などにわずかに残っている。向山緑地には駐屯した旧陸軍工兵第15大

■**歩行距離**：約4.2キロ
●**起点**：豊橋駅前から豊鉄市内線8分、豊橋公園前駅下車。または1.6キロ、徒歩22分／新豊橋駅から豊鉄渥美線6分、愛知大学前駅下車
●**終点**：豊鉄渥美線小池駅

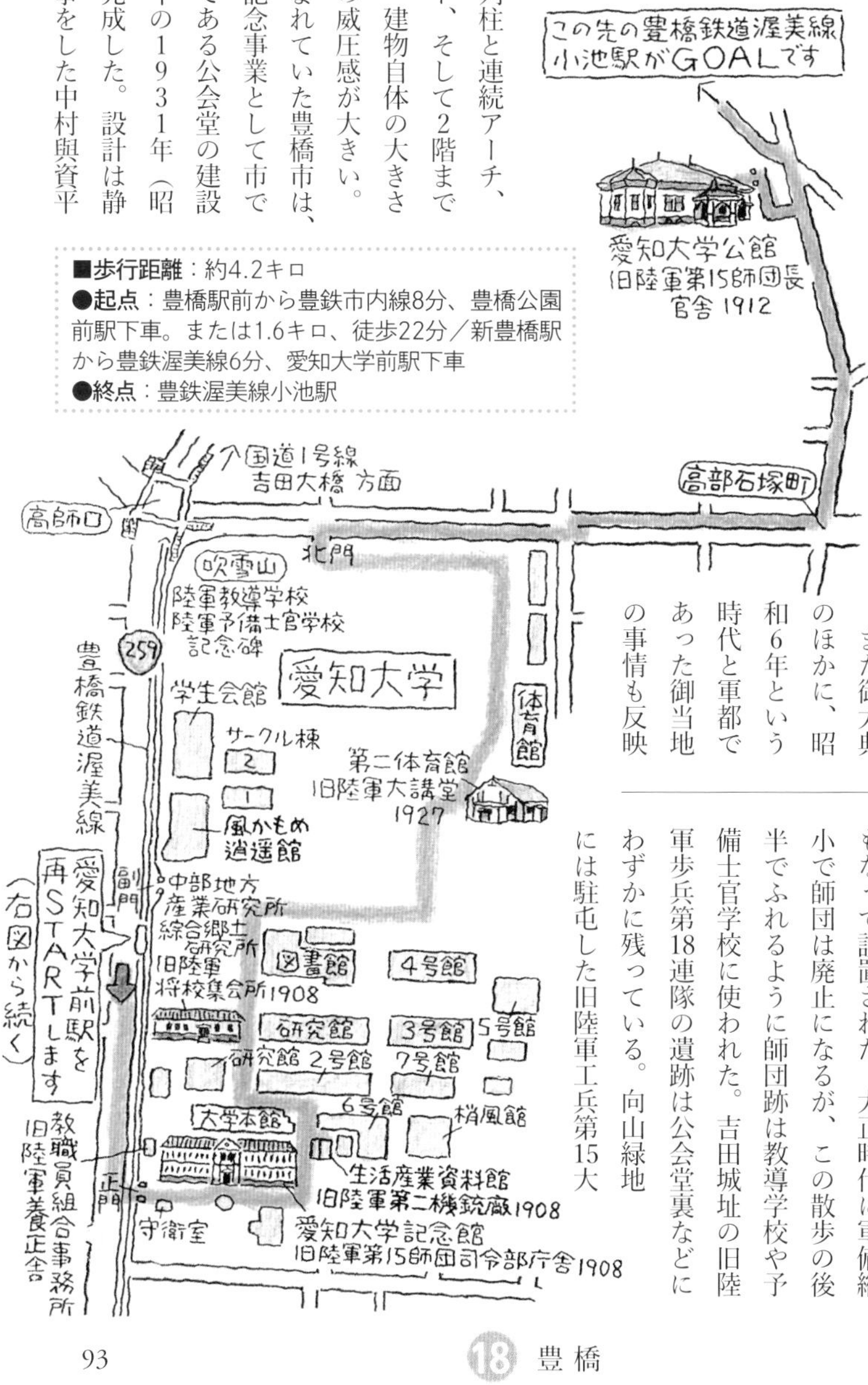
この先の豊橋鉄道渥美線
小池駅がGOALです
愛知大学公館
旧陸軍第15師団長
官舎 1912
高部石塚町
国道1号線
吉田大橋 方面
高師口
北門
吹雪山
陸軍教導学校
陸軍予備士官学校
記念碑
259
愛知大学
学生会館
サークル棟
2
1
体育館
第二体育館
旧陸軍大講堂
1927
風かもめ
逍遥館
豊橋鉄道渥美線
副門
中部地方
産業研究所
綜合郷土
研究所
旧陸軍
将校集会所1908
図書館
4号館
研究館
3号館
5号館
研究館 2号館
7号館
6号館
梢風館
大学本館
生活産業資料館
旧陸軍第二機銃廠1908
正門
守衛室
愛知大学記念館
旧陸軍第15師団司令部庁舎1908
教職員組合事務所
旧陸軍養正舎
愛知大学前駅を
再STARTします
（右図から続く）

隊が建造したトーチカのひとつが記念碑になっている。ほかに憲兵隊本部、兵器支廠《ししょう》、衛戍《えいじゅ》病院、衛戍監獄、偕行社《かいこうしゃ》、海軍航空隊、飛行場、射撃場、演習場と多くの軍事施設が豊橋を中心にあった。戦後その多くが学校や公園になり、師団跡の『愛知大学』を中心とした文教地区が生まれ、平和な文化都市へと転じたのだが、昭和初期の軍都の勇ましさは公会堂の設計に影響して当然で、いまはそれも歴史の彼方へと去った。

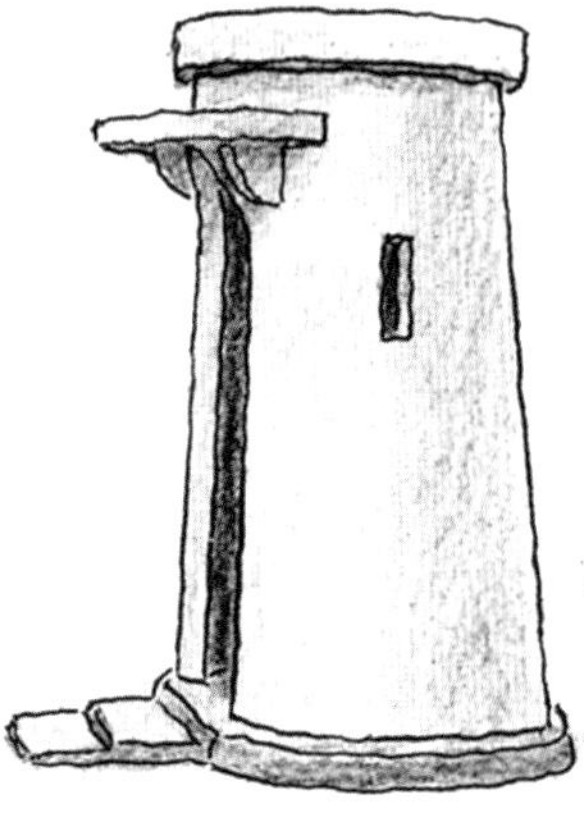
旧陸軍歩兵第18連隊の衛兵哨舎は衛兵と同じように前傾姿勢で

豊橋は城下町で、城は『吉田城』といい現在の『豊橋公園』内に本丸があり、三の丸には市役所や公会堂も入ってしまう規模だった。城下町・吉田はまた宿場町でもあって、東海道34番目の吉田宿だった。日本橋から73里（約287キロ）の吉田宿は東西23町30間（約2・6キロ）で俗に「吉田千軒」といわれた。その東海道は地図では札木《ふだぎ》通で、いまもこの通りには老舗や名店が多い。大手通は昔も大手通で、公会堂裏の通りが外堀だったから橋を渡り、現在は『豊橋公園』になっている三の丸に通じていた。『吉田城』は江戸時代に東海道が通る重要な場所にあったから9家22代の譜代大名が入って3万石~8万石を領し、天守閣はなく、地震で倒壊したあと財政難で再建されず空き地になっていた本丸御殿跡の四隅に櫓《やぐら》だけあった。いま北西隅にある鉄《くろがね》櫓（隅櫓）はそのひとつで、1954年（昭和29）に復元したものだ。

札木通から新豊橋駅へ向かい、豊橋鉄道渥美線に乗り、3つ目の愛知大学前駅で降りて散歩を再スタートする。

豊橋市の文教地区は旧陸軍第15師団があった所で、司令部を中心に歩兵、騎兵、砲兵、輜重《しちょう》の各連隊、大隊の兵舎と兵器支廠があった。その内の師団司令部と歩兵第60連隊の跡が現在の『愛知大学』キャンパスだ。

愛知大学正門の守衛所で見学の許可をもらって入ると、『愛知大学記念館』がある。建物は1908年（明治41）竣工の旧陸軍第15師団司令部庁舎で、質素な

愛知大学記念館の端正な正面玄関

中にも同時に竣工したほかの施設とは違う格調があるようだ。1925年（大正14）に師団が廃止された後、しばらくして陸軍教導学校が設置され、1933年に学校本部に、ほかの建物もそれぞれ学校の施設に転用された。のちに陸軍予備士官学校が併置され、1940年（昭和15）に全体が予備士官学校になった。1945年（昭和20）6月、軍都・豊橋に大空襲があり市街地の大半を焼失したが予備士官学校の建物は皮肉にも残り、おかげで現在も建築散歩が可能である。

散歩コースから外れるが 豊橋市内の向山緑地に旧陸軍のトーチカがあり 旧陸軍工兵隊の記念碑になっている

戦後の1946年（昭和21）に予備士官学校跡に『愛知大学』が設立され、この建物は本館になり、1998年に『愛知大学記念館』になった。ちなみに正面玄関上の破風の丸形は菊御紋章の跡である。

『生活産業資料館』（旧陸軍第一機銃廠）の建物も1908年の竣工だが改築が多い。下り棟の鬼がわらに陸軍の星印がある。『旧中部地方産業研究所・綜合郷土研究所』（旧陸軍将校集会所）は意外に質素な建物だ。横手に回ると使っていない出入口上の破風に陸軍の星印が大きい。『第二体育館』（旧陸軍大講堂／1927）は大正から昭和初期の典型的な木造公的施設の造りだ。どの建物も基礎は赤れんがのイギリス積みなので、これは陸軍営繕の決まりなのか。

北門を出て東へ。高部石塚町で北へ向かい、小路を左へ入ると『愛知大学公館』（旧陸軍第15師団長官舎／1912）がある。各地で旧陸軍師団長官舎を見てきたが、この建物は中でも上の部類だと思う。正面玄関、暖炉のある客間（窓からのぞかせてもらった）も上等だけれど、内玄関の欄間（なぜか二重である）や雨庇やブラケットが楽しく、それに客間の照明もおもしろい。

『愛知大学公館』からは豊橋鉄道渥美線小池駅へ。ここが散歩のゴールとなる。

愛知大学公館 旧陸軍第15師団長官舎 内玄関の装飾がおもしろい

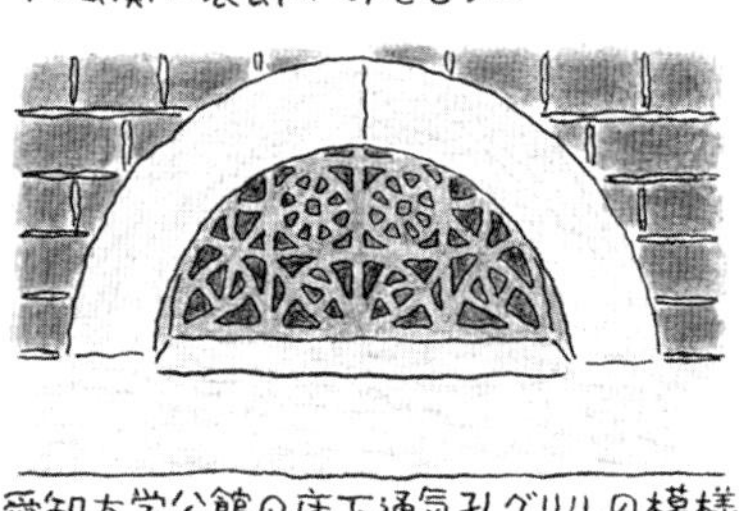

愛知大学公館の床下通気孔グリルの模様 ステンドグラスにしたいほど美しい

19

城下町の町並みと大正・昭和の洋風建築

彦根

滋賀県

『滋賀大学経済学部講堂』は経済学部の前身である旧彦根高等商業学校当時の1924年に建設された

江戸時代初めに完成した国宝・彦根城天守をいただく城山と、いまなお昔の町割りや町家が残る城下町の彦根は、旅行者にとってまさに夢タウンだ。なので明治・大正・昭和初期の建築も多く保存されており、今回は彦根城京橋から城下町「花しょうぶ通り商店街」までの建築散歩とした。

京橋をスタートして大手門橋から内堀沿いに歩き、右に入ると古びた洋風小住宅が見つかる。これが『旧彦根高等商業学校外国人教員宿舎』（1924、ヴォーリズ建築事務所）で、ハーフティンバー、アーチ形の出入口、玄関ポーチあたりの簡素な洋風を観賞する。以前訪ねたときは同じ設計の住宅が隣にもあったと記憶するが、いまは1棟だけ淋しく残っている。

堀の向こうに洋風の校舎が見えたらそれが『滋賀大学』彦根キャンパスで、大学構内に入るために入口の門衛所で許可をもらう。入ると右手に『滋賀大学経済学部講堂』（旧彦根高等商業学校講堂／1924、文部省建築設計課）がある。木造2階建てドイツ下見板張。銅板張の塔屋がシンボルで屋根の3連ドーマーが目立ち、まことに端正で学校建築らしい美しさを感じるが、これが大正時代の旧高等専門学校講堂の典型とある。講堂を過ぎると正面に見えるのが『滋賀大学陵水会館』（旧彦根高等商業学校同窓会館〈陵水会館〉／1938、ヴォーリズ建築事務所）だ。近江八幡を拠点に建築設計を行っていたヴォーリズ建築事務所が得意とするスパニッシュデザインで、道の突き当たりで左右対称の優しい建物である。陵水会は名門彦根高商の同窓会組織で現在の滋賀大学経済学部にも受継がれ、そのシンボルがこの建物と聞いた。

次の角を左折して行くと住宅地の中に突然現れる『彦根地方気象台』（1932、滋賀県営繕課）は昭和初期モダンのシンプルな中にも権威を感じる立派な建物で、目が止まるのは縦2連の半円窓だ。

堀端に戻り、中堀沿いに少し行くと神社かお寺に見える建物に出合うが、何か少し違うなと思ったらこれが『スミス記念堂』（旧日本聖公会須美寿記念礼拝堂

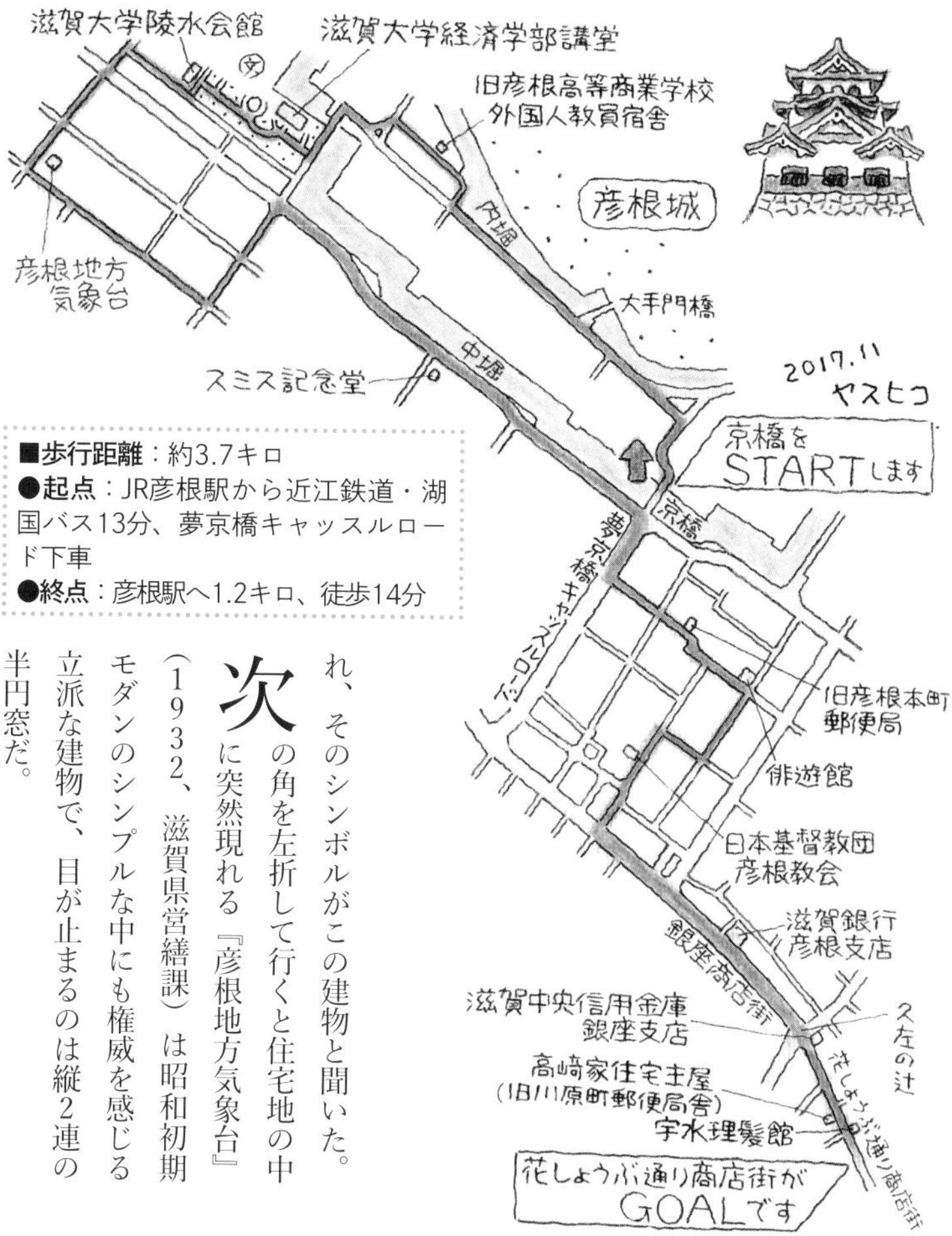

滋賀大学陵水会館
滋賀大学経済学部講堂
旧彦根高等商業学校外国人教員宿舎
彦根城
内堀
彦根地方気象台
大手門橋
中堀
スミス記念堂
2017.11 ヤスヒコ
京橋をSTARTします
京橋
夢京橋キャッスルロード
旧彦根本町郵便局
俳遊館
日本基督教団彦根教会
滋賀銀行彦根支店
銀座商店街
滋賀中央信用金庫銀座支店
久左の辻
高﨑家住宅主屋（旧川原町郵便局舎）
宇水理髪館
花しょうぶ通り商店街
花しょうぶ通り商店街がGOALです

■**歩行距離**：約3.7キロ
●**起点**：JR彦根駅から近江鉄道・湖国バス13分、夢京橋キャッスルロード下車
●**終点**：彦根駅へ1.2キロ、徒歩14分

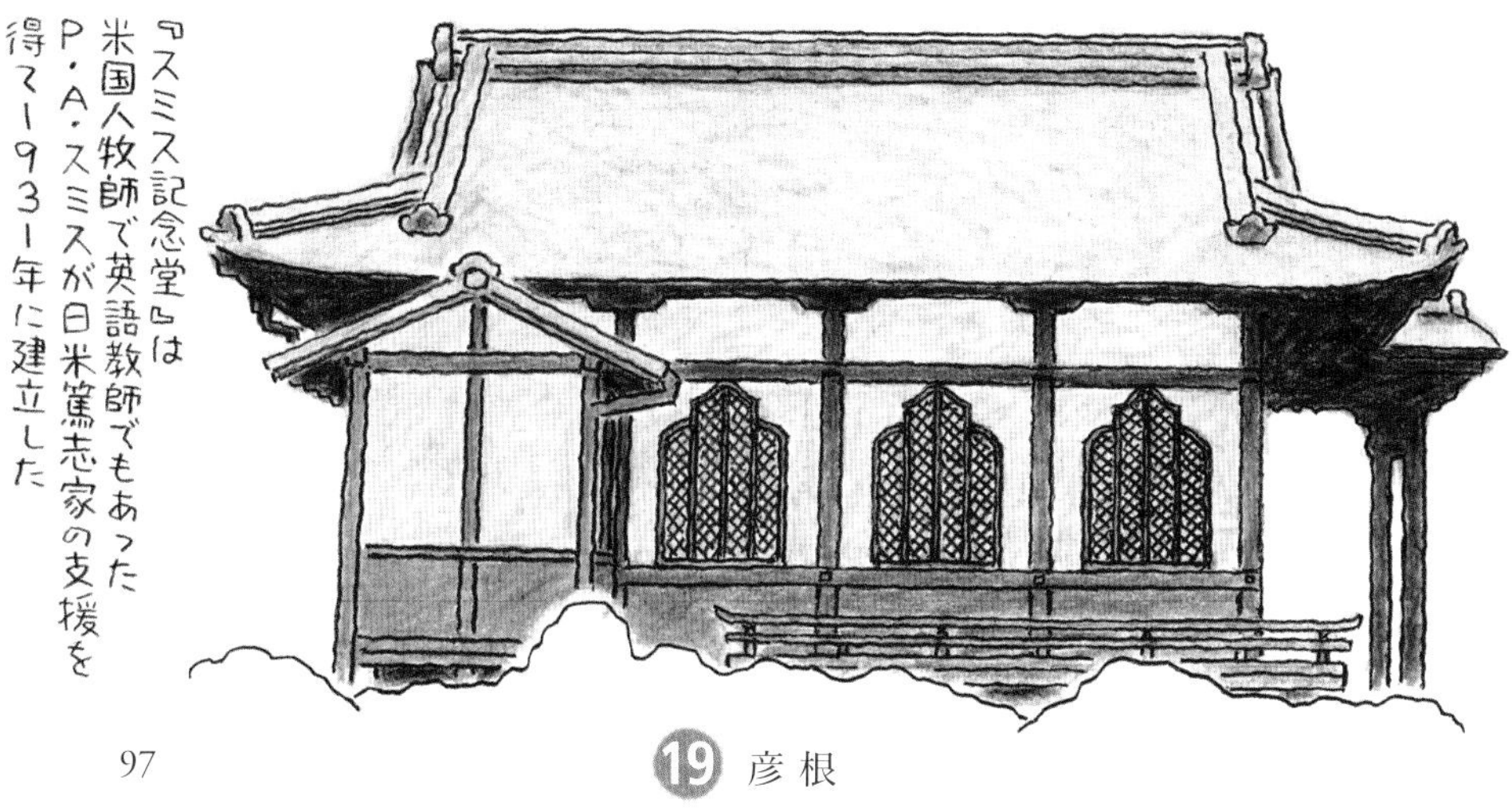

『スミス記念堂』は米国人牧師で英語教師でもあったP・A・スミスが日米篤志家の支援を得て1931年に建立した

／1931、P・A・スミス）だった。これは米国人牧師で「彦根高等商業学校」の英語教師であったパーシー・アルメリン・スミスが私財を投じ日米の篤志家の支援も得て建立したキリスト教礼拝堂で、日本と西洋の相互尊敬と文化交流を願って日本の伝統的寺社建築様式を採用したとある。確かに全体的には日本の寺社のように見えるが、側面の窓が禅宗寺院の花頭窓《かとうまど》かと思うとこれが違うし、鬼瓦や懸《げ》魚《ぎょ》など細部に十字架が見つかり、正面扉には葡萄のつるがからむ十字架が彫られてキリスト教礼拝堂であることを示しており、ともかくこれは珍しい建物だと思って観賞した。

よく見ると「花しょうぶ通り商店街」の「旧川原町郵便局舎」との共通意匠が見つかる『旧彦根本町郵便局』

夢

京橋キャッスルロードあたりからは城下町・彦根の中心にさしかかる。左折して出合うのは『旧彦根本町郵便局』（1924、不詳）で、明治14年に彦根で最初の郵便局として開局、大正13年に2代目として建てられたのがこの局舎とある。軒蛇腹やモルタル飾りとタイルのとり合わせに新築当時のトレンドが見え、町の人たちのモダン郵便局誕生の喜びが想像できる。その先の『俳遊館』（旧彦根信用組合本店／1923、橋本亨）も、築年が近いので手法は違っても『旧彦根本町郵便局』と似た感じがあると思った。当初この建物の名称は何を表しているのか見当がつかなかったが、中に入ってからこの地を度々訪れた松尾芭蕉にちなむ俳句会館的な施設とわかった。

『日本基督教団彦根教会』（1960、ヴォーリズ建築事務所）を観賞後、銀座商店街に出て左折し『滋賀銀行彦根支店』（旧百三十三国立銀行本店／1925、曾禰中條建築事務所）の前に立った。銀行建築としては様式の単純化が進んでいて、築年当時は革新的な仕事だったのではないかと思った。設計は「戦前最良のデザイングループ」と紹介されることが多い当時第1級の建築設計事務所である。アーケードに遮られて外観が見づらいが、しばらくの間見入った。

江戸時代に「久左《きゅうざ》の辻」と呼ばれ、いまも彦根の中心に当たる交差点の角に『滋賀中央信用金庫銀座支店』（旧明治銀行彦根支店／1918、不詳）がある。栄えある街角に敬意を表してか角《すみ》を切って入口を設け、その上がマンサード破風、その左右に切妻と3つの破風を並べたこの建物は界隈のランドマークだ。しかもここから江戸時代の町割と町家がよく残る「花しょうぶ通り商店街」が始まるので、その目印にもなっている。その「花しょうぶ通り商店街」に入ると右側に『高崎家住宅主屋』（旧川原町郵便局舎／1934、不詳）が見つかる。築年にしては少しトレンド遅れと見えるモルタルとタイルの正面だが、丹念な仕上りなので細部まで観賞した。伝統的な町家の表面を洋風の郵便局に改築したとある。

目抜き通りの交差点で
ランドマークとなるこの建物は
『滋賀中央信用金庫銀座支店』

そのすぐ先の左側に『宇水《うみず》理髪館』（1936、不詳）がある。軒蛇腹、大アーチ、柱頭飾りのある付け柱と装飾がにぎやかだがアーチ上の飾りが何をかたどったのかわからないので聞いてみると「バリカン」というのでのけぞった。ともかく楽しい理髪館だ。

通りに面して向かい合う伝統的な町家は丈の低い「厨子《つし》2階」と「高2階」が並び、間口に対して奥行が深い敷地を持つとある。表通りに面して2階は1階より3尺ほど後退し、下屋庇《げやひさし》を設けているのをよく見る。袖壁のある家が多く、

木造2階建ての伝統的町家の前面を改造して洋風の郵便局とした『高崎家住宅主屋（旧川原町郵便局舎）』

それが見通したときに伝統的町並みらしい景観を生んでいると感じた。どの家も切妻屋根の桁側を通りに向ける平入りだ。軒裏まで漆喰《しっくい》で塗り込める大壁造《おおかべづく》りと構造柱を露出する真壁造《しんかべづく》りが共存している。2階表の窓は格子窓と虫籠《むしこ》窓とがある。町家内部は玄関を入ると土間が奥へと続いて水まわりにいたる。店と呼ぶ表座敷からは次の間、中の間、座敷と奥へ続くとある。表通りはたくさんの小路に通じているがそこは十字路にはならず、

『宇水理髪館』は
外観にさまざまな装飾を施して
実に楽しい

どれも丁字路すなわち突き当たりである。商店街の河原一丁目あたりの小路を南側に入ると「上組《かみぐみ》足軽屋敷」(上組は彦根藩に7つあった足軽組のひとつ)がまとまって残っており、道幅も狭くて江戸時代そのままの風景である。「花しょうぶ通り商店街」の先も通りは続いて芹町に入る。河原三丁目、河原二丁目、河原一丁目、芹町と続くこの通りは2016年に「重要伝統的建造物群保存地区」に選定されている。

建築散歩はここでゴールだが、特別付録として1物件を紹介しよう。彦根駅で近江鉄道米原方面行きに乗車し次の「鳥居本駅」で下車、その駅舎が物件だ。『近江鉄道鳥居本駅』(1931、近江鉄道建築課)はいまでは無人駅で小さいシンプルな駅舎だが、赤瓦のマンサード屋根、大型のアーチ窓、半切妻の玄関口などどれも好ましい。しかもこの駅舎の見どころは内部にこそあり、待合室に入ると美しい化粧屋根裏がまる見えで、ハンマービームの装飾を見てもまことに丁寧に設計されたと分かる必見の駅舎なのだ。

マンサード屋根や大型アーチ窓
半切妻の玄関口に思わず見とれる『近江鉄道鳥居本駅』

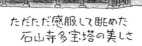

20

飛鳥の古都を巡り
古刹・古社を訪ねる

大津

滋賀県

大津には京阪電車・石山坂本線という便利な電車が走っており、石山寺《いしやまでら》、浜大津、三井寺《みいでら》、坂本という今回の「建築散歩」の足として絶好なので、この電車で散策地を巡ることにする。石山坂本線の南の終点・石山寺駅をスタートして瀬田川沿いに15分ほど歩くと、『石山寺』東大門に着く。天平時代に良弁《ろうべん》僧正の開山とある『石山寺』は1200年以上の古刹で、『石山寺縁起絵巻』や紫式部が参籠《さんろう》中に『源氏物語』の構想を得たというエピソードなどで知られる。『本堂』（正堂1096年、礼堂《らいどう》1599年頃の築／国宝）は『正堂』と『礼堂』が相《あい》の間《ま》でつながっており、そこに紫式部が参籠したという小部屋がある。小さいながらも折上格天井《おりあげごうてんじょう》を持つ部屋に紫式部の人形があった。『礼堂』は懸造《かけづくり》で風情があるが、『石山寺』で最もすばらしいのは『多宝塔』

ただただ感服して眺めた
石山寺多宝塔の美しさ

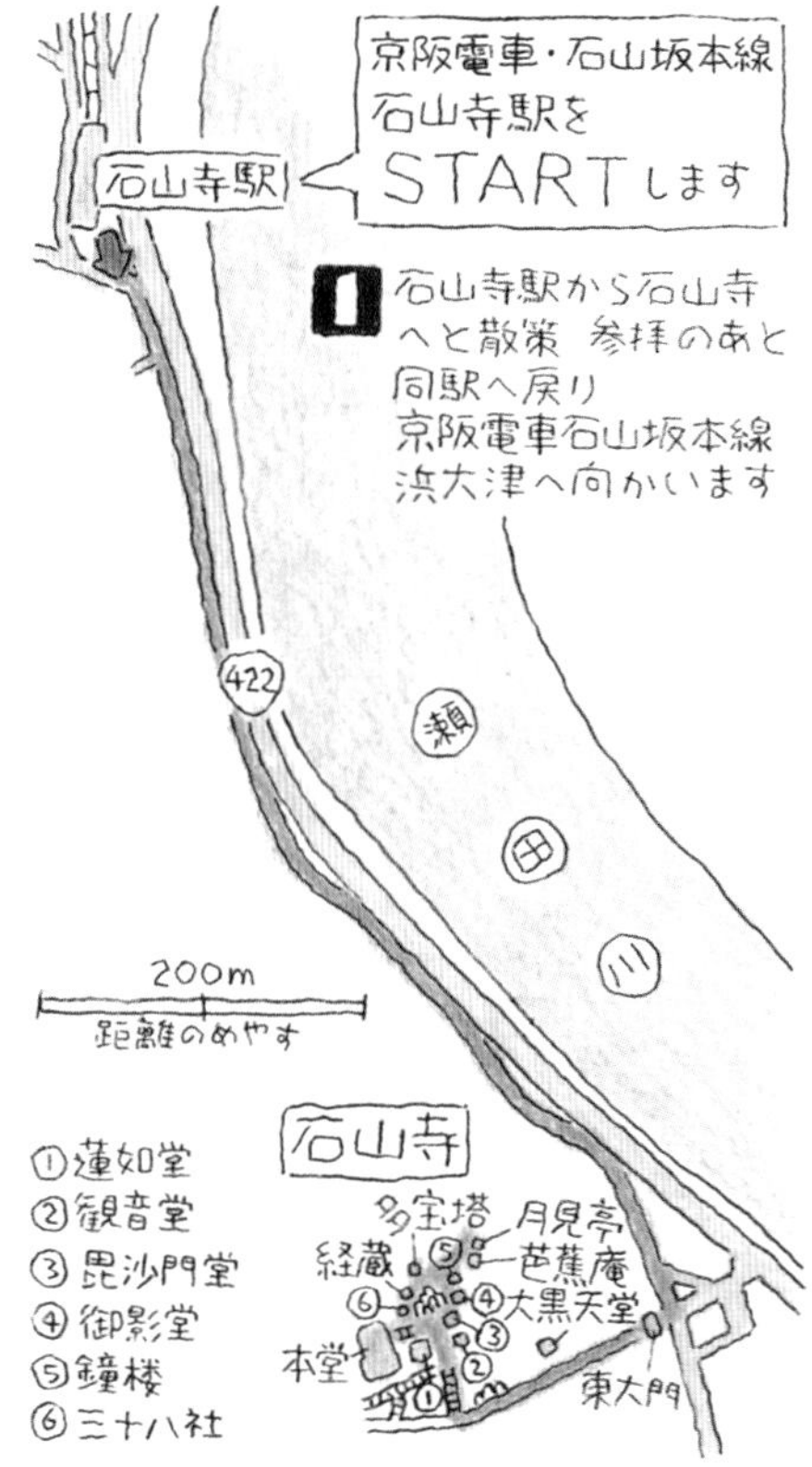

京阪電車・石山坂本線
石山寺駅を
STARTします
石山寺駅
1 石山寺駅から石山寺へと散策 参拝のあと同駅へ戻り
京阪電車石山坂本線
浜大津へ向かいます
422
瀬
田
川
200m
距離のめやす
石山寺
多宝塔
月見亭
経蔵
芭蕉庵
大黒天堂
本堂
東大門
①蓮如堂
②観音堂
③毘沙門堂
④御影堂
⑤鐘楼
⑥三十八社

石山寺の経蔵は校倉造
16世紀後期頃の築とある

（1194／国宝）で、上重のしっかりした細い軸部と対照的に大きく張出した軒の対比は大胆で美しく、いつまでも見飽きない。屋根が檜皮葺《ひわだぶ》きで薄いため軒先がシャープで、これが伸び伸びと軽やかな印象の因だろう。ちなみにこれは日本最古の多宝塔とのこと。

『多宝塔』の先にあって崖に突出た『月見亭』は中秋の名月の頃に茶会、句会が行われる所で、近江八景のひとつ〝石山の秋月〟はここに由来する。『多宝塔』近くの『経蔵』（16世紀後期頃／国重要文化財）は高床式の校倉造《あぜくらづくり》で、小建築だが好ましい。床下の「腰掛石」は〝昔からこの石に座ると安産すると言い伝えられています〟と説明があり、若い女性が試みている姿が微笑ましかった。

石山寺駅に戻り、石山坂本線のびわ湖浜大津駅へ向かう。南口を出て東方向へ少し歩くと、壁面のスクラッチタイルの黄土色が目立つ『旧大津公会堂』（1934）にいたる。今は複数のレストランが入っているが、いかにも昭和初期の公共建築らしい印象で、さらに玄関の車寄せや正面3階のテラコッタなどにそれが明らかだ。玄関欄間や階段親柱にも時代色が見てとれる。

びわ湖浜大津駅に戻って石山坂本線の坂本行きに乗り、次の三井寺駅で降りて『三井寺』へ向かう。『三井寺』は天台寺《じ》門宗《もんしゅう》総本山で正しくは「園城寺《おんじょうじ》」。天皇の御産湯に使われたとされる霊泉があるので「御井《みい》の寺」、後に円珍（園城寺再興の僧）が密教の三部灌頂《かんじょう》にこの水を使ったので「三井寺」と呼ばれたとある。『仁王門』を入り石段を上ると南向きの『金堂』（1599／国宝）がある。その南東に『鐘楼』（1602／国重文）があり、そこに架かる梵鐘《ぼんしょう》は大晦日の

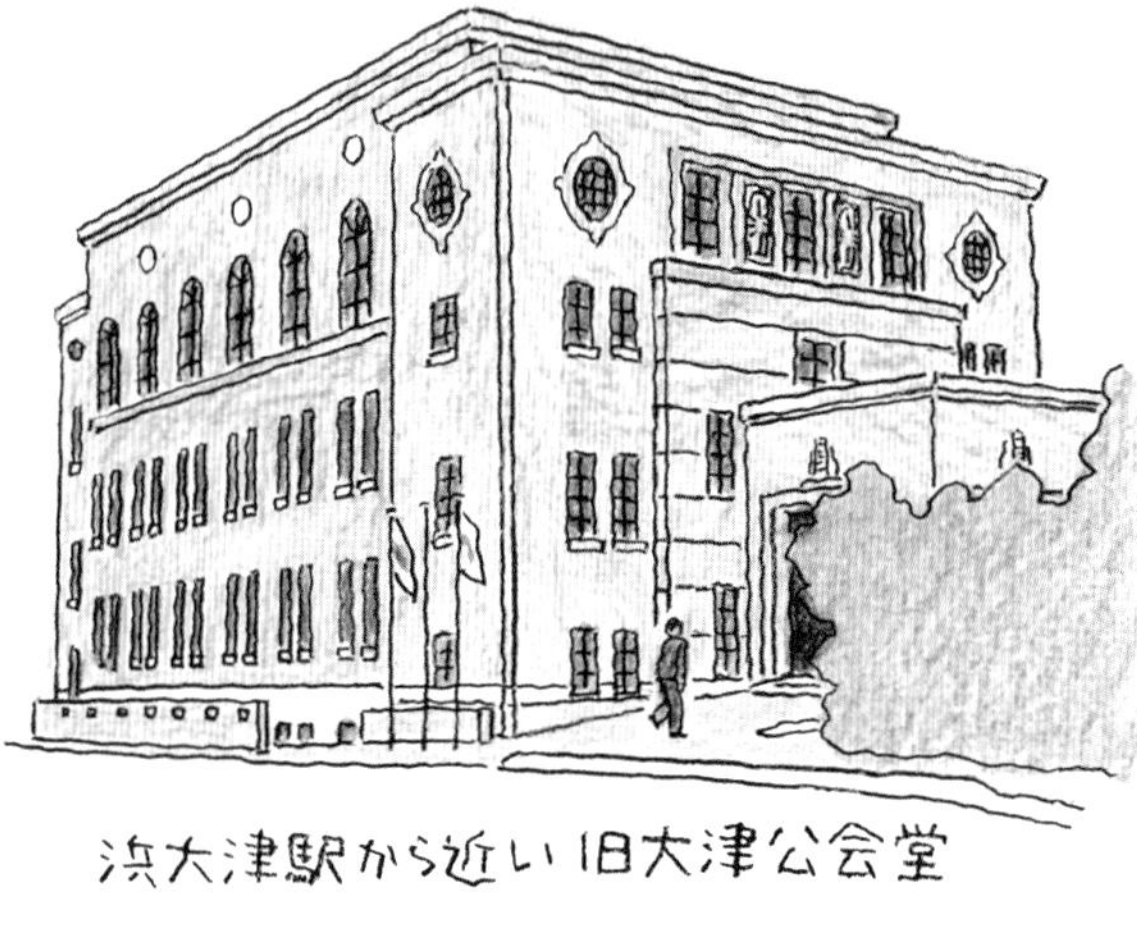
浜大津駅から近い旧大津公会堂

「ゆく年くる年」や近江八景のひとつ〝三井の晩鐘〟で知られ、「日本の残したい音風景百選」にも選ばれている。『金堂』左手奥にある『閼伽井屋《あかいや》』（1600／国重文）の内部では寺名の由来である泉がボコボコと音を立てて湧き出ており、なるほどと納得した。その裏手の山側の『霊鐘堂』で『弁慶鐘』を見て南側に出ると『一切経蔵』（室町中期建造、1602年移築／国重文）がある。経蔵の堂内には高麗版《こうらいばん》一切経という経典集を収める大型八角形の輪蔵（回転式経典棚）がある。この経蔵の不思議な

2 びわ湖浜大津駅から近い
旧大津公会堂を観賞のあと同駅
から石山坂本線三井寺駅へ
京阪電車
石山坂本線
びわ湖浜大津駅
京阪京津線
旧大津公会堂
浜大津
アーカス
朝日生命
大津ビル

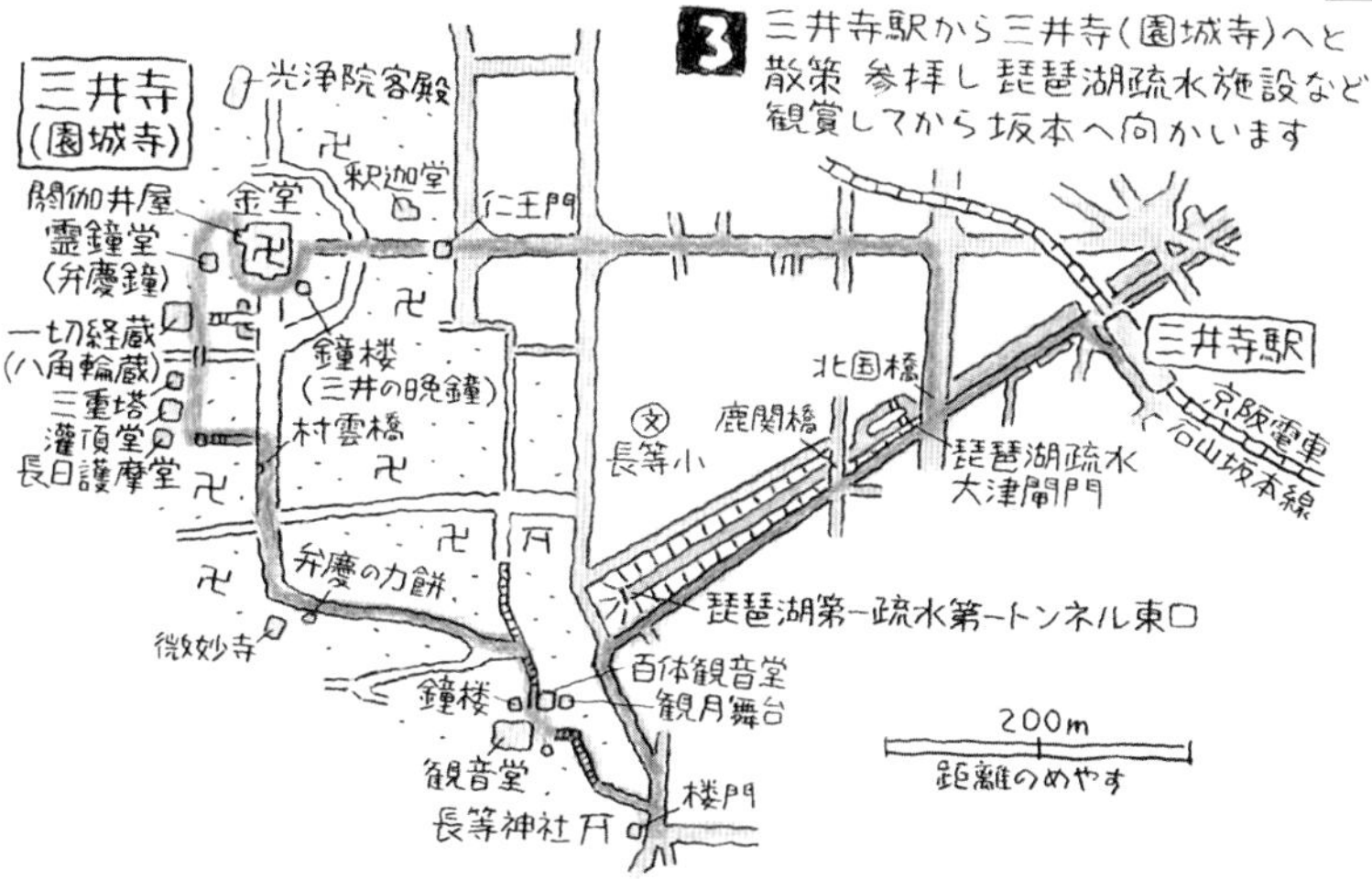
3 三井寺駅から三井寺（園城寺）へと
散策 参拝し 琵琶湖疏水施設など
観賞してから坂本へ向かいます
三井寺
（園城寺）
光浄院客殿
釈迦堂
仁王門
閼伽井屋
金堂
霊鐘堂
（弁慶鐘）
一切経蔵
（八角輪蔵）
三重塔
灌頂堂
長日護摩堂
鐘楼
（三井の晩鐘）
村雲橋
長等小
北国橋
鹿関橋
琵琶湖疏水
大津閘門
三井寺駅
京阪電車
石山坂本線
弁慶の力餅
微妙寺
琵琶湖第一疏水第一トンネル東口
百体観音堂
観月舞台
鐘楼
観音堂
長等神社
楼門
200m
距離のめやす

空間と輪蔵の存在感が一緒になって、ここには何か特別なたたずまいがあるので時間をかけて味わった。

『三重塔』（国重文）そのほかを巡って、さらに行くと西国十四番札所『観音堂』（1689／県指定文化財）があり、その前の『観月舞台』（1849／県指定文化財）付近からは琵琶湖や大津の眺めがすばらしい。謡曲「三井寺」（中秋の名月の夜に鐘の音にひかれて鐘楼に上った母親と、たまたま寺の僧に連れられて月見に来たその子が再会を果たして郷里に帰る物語）ゆかりの場所との説明がある。『観音堂』から急な石段を下り、『長等《ながら》神社』を経て北に向かうと琵琶湖疏水《そすい》に出合う。

　樹木の間から疏水をのぞくと立派な石造建築が見えるが、これが『琵琶湖第一疏水第一トンネル東口』（1890、田邊朔郎）だ。『にっぽん建築散歩』正編の「京大～蹴上《けあげ》」で『南禅寺水路閣』や蹴上の疏水トンネル出口辺りを散歩したが、あの疏水の琵琶湖側流入口が今、目の前にある。重厚な古典主義様式によ

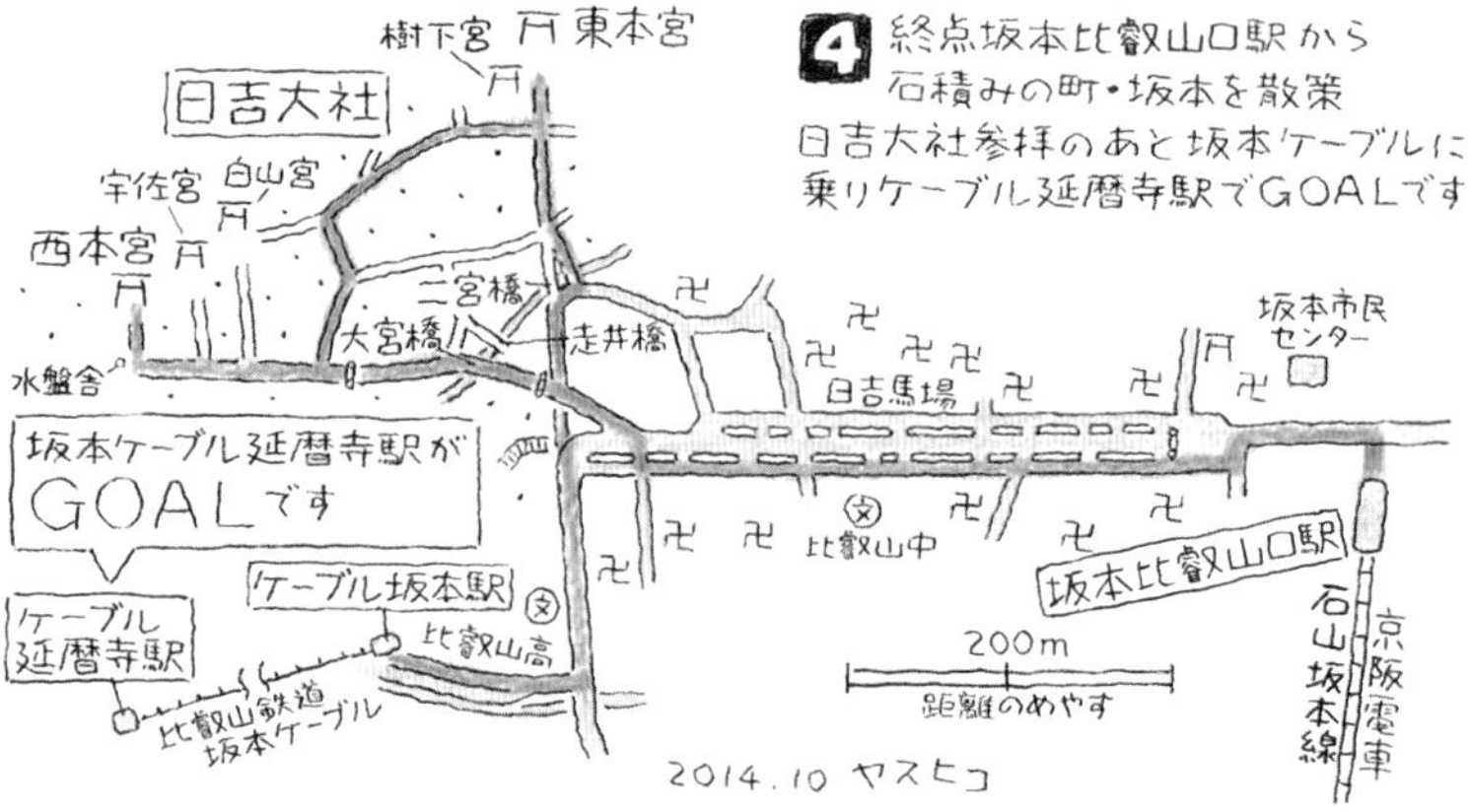
4 終点坂本比叡山口駅から
石積みの町・坂本を散策
日吉大社参拝のあと坂本ケーブルに
乗りケーブル延暦寺駅でGOALです
樹下宮
東本宮
日吉大社
宇佐宮
白山宮
西本宮
水盤舎
二宮橋
大宮橋
走井橋
日吉馬場
坂本市民センター
坂本ケーブル延暦寺駅がGOALです
ケーブル延暦寺駅
ケーブル坂本駅
比叡山高
比叡山中
比叡山鉄道坂本ケーブル
坂本比叡山口駅
京阪電車石山坂本線
200m
距離のめやす
2014.10 ヤスヒコ

るトンネル口は、明治前期に新時代の扉を開く大工事が成った喜びの象徴とも見える。疏水沿いに下ると『琵琶湖疏水大津閘門《こうもん》』（1889）がある。

三井寺駅から石山坂本線で終点・坂本比叡山口駅へ向かう。坂本へ着く前に穴太《あのお》という駅があった。どこかで聞いたことがあると思い、しばらくして城の石垣を建設した技術者集団の「穴太《あのお》衆《しゅう》」を思い出し、その集団のルーツがこの地だったのかと気付いた。

■歩行距離：約8キロ
●京阪石山坂本線石山寺駅（京阪石山坂本線16分）びわ湖浜大津駅（同線2分）三井寺駅（同線14分）坂本比叡山口駅
●終点：坂本比叡山口駅

琵琶湖第一疏水
琵琶湖第一疏水
第一トンネル東口の立派な構え

坂本比叡山口駅を出て地図を頼りに西へ、すなわち比叡山へ向かって行く。途中の道の両側の屋敷（延暦寺の里坊）は、どこも立派な石積みの擁壁《ようへき》や塀を持っている。傾斜地だから当然なのだが、それにしても見事な石積みの町で、さすがと思った。

坂本の大通（日吉馬場＝日吉神社の参道）を上って行くと『日吉大社』に着く。『日吉大社』は日枝山《ひえのやま》（比叡山）からこの地に境内を移し祀って2000年とあるので、たいへんに歴史の古い神社なのだ。案内所で教わったように直進すると一番奥に『西本宮』（本殿1586／国宝）が鎮座し、ご祭神は大己貴神《おおなむちのかみ》であ

日吉大社西本宮楼門前の
石造水盤舎に興味津々

る。楼門、拝殿、本殿と直線的に並ぶのは『日吉大社』のどの社殿も同じだ。ところで楼門の前にある石造の水盤舎に興味を感じ、そこで子細に見ていくとますますおもしろくなった。石の町・坂本だから水盤舎も石造なのだが、石組みが単純のようでいて結構工夫がある。角柱にのせた石桁の片方がアーチ型で合わせてあるのは地震の揺れを吸収するためではないかと素人なりに推理したのだが、どうだろうか。石の水盤舎は石の坂本らしくて好ましいと思った。

広い境内を東へ向かって、『東本宮』（本殿1595／国宝）へ。ご祭神は大山咋神《おおやまくいのかみ》。手前に『樹下宮』（本殿1595／国重文）があり、この本殿、拝殿を結ぶ線と『東本宮』の本殿、拝殿を結ぶ線が境内中央で交叉しており、これは珍しいことと説明がある。『東本宮』から参道を南へ下ると大宮川に架かる石造反橋《そりばし》の『二宮橋』（1669／国重文）があり、木造橋の形式をそのまま石造にしたのがおもしろくて、先程の石造水盤舎を思い出した。初めに渡った『大宮橋』と隣の『走井橋《はしりいばし》』と、3つの石造橋で〝日吉三橋〟とある。

『日吉大社』を辞して『比叡山鉄道坂本ケーブル』へ向かう。坂本ケーブルの山麓駅『ケーブル坂本駅舎』（1927頃）は洗練された昭和初期モダンの建物で、今見てもモダンな感じが衰えていない。そこで30分に1本のケーブルカーに乗って山上駅『ケーブル延暦寺駅舎』（1927頃）に着くと、こちらは細部に装飾の多い昭和初期モダンで、そのために外観内部ともに見どころが多い。おもしろい駅舎を2か所観賞したところで、大津の建築散歩を終えることにした。

いまもモダンな
比叡山鉄道坂本ケーブル坂本駅舎

初めて来たのに何故か懐かしさを感じる
比叡山鉄道坂本ケーブル延暦寺駅舎

21

古都を代表する伝統的な町並み

祇園〜清水寺

京都府

都会の川とは思えない清らかな白川の流れにかかる祇園新橋を西に向かい、新橋通を行くと伝統的建造物群保存地区

京都市はかつて、京都らしい特色のある歴史的な町並みを後世に残すために「京都市市街地景観整備条例」を制定して「特別保全修景地区」を定め、管理を行ってきた。また1975年には「伝統的建造物群保存地区制度」が創設されて、「特別保全修景地区」に指定していた「産寧《さんねい》坂地区」と「祇園《ぎおん》新橋地区」を1976年に、のちに「嵯峨《さが》鳥居本地区」と「上賀茂地区」を、さらに産寧坂地区に地元の要望が強かった「石塀小路地区」を加えた。

今回の建築散歩は京都市の歴史的な町並みの代表ともいえる「伝統的建造物群保存地区」の「祇園新橋地区」と「産寧坂地区」を巡るべく、祇園新橋をスタートした。

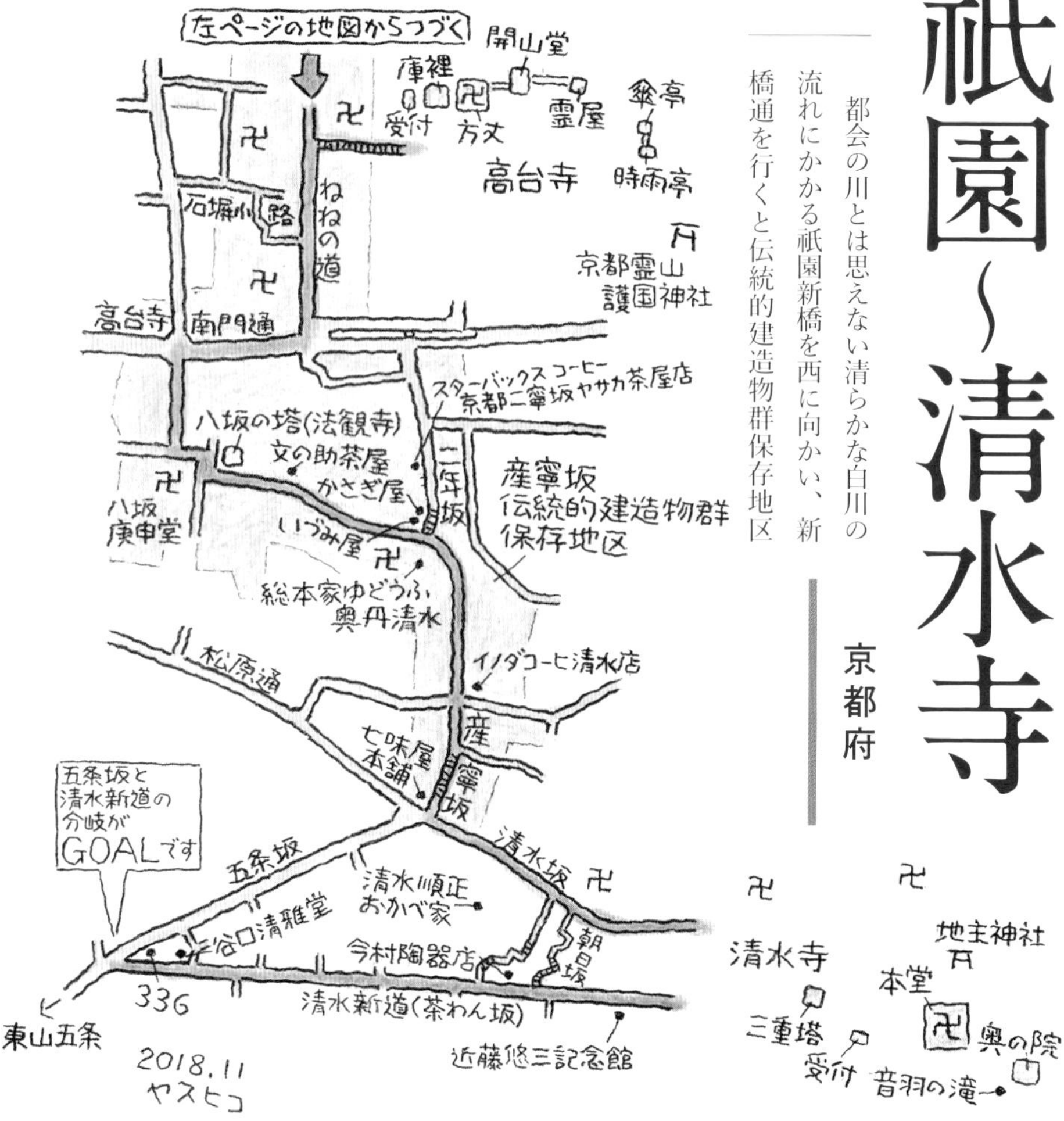

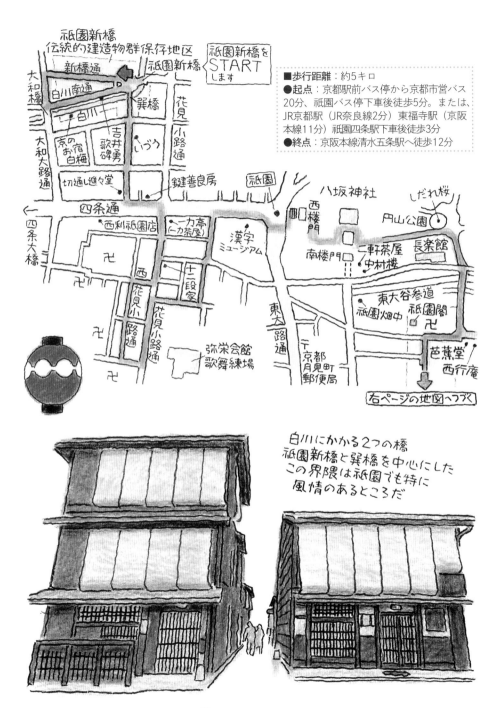

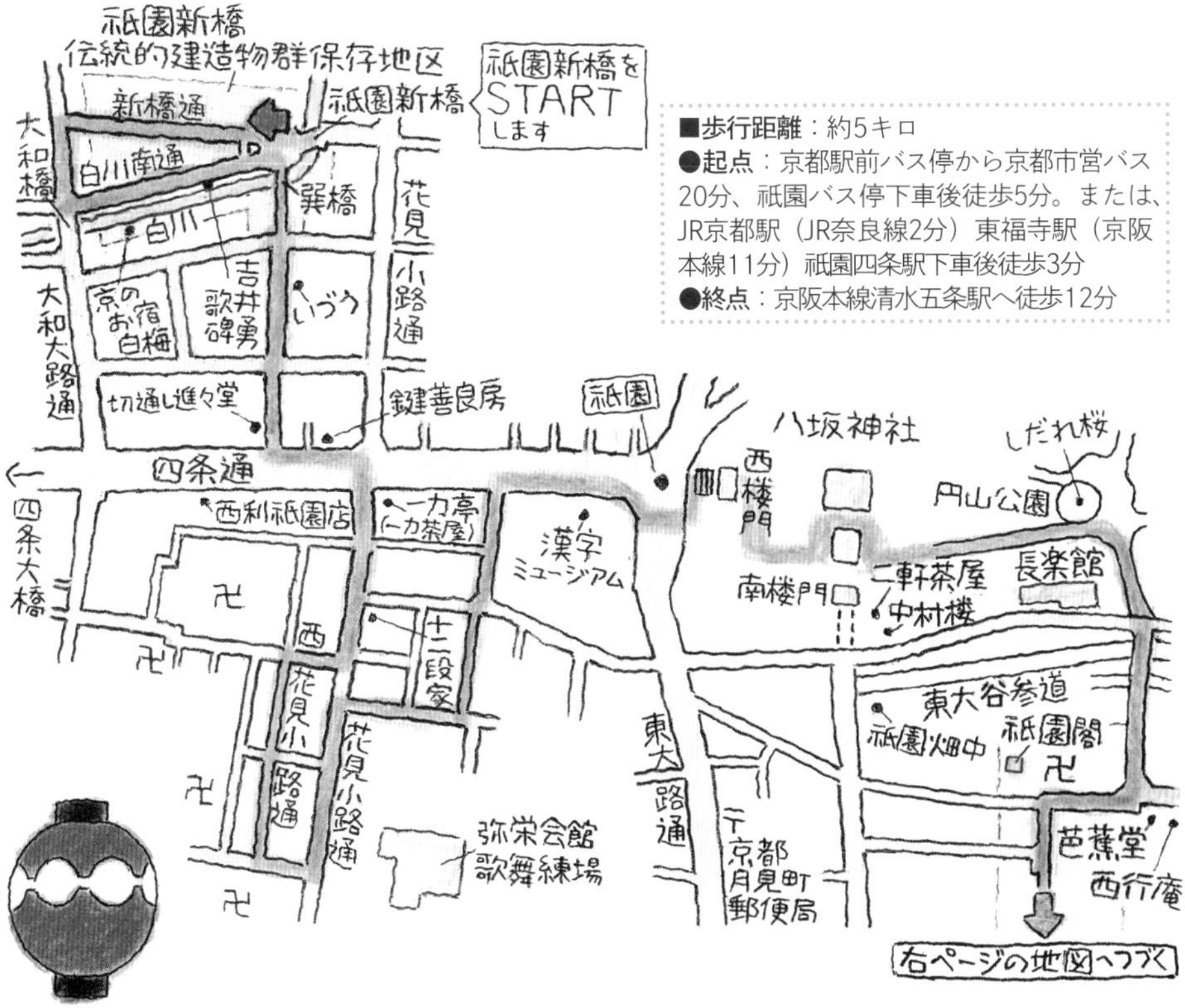
祇園新橋
伝統的建造物群保存地区
祇園新橋をSTARTします
新橋通
祇園新橋
大和橋
白川南通
巽橋
白川
花見小路通
吉井勇歌碑
京のお宿白梅
いづう
大和大路通
切通し進々堂
鍵善良房
祇園
八坂神社
しだれ桜
四条通
西楼門
円山公園
四条大橋
西利祇園店
一力亭(一力茶屋)
漢字ミュージアム
長楽館
二軒茶屋中村楼
南楼門
西花見小路通
十二段家
東大谷参道
祇園畑中
祇園閣
東大路通
花見小路通
〒京都月見町郵便局
弥栄会館歌舞練場
芭蕉堂
西行庵
右ページの地図へつづく

■**歩行距離**：約5キロ
●**起点**：京都駅前バス停から京都市営バス20分、祇園バス停下車後徒歩5分。または、JR京都駅（JR奈良線2分）東福寺駅（京阪本線11分）祇園四条駅下車後徒歩3分
●**終点**：京阪本線清水五条駅へ徒歩12分

白川にかかる2つの橋
祇園新橋と巽橋を中心にした
この界隈は祇園でも特に
風情のあるところだ

高台寺境内にある
『傘亭』

（以下伝建地区）にふさわしい平入り（道路に対して軒桁が平行）の町家が軒を並べ、平格子や出格子、2階は間口いっぱいの窓にかかる京すだれ、明治の名残りのガス灯など、懐かしい景観に気分が和らぐ。

そう感じるのはぼくら日本人だが、行き交う外国人観光客は格別の異国情緒を感じているのだろう。

縄手通（大和大路通）を左折、大和橋の際でまた左折すると白川南通。白川沿いに軒を並べるお茶屋料亭の佇まいに一段と情趣を感じる。またその辺りに、この地に遊びこの地を愛した歌人・吉井勇の歌碑「かにかくに祇園はこひし寝《ぬ》るときも枕のしたを水のながるる」がある。巽《たつみ》橋は以前から記念撮影のポイントだったが、今は自撮り棒を使う人が多い。橋を渡って四条通へ向かい、一力亭の交差点から花見小路通を南へ辿る。西花見小路通は幅1間ほどの石畳の文字通りの小路で、祇園情緒がさらに濃い。この辺りは同じ祇園でも「歴史的景観保全修景地区」として伝建地区と区別される、かつて祇園甲部と呼ばれた界隈だ。花見小路通に戻って北へ、『弥栄《やさか》会館』の先で右折、格子窓とたゆみすだれの町並みを抜けて四条通に出て『八坂神社』

切妻屋根の連なりが美しい
産寧坂の家並み

へ向かう。
祇園社、祇園感神院《かんじんいん》、祇園天神社などとも称し、明治元年に現在の名称になった『八坂神社』。その門前町として発展したのが祇園で、その御霊会《ごりょうえ》が祇《ぎ》園会《おんえ》、すなわち祇園祭なのだから京都にとって祇園さん、『八坂神社』の存在はまことに大きい。参拝後に『円山公園』で有名なしだれ桜を左に見て右折、『長楽館』（旧村井たばこの村井吉兵衛別荘／1909、J・M・ガーディナー）前から南へ向かう。

高台寺境内の茶席『時雨亭』

『芭蕉堂』『西行庵』のところで右に折れ道なりで左折、後ろを見ると不思議な塔状の建造物があって、これが『祇園閣』（旧大倉喜八郎別荘の一部／1927、伊東忠太）。高欄を回した塔屋の屋根に祇園祭の鉾が立ち、塔頂に喜八郎の号・鶴彦に因む鶴が止まる。

通称〝ねねの道〟を行くと、この辺りから「産寧坂地区」で、左に現われる『高台寺』の石段を上る。豊臣秀吉の菩提を弔う目的で徳川家康の援助により正室・ねねが開基した『高台寺』は『開山堂《かいさんどう》』や『霊屋《おたまや》』、ふたつの庭園などが有名だが、ここでは最奥の『傘《からかさ》亭』と『時雨《しぐれ》亭』（ともに国指定重要文化財、伏見城から移築／桃山時代）のふたつの茶席を目指す。『傘亭』は千利休の意匠ともいわれ、内部に「安閑窟《あんかんくつ》」の額がある。茅葺き宝形《ほうぎょう》造りの屋根の内部を見上げると、竹の垂木《たるき》が放射状に開き、中央の丸太1本で支えているのは名前の通り傘そのもの。入口は竹簀戸《すど》と

賑やかな和洋折衷の『清水順正おかべ家』の建物

引戸、連子窓《れんじ》、格子窓を連ね、長炉のほかに二連の竃土《くど》があり、素朴かつ自由な造りを感じる。『時雨亭』は外から直接2階へ上る意表をつく設計で、〝梢の彼方に洛中を遠望〟と紹介されている。三方を大きく開いて野外と一体になる思い切った風流に感心してしまう。こちらも竃土があり、草庵の真髄を深く感じる。『八坂の塔』（法観寺）を見上げてこの

清水寺で有名な『音羽の滝』

塔の美しさを体感した後、二年坂上を経て産寧坂にいたる。ふたつの坂の両側の町家の連なりはこの伝建地区の価値を表わすもので、伝統的な町家が高低差の中でほどよい違いを見せながら整っている町並みは実に美しい。

坂を上り切ると伝建地区も終わり、参詣人や観光客で混雑する『清水寺』の参道、清水坂となる。途中右に入った『清水順正おかべ家』の敷地内にある建物は実業家・松風嘉定《しょうふうかじょう》の邸宅兼迎賓館『五龍閣』（1921、武田五一）で、古典主義様式あり表現主義ありで屋根に鴟《し》尾《び》が載るという賑やかな和洋折衷がおもしろい。喫茶室でお茶をすると3階までの階段やステンドグラスも観賞できる。『清水寺』は懸崖《けんがい》造りで有名な本堂（国宝／江戸期）をはじめ、見るべき仏像、宝物、建造物多数を有して京都観光の中心である。

『清水寺』からは東山五条へ向かって清水新道を下る。この道は〝茶わん坂〟というように京焼のひとつ（しかし大部分）である清水焼の地。かつて十数基あった登り窯は今はないけれど、焼物好きは楽しく歩くことができ、五条坂との分岐で散歩のゴールとなる。

五条坂と清水新道の分岐が散歩のゴールです
0336
清水
茶わん坂

22

大阪きっての繁華街の多彩な建築を巡る

ミナミ～天王寺

大阪府

大丸心斎橋店の
荘厳な北側入口

大阪ミナミの地は百貨店や興行施設を中心として建築散歩の対象となる建物が数多く、そこから天王寺方面へと向かうのが今回の散歩コースである。御堂筋の新橋交差点からなんば方面へスタートするとすぐ、『大丸心斎橋店』（1922～1933、ヴォーリズ建築事務所）が見えてくる。塔屋に象徴されるようにネオゴシックを基調とする建物だったが、2019年に建て替えられ、ファサード保存された。欄間のステンドグラス、1階ホールの天井や柱、エレベーターまわり、階段や踊り場、中2階などの装飾も多くが再現されている。心斎橋筋側入口は見事なピーコックで飾られ、こちら側が先に建てられたとある。当初は入ると6階までの大吹抜けがあったという。御堂筋が地下鉄とともに開通したときに御堂筋側部分が完成した。

次の『GALLERIA〔AKKA〕』（1988、安藤忠雄）はうっかり見落としそうな建物で何の目印もないが、奥に進むと突然に地階から5階までの吹抜けに出合って愉快になるテナントビルだ。

『日本基督教団島之内教会』（1928、中村鎮《まもる》）は商業ビルの多い繁華街にあってここだけが敬虔《けいけん》な世界であるに驚く。幅の広い階段を上ると白い列柱の回廊があり、そのあたりが結界になっていると感じた。

宗右衛門町通を経てミナミの中心、『戎橋《えびすばし》』へ。グリコの看板を背景に記念写真を撮る観光客の脇を抜けて、『大阪松竹座』（木村得三郎、1923）の前に立つ。その昔に道頓堀川の北岸を遊所、南岸を芝居町にと意図されて以来の伝統を受継ぐ『大阪松竹座』は、大アーチを中心にしたファサードが保存されたが、この記念碑的大壁面は道頓堀のモニュメントとして永く残るのではないかと思う。

　千鳥破風《ちどりはふ》がのる大屋根、9連続唐破風《からはふ》4層というファサードの『旧大阪新歌舞伎座』（1958、村野藤吾）は妖しく華やかなミナミの大建築だったが、2019年、隈研吾によってその意匠を

『大阪松竹座』の記念碑的な大壁面

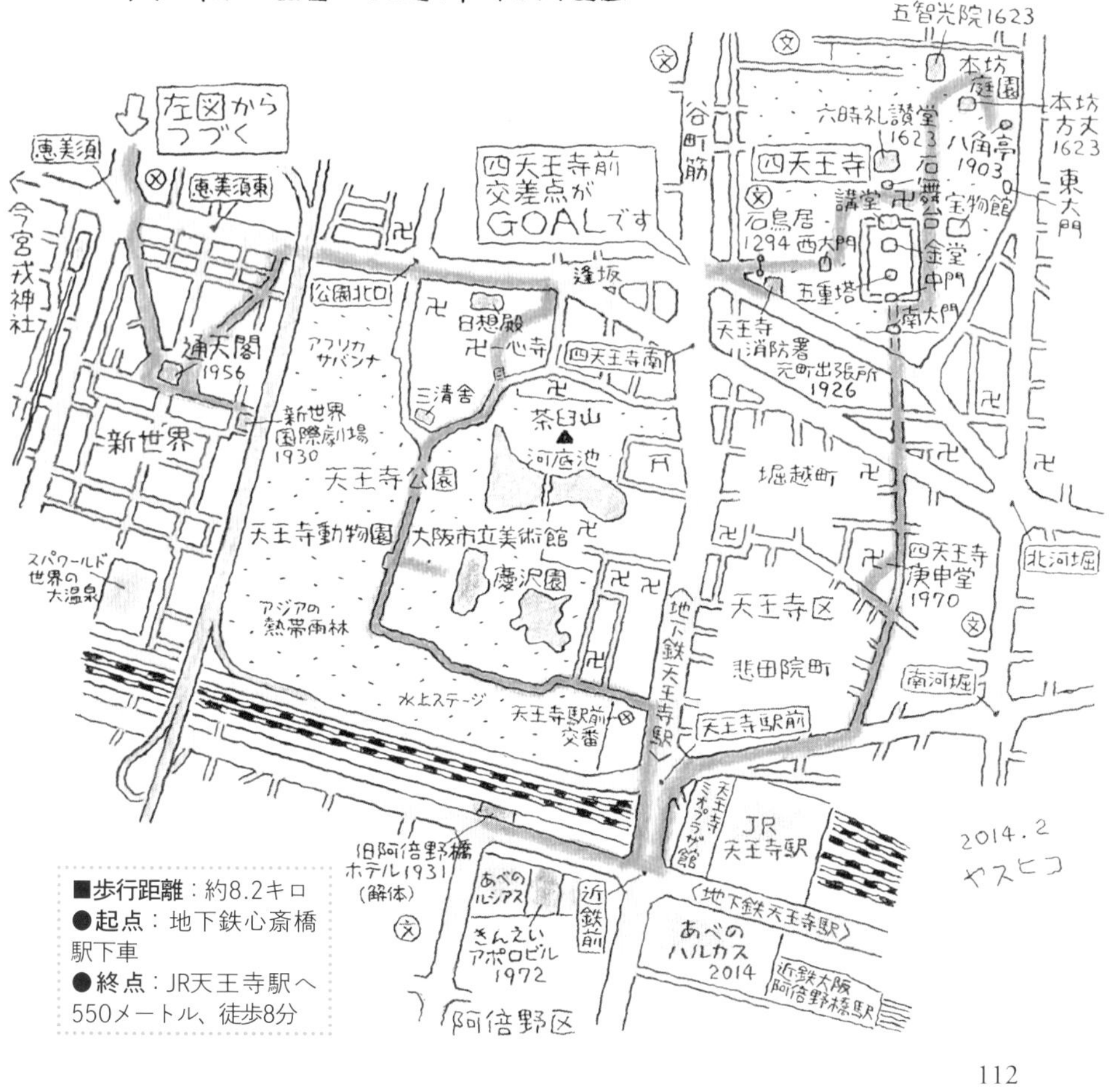

左図から つづく
恵美須
恵美須東
今宮戎神社
通天閣 1956
新世界
新世界国際劇場 1930
公園北口
アフリカサバンナ
日想殿
一心寺
三清舎
茶臼山
河底池
天王寺公園
天王寺動物園
大阪市立美術館
慶沢園
アジアの熱帯雨林
スパワールド 世界の大温泉
水上ステージ
天王寺駅前交番
旧阿倍野橋ホテル1931（解体）
あべのルシアス
きんえいアポロビル 1972
阿倍野区
近鉄前
あべのハルカス 2014
近鉄大阪阿倍野橋駅
〈地下鉄天王寺駅〉
天王寺ミオプラザ館
JR天王寺駅
地下鉄天王寺駅
天王寺駅前
四天王寺前交差点がGOALです
逢坂
四天王寺南
谷町筋
四天王寺
五智光院1623
本坊庭園
本坊方丈1623
六時礼讃堂1623
八角亭1903
石舞台
講堂
宝物館
東大門
石鳥居1294
西大門
金堂
五重塔
中門
南大門
天王寺消防署元町出張所1926
堀越町
四天王寺庚申堂1970
天王寺区
悲田院町
北河堀
南河堀
2014.2 ヤスヒコ

■**歩行距離**：約8.2キロ
●**起点**：地下鉄心斎橋駅下車
●**終点**：JR天王寺駅へ550メートル、徒歩8分

生かした「ホテルロイヤルクラシック大阪」として建て替えられた。

御堂筋の目止まり位置に時計を掲げ、道のカーブに合わせた曲面に14スパン連続アーチと列柱を見せる『南海ビルディング大阪タカシマヤ』（1932、久野節建築事務所）は、今回のハイライトのひとつだ。曲面を遠目で観賞したら、近付いて正面大庇下の装飾を見よう。それから殷賑《いんしん》を極める千日前商店街を抜けて『大阪日本橋キリスト教会』（1925）へ。さわやかにして美しい教会堂に繁華街の中でのひと時の静謐を感じた。

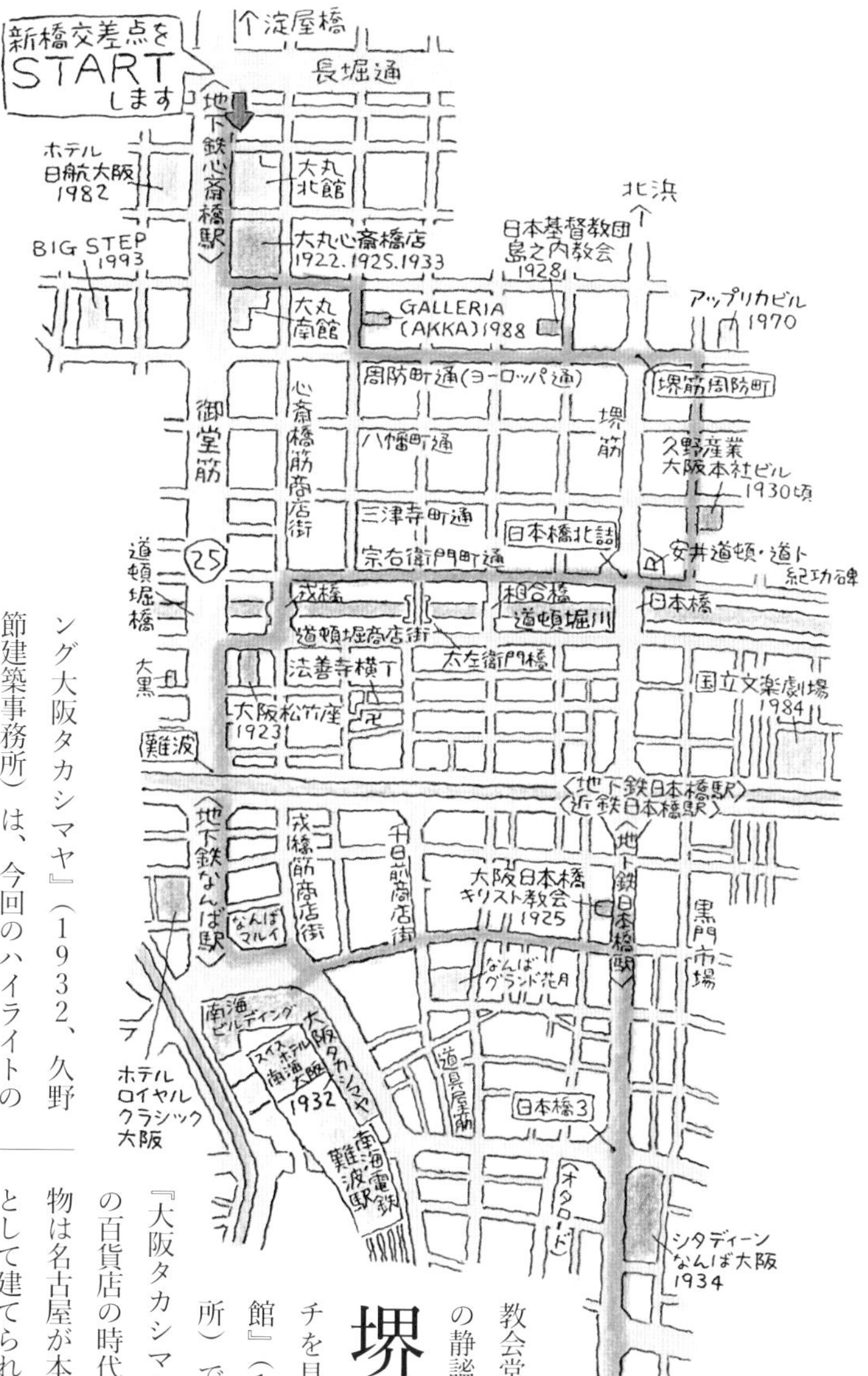

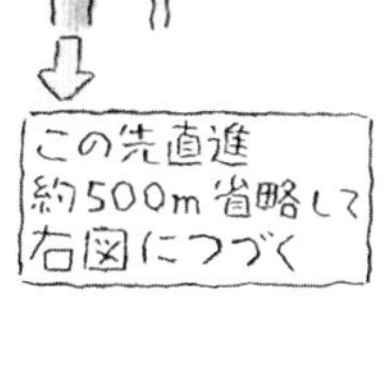

堺筋の大通りに向けてテラコッタで飾った11連アーチを見せる『大阪高島屋東別館』（1934、鈴木建築事務所）では、『大丸心斎橋店』、『大阪タカシマヤ』と合わせて昭和初期の百貨店の時代に想いを巡らす。この建物は名古屋が本店の『松坂屋大阪支店』として建てられたもので、名古屋が本拠の建築家・鈴木禎次《ていじ》の仕事とあるが、2019年、宿泊施設「シタディーンなんば大阪」に生まれ変わり、3階の「高島屋史料館」もリニューアルされた。その後は堺筋を南へ約500メートル直進

さわやかにして美しい
大阪日本橋キリスト教会の教会堂

して恵美須交差点に至り、そこから間近に見える『通天閣』へと向かう。

1903年（明治36）、天王寺一帯を広く会場とした第5回内国勧業博覧会が開かれた。会期中5カ月間に500万人が入場したこの博覧会は戦前最大規模といわれ、新生・大阪の活力を示したものとある。その博覧会の跡地は東半分が『天王寺公園』となって後に動物園も設けられ、西半分は大阪土地建物会社経営の娯楽遊園地『ルナパーク』（1912、設楽建築事務所）となり新しい盛り場・新世界が誕生した。そのシンボルがルナパークとともに完成した高さ64メートルの初代『通天閣』で、パリの凱旋門の上にエッフェル塔がのるという、もの凄いものだった。いまも『通天閣』を中心に街路が放射状に伸びているが、これはパリのエトワール広場を真似たのだろう。初代『通天閣』は戦時中の鉄材供出で解体され、戦後再建された高さ103メートルの2代目『通天閣』（1956、内藤多仲《たちゅう》）がいま目の前にある。新世界の『通天閣』は依然として大阪のシンボルなのだ。

逢坂を上っていくと右手に城塞のような建物が見えてくる。これは『一心寺』の信徒会館『日想殿』（1977、高口恭行《たかぐちやすゆき》）で、『一心寺』開山の法然上人がここから近い茶臼山に草庵を結んで日想観の修行をしたことにちなむ名とある。さらに進んで『一心寺』へ入っていくと、これが『仁王門』と知って驚く鉄骨トラスとガラスで建てられたモダンな門（1997、高口恭行）に出合う。高口恭行は『一心寺』の住職にして建築家で、ほかにも『念仏堂』、『単心庵』といった建物も手がけている。『一心寺』境内から裏通りへ出ると『天王寺公園』で右に『天王寺動物園』、左に『大阪市立美術館』（1936、大阪市建築課）がある。美術館の裏の庭園『慶沢園《けいたくえん》』（1918、小川治兵衛《じへえ》）は美術館の場所に別邸があった住友家の庭園が残されたもので、植治《うえじ》こと小川治兵衛のファンなら必見だ。

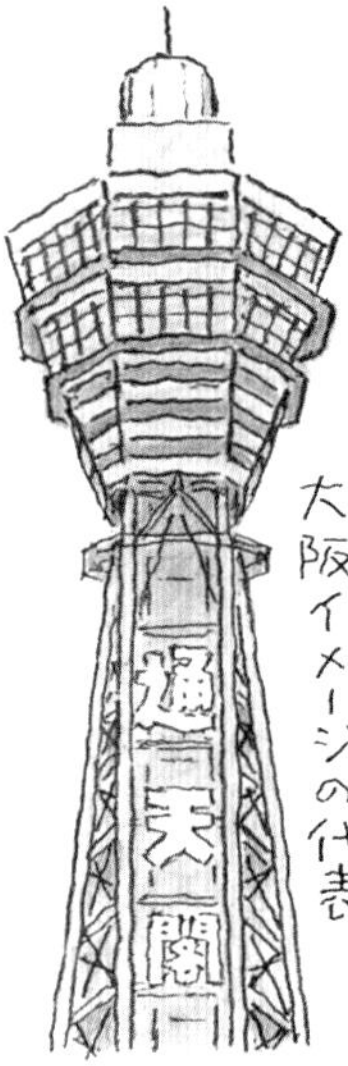

通天閣は何といっても
大阪イメージの代表

なお『慶沢園』の北には『河底池』、その向こうの高みが茶臼山（古墳）である。

JR天王寺駅前で線路を越えて近鉄前交差点を右折すると、道の向こうに『きんえいアポロビル』（1972、村野・森建築事務所）がある。このビルの外壁に以前は村野らしい装飾があったのだが、改装によって消えた。それから少し行くとかつては古い3階建てのビルがあり、これが歴史的な『阿倍野橋ホテル』（1931）だったが、2015年に解体された。そして高さ日本一でいま人気の『あべのハルカス』（2014、竹中工務店、外観監修シーザー・ペリ）だが、この辺で見ると首が痛くなるのだ。

四天王寺本坊庭園の中にある
ペンキ塗りの八角亭

天王寺駅前交差点を東へ、200メートルほど先で左へ入る道が『四天王寺』の参道だ。そしてこれを辿ると、聖徳太子創建と伝わる日本最初の官寺『四天王寺』に至る。伽藍配置も四天王寺式という日本最古の形式とあるが、そちらの方は専門の案内におまかせして建築散歩は『五智光院』から東に入る『本坊庭園』と、その中でも異色の『八角亭』（1903）に注目した。この小亭は前述の第5回内国勧業博覧会会場の待合所として建てられたものの移築で、狭い内部は確かに待合せ以外に使い道がなさそうだ。色ガラスが擬洋風だが柱頭飾りのコリント様式はしっかりできており、『本坊庭園』に妙によく納まっている。『本坊方丈』から木の間に見るのがよい眺めだと思った。

『四天王寺』を退出して石鳥居（1294）を観賞しながら脇の昭和初期モダン風の建物に気が付いた。これが『天王寺消防署元町出張所』（1926）の裏側の姿で、それから表に回っておしゃれな消防署に感心し、四天王寺前交差点でゴールとした。

古いけれど とてもおしゃれな
天王寺消防署 元町出張所

23

旧別荘地の洋風建築と市内の名建築探訪

堺

大阪府

南海本線「浜寺公園駅」を出て海に向かうと、松林の広がる『浜寺公園』に着く。昔は白砂青松の「浜寺海水浴場」であったという海辺がいまは海浜公園で、対岸は臨海工業地帯だ。けれど駅の東側、かつて高級海浜別荘地として開かれた邸宅街はいまも閑静で好ましい住宅地であり、今回の建築散歩はその辺りを行くことにした。

『南海本線浜寺公園駅旧駅舎』（1907、辰野片岡建築事務所）が最初の物件で、この駅舎は浜寺のランドマークでもあったのだが、現在は高架化・新駅舎建設工事のために西口近くに曳家され、カフェ、ギャラリーとして利用されている（新駅舎完成後は新駅のエントランスとなる予定）。ハーフティンバー、左右対称で明治生まれの格調を示す駅舎は「浜寺停車場」と呼ばれた頃は屋根に塔屋が付き、一等待合室のマントルピースのためのレンガ造りの煙突が立っていたとのこと。何より目立つ玄関ポーチのトックリ椰子のような列柱は海辺の避暑地に合わせたものだろうか。設計者の辰野金吾はこの後すぐに『万世橋駅』『東京駅』と大型鉄道駅を立て続けに構想することになる。ちなみに下り線ホームの待合所も駅舎と同じ意匠で飾られ、こちらはいまのところ切符を買って入場すれば自由に観賞できる。

「浜寺公園」の入口左手にある『浜寺公園警邏《けいら》連絡所』（1932、平林亀五郎）は「西堺警察署」の施設とあり、公園に合わせてコンクリート造りで和式建築を真似たのだと思うが、意表をつく建物だ。

南海本線の踏切を渡ると、かつて海浜別荘地として開かれた邸宅街が

『南海本線浜寺公園駅旧駅舎』は移築保存されている

『南海本線諏訪ノ森駅西駅舎』は小建築ながら楽しい表現で飾られて見どころいっぱいだ
近くに曳家保存されている

広がる。その中で足が止まる建物はやはり大正末期から昭和初期のトレンドを取り入れた丁寧な造りの洋館で、それを『O家住宅』や『阪之上家住宅』（国登録有形文化財、1921年頃、不詳）に見ることができる。ただし、どれも居住者のいる住宅なので、観賞も節度を大切に。『近江岸家住宅』（国登録有形文化財／1935、ヴォーリズ建築事務所）もそのひとつで、これは浜寺の邸宅街を代表する一棟だ。

スクラッチタイル貼りの煙突で気付いた『S家住宅』もまた同じで、戦前の豊かな時代を感じる建物。阪堺線沿いの道に出ると大きな屋根が目立つ洋館に足が止まり、これが『K家住宅』だった。

阪堺線を越えたひと筋西寄りの道は旧紀州街道で、これ

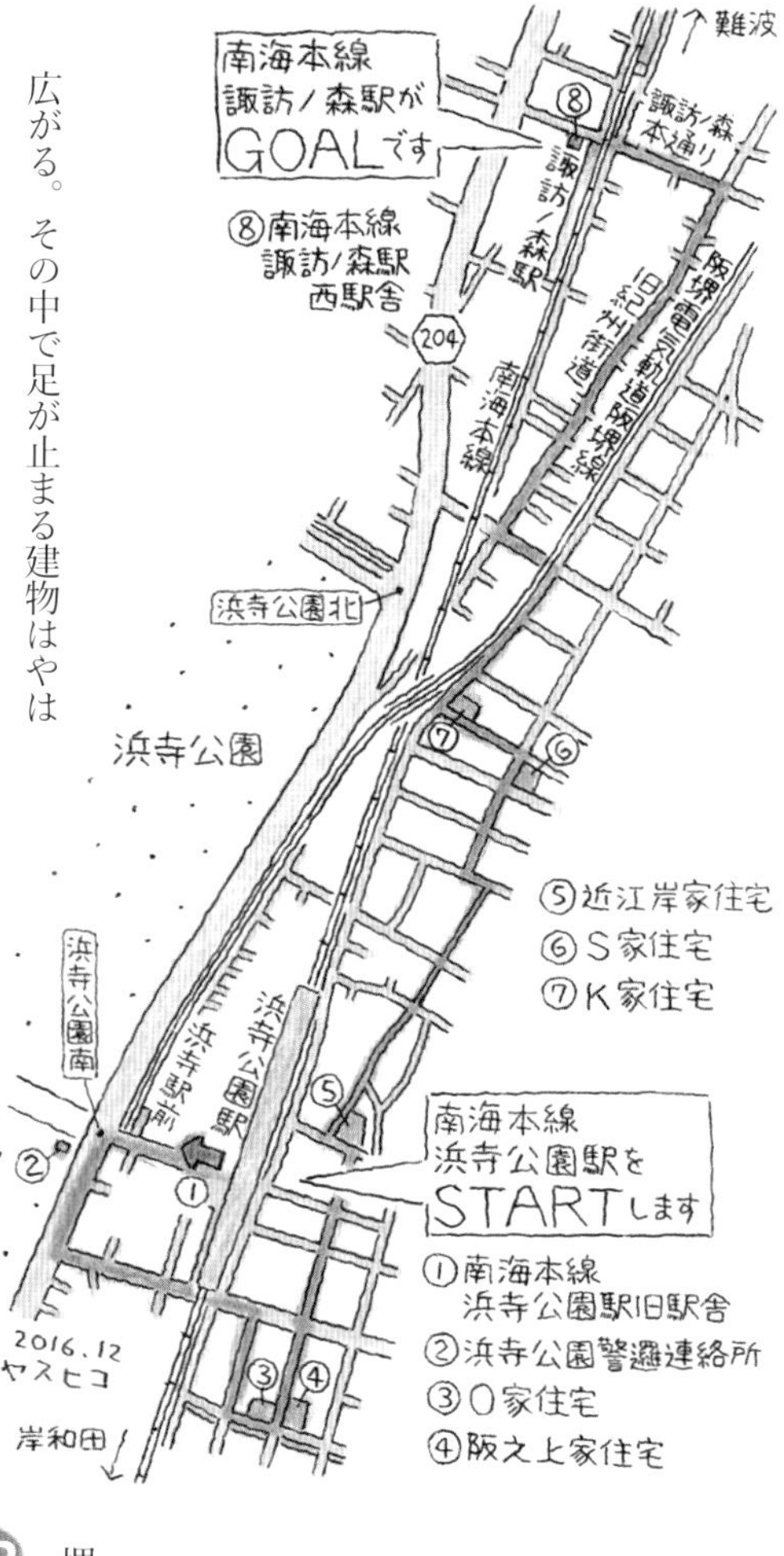

↑難波
南海本線
諏訪ノ森駅が
GOALです
諏訪ノ森本通り
諏訪ノ森駅
⑧南海本線
諏訪ノ森駅
西駅舎
204
阪堺電気軌道阪堺線
旧紀州街道
南海本線
浜寺公園北
浜寺公園
⑤近江岸家住宅
⑥S家住宅
⑦K家住宅
浜寺公園南
浜寺駅前
浜寺公園駅
南海本線
浜寺公園駅を
STARTします
①南海本線
浜寺公園駅旧駅舎
②浜寺公園警邏連絡所
③O家住宅
④阪之上家住宅
2016.12
ヤスヒコ
岸和田

■**歩行距離**：約2.8キロ
●**起点**：南海本線浜寺公園駅下車
●**終点**：南海本線諏訪ノ森駅下車

旧紀州街道に面した下見板張りの『旧堺湊郵便局』はペンキが剥がれてしまったけれどよく保存されている

を辿り諏訪ノ森本通りで左折、南海本線の踏切を渡ると『南海本線諏訪ノ森駅西駅舎』（1919、不詳）だ。高架化に伴いもとの場所の西側に曳家され、2020年9月から地域の交流スペースとして利用されている。軽快な屋根と軒の持ち送りが目立つ優しい感じの駅舎は、

町の人に親しまれてきた建物に違いない。近寄って驚くのは櫛形の欄間のステンドグラスで、描かれているのは工業地帯になる前の松林や海や淡路島など諏訪ノ森の美しい海辺の風景だ。出入口や窓まわりも細心の造りだが、極めつきは柱頭飾り付きの2本柱に挟まった小ベンチで、それらが大正中期モダンの控えめな装飾で納まっているのだ。外へ出てから、大棟の両端にあるのは何か、持ち送りの先端の形は何かと考え込んだ。

　建物全体が工芸品とも思えるこの小駅舎にただならぬものを感じながら、これで散歩もゴールとなるのだが、今回も付録物件を用意してある。堺市は広い市域に多数の注目物件が点在するので今回の建築散歩は浜寺界隈に限り、その代わりに次の物件を個別に紹介するので、興味

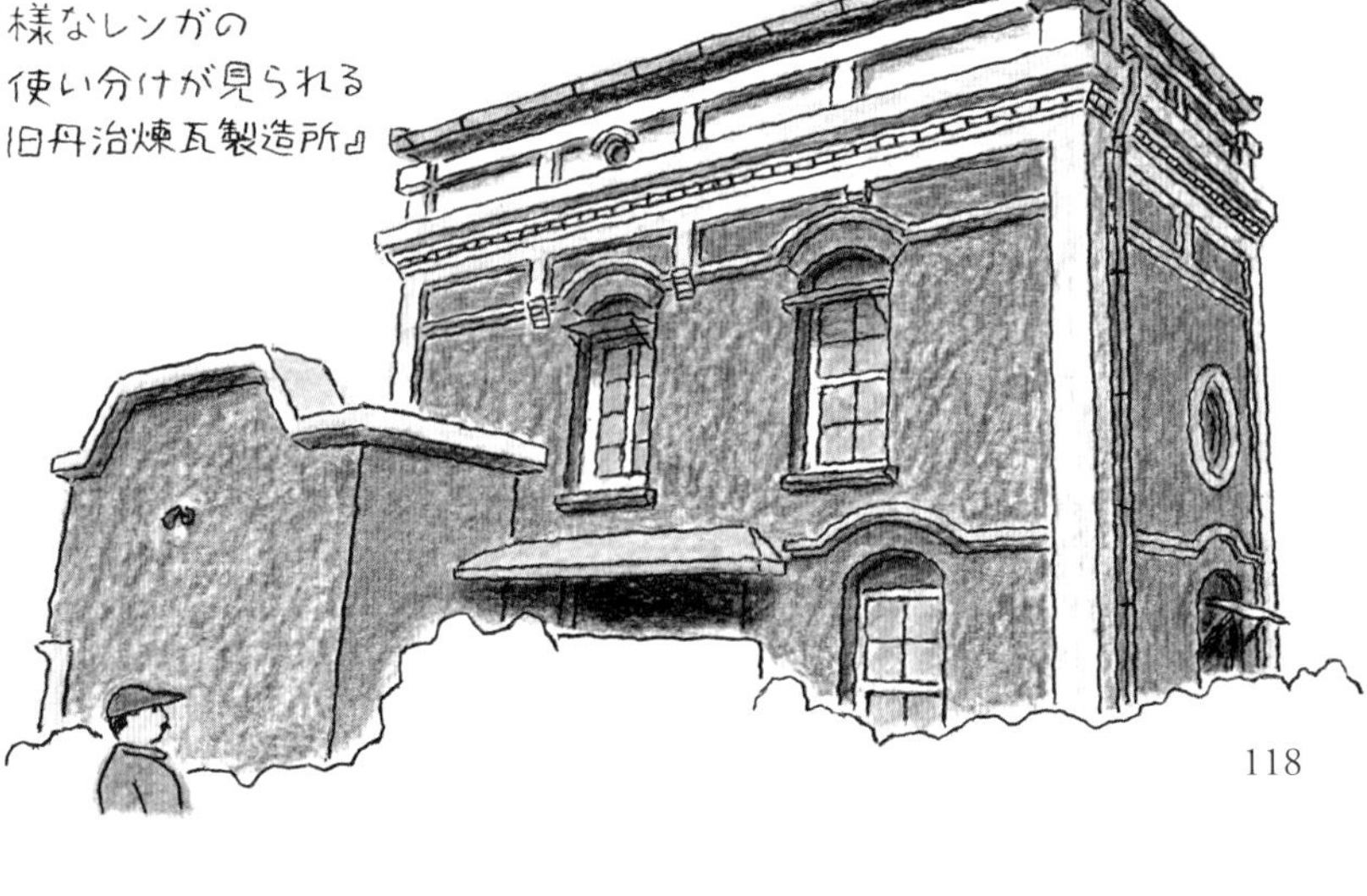

多様なレンガの使い分けが見られる『旧丹治煉瓦製造所』

のある方は足を延ばしてほしい。

『旧堺湊郵便局』（1933）は旧紀州街道沿いにある木造2階建て下見板張りの建物で、玄関ポーチの飾りが全体を引きしめる。設計は大工棟梁らしいが洋風になれた人と見た。現在使われていない郵便局を解体撤去せずにこうして現地保存しているのはすばらしいことだと思う。阪堺線「御陵前」で下車して、御陵前交差点際から南西方向に入る小路が旧紀州街道で物件まで約200メートル。

最近の建築と思う人もいるに違いない
1934年建設の『三国丘高等学校旧同窓会館』

『旧丹治煉瓦《れんが》製造所』（現・創作イタリアン丹治／1900、不詳）。丹治煉瓦は大阪の民間レンガ製造所として最古（明治3年創業）とのこと。建物の各所にその部分のために焼かれた特別なレンガが用いられているのは、レンガ製造所らしいと感心した。よく整備されて新しい建物のように感じるが、増築部分以外は明治中期の建築。近くにやはり保存よく姿もよい丹治煉瓦関連と思われるレンガ倉庫がある。阪堺線「寺地町」下車、南東約500メートルに物件。

『三国丘高等学校旧同窓会館』（旧三丘会館／1934、久野節建築事務所）は昭和初期のトレンドであるインターナショナルスタイルの特徴をよく表している建物だ。個人や地域などの特殊性を超えて世界共通のスタイルを目指したインターナショナルスタイルは、この時期だけのものではなく以後の現代建築へとつながる。その根底には新しい時代の合理主義、機能主義といったものがあると思われ、この建物からもそれが見てとれる。設計した久野節は堺市生まれで三国丘高校の前身・旧制堺中学校の卒業生。難波の『南海ビル』や東京の『松屋浅草店』など著名な作品が多数ある。この同窓会館を手掛けた年には『旧蒲郡ホテル』も設計しており、多才な人とわかる。南海高野線「堺東駅」下車、東へ約300メートルに物件。

『旧天王貯水池』（国登録有形文化財／

門を開くと天空へ昇る階段がありそうな『旧天王貯水池』の門である

1910、不詳)には西洋の凱旋門を小さくしたような門が土手の上に置かれている。土手の向こうは空しかないので天空への門という感じだが、実際は土手の下にヴォールト天井のレンガ造り貯水槽が10室も隠れているときいた。しかしその入口にしては立派過ぎるような門である。三国丘高等学校前の道のさらに150メートルほど東に物件。

『旧堺燈台』(1877、大眉佐太郎、継国真吉)は『大浜公園』に沿って海に向かうと高速湾岸線の先にある美しい木造灯台。旧時代の灯明台でなく新しい洋式灯台をと堺の人たちの寄付で建設された白亜の灯台は、新時代のシンボルだったに違いない。灯台寮技師のビグルストーンが機器を担当したが、灯台本体は参考図面を頼りに大工棟梁の大眉佐太郎が設計施工を行ったということで、この棟梁の仕事もすばらしい。ちなみに『大浜公園』は、幕末の大阪湾防備のために建設された台場のひとつ、南台場の跡とある。南海本線「堺駅」下車、堅川《たてかわ》を『南蛮橋』で渡り旧堺港方向へ。国道26号線下を抜けると高速湾岸線大浜出入口道路に出る。高速に向かって右側の歩道を約500メートル行くと物件。

『旧ダイセル化学工業本社工場』(旧堺セルロイド／1910、アクステル、茂庄五郎建築事務所)。ダイセルは日本最古のセルロイド製造会社のひとつといわれており、レンガ造り3階建の事務所棟と工場棟が商業施設の赤レンガ館として活用保存されている。装飾が単純化されて派手ではないが端正で好ましい明治のレンガ建築は、新しい大型ショッピングモールに意外に似合う。堺区鉄砲町イオンモール内。南海本線「七道駅」がイオンモールに直結している。

『旧堺燈台』は1877年(明治10)に木造白亜の洋式灯台として完成し堺人の進取の気質を示した

24

なまこ壁、白壁の町並みと明治・大正の近代建築

倉敷

岡山県

なまこ壁の土蔵や白壁の町家、堀の水面に柳並木が映り、失われた日本の町の美しさが残る倉敷美観地区。またそこには明治・大正の近代建築も加わって、旅行者の興味は尽きない。そんな倉敷の建築散歩は倉敷中央通りの阿知南交差点からはじめよう。

伝統的な家並の中で目立つ『大原美術館』本館の玄関部分

美観地区入口で左折するとにぎわいが始まり、その先に堀と柳並木が現れて美観地区の中でもひときわ存在感のある『大原美術館』の本館（1930、薬師寺主計《かずえ》）に着く。

倉敷のランドマークである古典主義様式を採用した本館玄関は、伝統の家並の中では唐突だが倉敷文化の象徴である。この地方の近代を興した「倉敷紡績」の社長・大原孫三郎は、援助していた岡山県出身の画家・児島虎次郎に西洋や中近東、中国の美術収集を託し、またその後継者である子息の總一郎も次世代の現代絵画を集めた。その結果を収蔵展示するのが『大原美術館』で、欧米の近現代美術を展示する本館のほかに日本の近現代美術の分館

見どころの多い木造洋館『倉敷館』（旧倉敷町役場）

（1961、浦辺鎮太郎）、江戸時代の米蔵など7棟を転用して工芸や東洋美術品を展示する工芸・東洋館がある。

美術館入口隣の喫茶店『カフェ・エル・グレコ』（1926、薬師寺主計）は『旧奨農株式会社本社事務所』の建物である。

美術館前の今橋（1926、児島虎次郎）から花崗岩の1枚板でつくられた中橋（1877、設計者不詳）までは堀と柳並木の景色を楽しむ。中橋前の『倉敷館』（1917、不詳）は『旧倉敷町役場』の建物で現在は観光案内所。大正中期の洋館らしい装飾を施した建物を観賞する。東側の出入口は町役場当時の玄関だろう。この建物の辺りは江戸～明治の頃は倉敷川の荷揚場の中心で、当時使われた雁木《がんぎ》（石段）が残っている。対岸の常夜灯（寛政3年とある）は川を行き交う船を導いた川灯台だ。江戸時代の倉敷は代官所が置かれた天領で、今も残る商家蔵屋敷に当時の繁栄を偲ぶことができる。『倉敷館』南隣の『倉敷民藝館』も天領時代の米蔵3棟の転用で、内外の民芸品を集めて1948年（昭和23）に開館している。その先の『日本郷土玩具館』も、江戸時代から現代にいたる郷土玩具の収蔵品を展示するため米蔵を用いている。

高砂橋で対岸に渡り堀沿いに北上、『地酒販売会社土手森』の先を右折して『倉敷アイビースクエア』に向かう。

1614年（慶長19）に備中代官・小堀遠州が大坂冬の陣の兵糧米を倉敷湊から大坂に運ぶために陣屋を構え、以来当地は急速に発展して1642年（寛永19）に代官所が置かれ、以後明治維新までの200年余り、備中美作《みまさか》讃岐《さぬき》天領支配の中枢となった。明治維新後に代官所跡は倉敷県庁、県廃止後の1888年（明治21）には『倉敷紡績所』が創設され、『倉敷紡績倉敷工場』（1889、石河正龍ほか）が建設された。

赤レンガをイギリス積みにした外観、英国式の鋸型屋根、アーチ窓といった現在も残る工場は1945年（昭和20）の日本の敗戦とともに操業を止め、その後、原綿倉庫に『倉紡記念館』（1969、浦辺鎮太郎）、そのほかの跡にホテル、ミュージアムなどの複合施設『倉敷アイビースクエア』（1974、浦辺鎮太郎）が生まれ、以前からあった倉敷紡績の工

倉敷中央病院はこの先です
オーダー家具 FINT
夢空間 はしまや
楠戸家住宅
はしまや呉服店
トラットリア はしまや
町家トラスト

はしまや
呉服商

■歩行距離：約4.1キロ
●起・終点：JR倉敷駅から650メートル、徒歩8分

場付属倉庫跡の『児島虎次郎記念館』（1906、薬師寺主計）とともに現在にいたっている。

旧倉敷紡績倉敷工場事務所の建物（『倉敷アイビースクエア』内）は『オルゴールミュゼ・メタセコイア』として活用保存されている

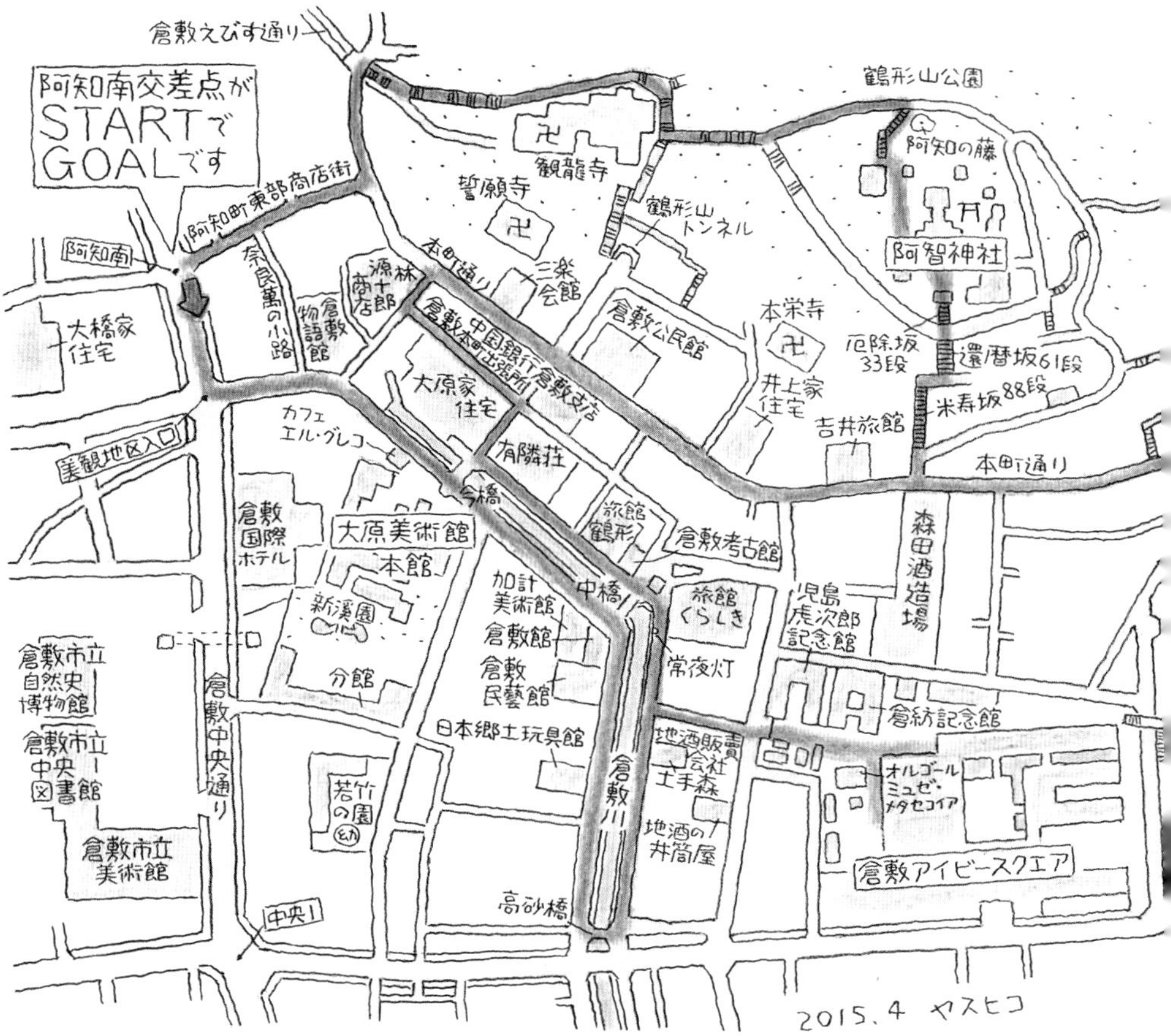

倉敷えびす通り
阿知南交差点がSTARTでGOALです
阿知町東部商店街
阿知南
大橋家住宅
奈良萬の小路
倉敷物語館
林源十郎商店
本町通り
誓願寺
観龍寺
鶴形山公園
阿知の藤
阿智神社
鶴形山トンネル
三楽会館
倉敷公民館
本栄寺
厄除坂33段
還暦坂61段
米寿坂88段
井上家住宅
吉井旅館
本町通り
中国銀行倉敷本町出張所
中国銀行倉敷支店
大原家住宅
有隣荘
カフェエル・グレコ
美観地区入口
今橋
旅館鶴形
倉敷考古館
倉敷国際ホテル
大原美術館
本館
新渓園
分館
加計美術館
倉敷館
倉敷民藝館
中橋
旅館くらしき
常夜灯
児島虎次郎記念館
森田酒造場
倉紡記念館
倉敷市立自然史博物館
倉敷市立中央図書館
倉敷中央通り
日本郷土玩具館
地酒販売会社土手森
倉敷川
オルゴールミュゼ・メタセコイア
若竹の園
幼
地酒の井筒屋
倉敷市立美術館
倉敷アイビースクエア
中央1
高砂橋
2015.4 ヤスヒコ

ちなみに『オルゴールミュゼ・メタセコイア』は『旧倉敷紡績倉敷工場事務所』（１８８９、石河正龍ほか）である。

堀沿いの道に戻ると中橋の際に『倉敷考古館』（１９５７、浦辺鎮太郎改築）があり、倉敷の蔵造りの定番である瓦となまこ目地による〝なまこ壁〟が外壁すべてを覆っている。今橋際の『有隣荘』（１９２８、薬師寺主計ほか／

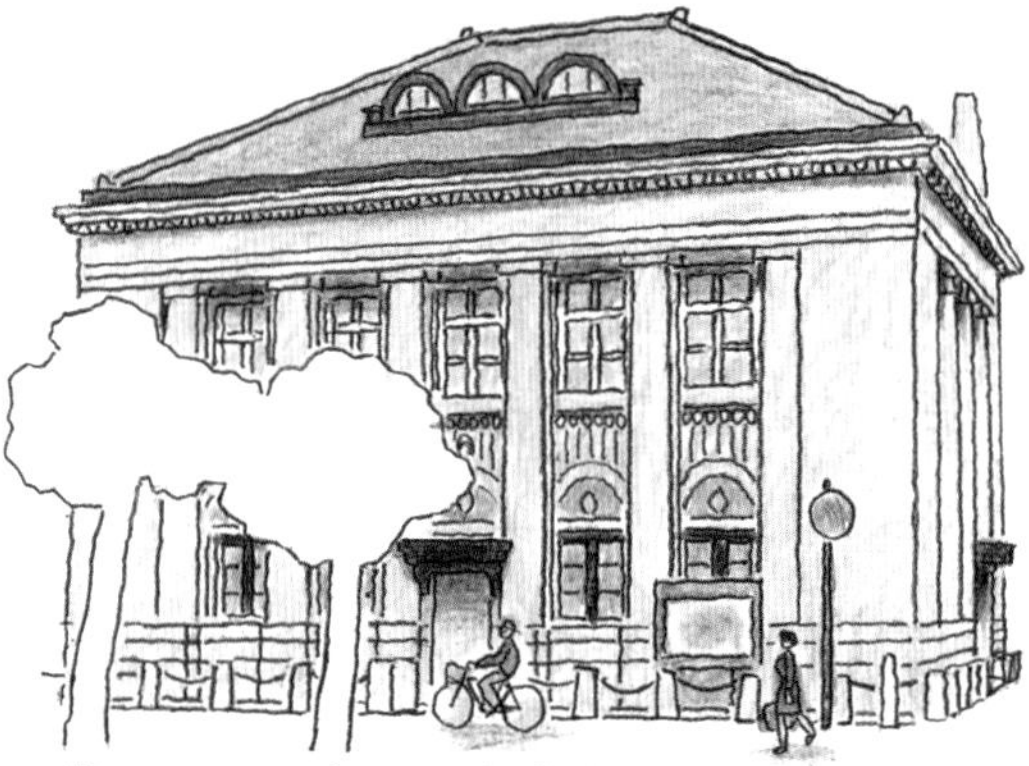

『中国銀行倉敷支店倉敷本町出張所』のステンドグラスが美しい

春・秋に限定公開）は大原孫三郎夫人のための別邸で、塀越しに見える洋館が気になるが非公開だ。

さらにその先の『大原家住宅』（国重要文化財／１７９５築開始）もまことに結構なもので、２０１８年から「語らい座　大原本邸」として一般公開されている。

両邸の間を入り裏道を左折する。この横丁よりさらに細い路地をご当地では〝ひやさい〟と呼ぶそうで、ひやさい＝陽《ひ》浅い＝陽ざしが少ない、すなわち風情ある日陰の路地を愛でる呼び名のように思った。その〝ひやさい〟の一筋を抜けて本町通りに出て右折、堀沿いとはまた別の倉敷らしい界隈を行く。するとすぐに『三楽会館』（１９０２、不詳）の木造2階建下見板張白ペンキ塗りの存在感充分な建物があり、これが『旧倉敷郵便局』だ。その先の四つ辻は北角が『倉敷公民館』（１９６９、浦辺鎮太郎）、南角の『中国銀行倉敷支店倉敷本町出張所』（旧第一合同銀行倉敷支店／１９２２、薬師寺主計）は3連の屋根窓と1階のステンドグラスが特徴で、室内も昔の銀行らしい造りなのが懐かしい。

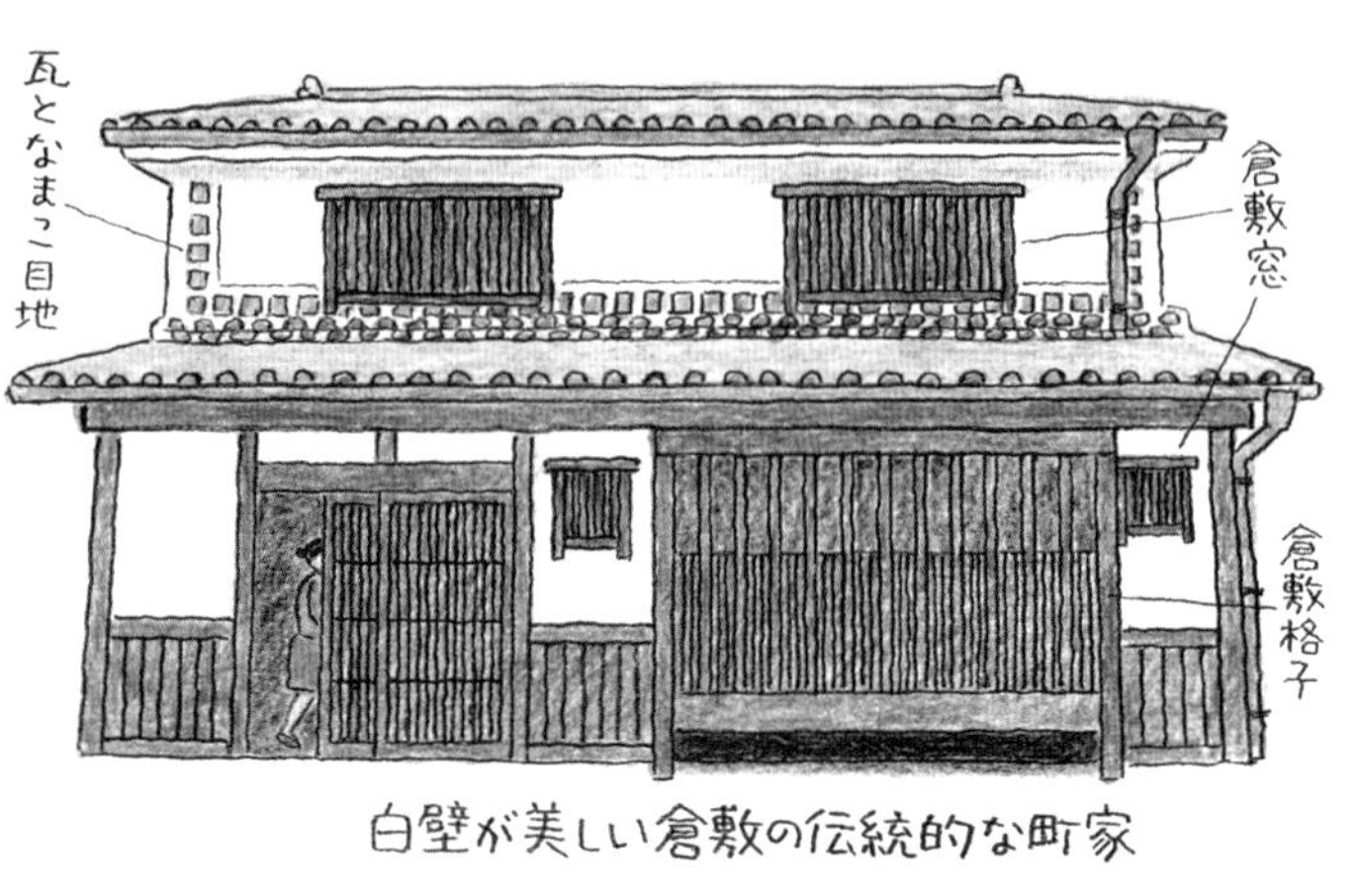

白壁が美しい倉敷の伝統的な町家

本町通りをさらに行くと倉敷の町家の典型がわかってくる。それは白漆喰《しっくい》壁に腰板張、要所に瓦となまこ目地、イラストのような倉敷窓、各たて子の間に短いたて子が3本入る倉敷格子といったもので、伝統的な町家はどのお宅でもこの様式で統一されて心地よい。こんな町が故郷だったら、いいなぁと思う。

ガス灯が今も残る『はしまや呉服店』（楠戸家住宅／1869）の先で引返し『町家トラスト』の角を北へ向かう。地図では圏外になるが、この道を10分ほど行くと『倉敷中央病院』があり、そこに大正時代の建物3棟がある。東から『倉敷中央看護専門学校』（旧倉紡中央病院附属看護婦養成所／1926、武内潔真・隅田京太郎・薬師寺主計）、次が『倉敷中央病院リハビリ病棟』（旧倉紡中央病院事務所棟／1923、武内潔真・隅田京太郎・薬師寺主計）、西端が『倉敷中央病院美和保育園』（旧倉紡中央病院外来棟／1923、武内潔真・隅田京太郎・薬師寺主計）とあり、どれも意欲的で見ごたえのある建物なので、樹木のせいで見づらいが工夫して見てしまおう。1923年の2棟は大正モダンのおもしろさで、これと比べると1926年のほうはずっと新しく現代建築に近い。

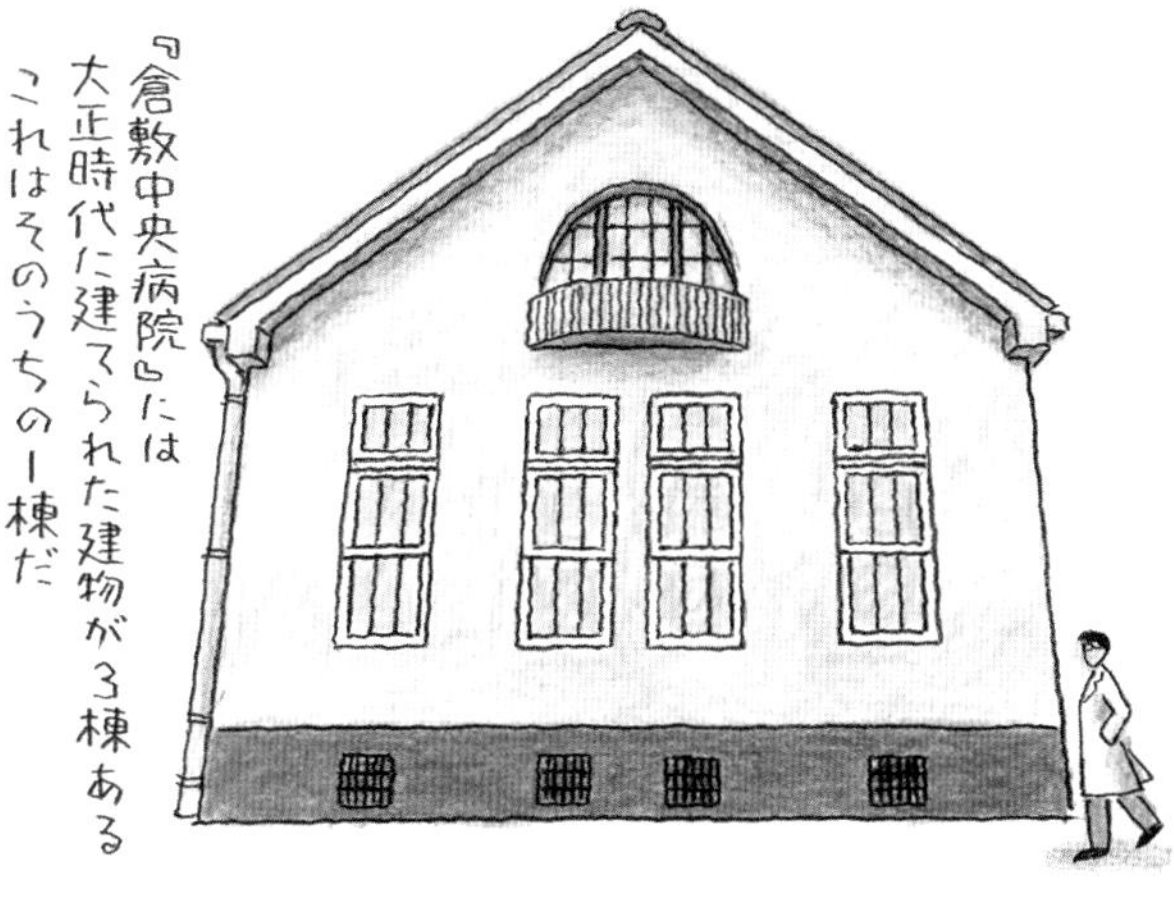
『倉敷中央病院』には
大正時代に建てられた建物が3棟ある
これはそのうちの1棟だ

わずか3年の違いで同じ設計スタッフなのにこのように変わったのだと思って、離れたところから改めて3棟を眺めた。

同じ道を戻って再び本町通りへ。『森田酒造場』の前から参道の石段を上り、鶴形山の山頂に鎮座する倉敷の産土神《うぶすながみ》、総鎮守『阿智神社』に参拝、境内から倉敷美観地区の甍《いらか》の広がりを見る。境内にある神仙蓬莱思想や陰陽思想に関連するという磐座《いわくら》、磐境《いわさか》つまり石組を見た後、北側の石段を下って花の時季なら有名な天然記念物「阿知の藤」（アケボノフジ）を観賞し、西参道を下ると倉敷えびす通りと本町通りの合流点に着く。

これより倉敷えびす通りを北へ向かえばJR倉敷駅へ約10分。もう一度見たいものがあるとか買物をしたいという人は本町通りや堀沿いの界隈へ。やはりスタート地点に戻って一周歩きを完成させたいという人は阿知南交差点へ向かおう。

25

水の都の歴史を辿り時代を超える建築散歩

松江

島根県

藩政時代の天守（国宝）を保有する『松江城』や茶人大名として有名な不昧公《ふまいこう》に象徴される茶道文化、そしてまた宍道《しんじ》湖や市内を縦横に走る水路から水の都といわれる松江は、旅する者にとってもまことに味わい深い歴史の町だ。さっそく、天神町交差点から今回の建築散歩を始めることにしよう。

『福村嘉十郎商店』は目立つ場所にある目立つ建物だ

スタートして最初の物件は、すぐ次の交差点にある『福村嘉十郎商店』（築年設計者不詳）の建物だ。市内でも特に繁華な交差点の角にあり、道路のカーブに建物の曲面が沿っていて、そこに昭和初期モダンが見え、目立つ場所にある目立つ建物である。またその先の『出雲ビル』（1925、大森茂）も、町の風景として長く親しまれたに違いない建物で、内装のタイルや階段の手すり、玄関欄間裏側の製菓会社の鏡にいたるまでが歴史を物語る。屋上にドームがのっているのは後で気付いた。

宍道湖大橋がない頃は松江のシンボルだったという松江大橋を、宍道湖大橋を眺めつつ渡る。すぐに右に曲がって大橋川沿いの柳並木道を行く。明治23年に松江に赴任してきた小泉八雲が最初に宿泊した宿『富田旅館跡』の碑を過ぎ、その先の『objects』とある建物の角を曲がると、『トラヤ洋品店』（1932、成田光次郎）がある。昭和初

『トラヤ洋品店』のコーナー部分を丹念に観賞しよう

期モダンの特徴が色濃く感じられる建物で、コーナー部分のステンドグラスと8コマに分かれたレリーフが印象的だ。貿易商社の社屋として建てられたということで、それらしい凝ったつくりの細部を鑑賞する。一軒おいた東隣に総うだつ（防火壁）の立派な建物があり、この界隈《かいわい》は昔は松江のビジネスの中心にちがいないと思った。

西へ向かい、京橋への道に入ると『かげやま呉服店』（1903、設計者不詳）がある。土蔵造り2階建てのこの建物が『第三国立銀行松江支店』として建設されたと聞くと意外に思うが、

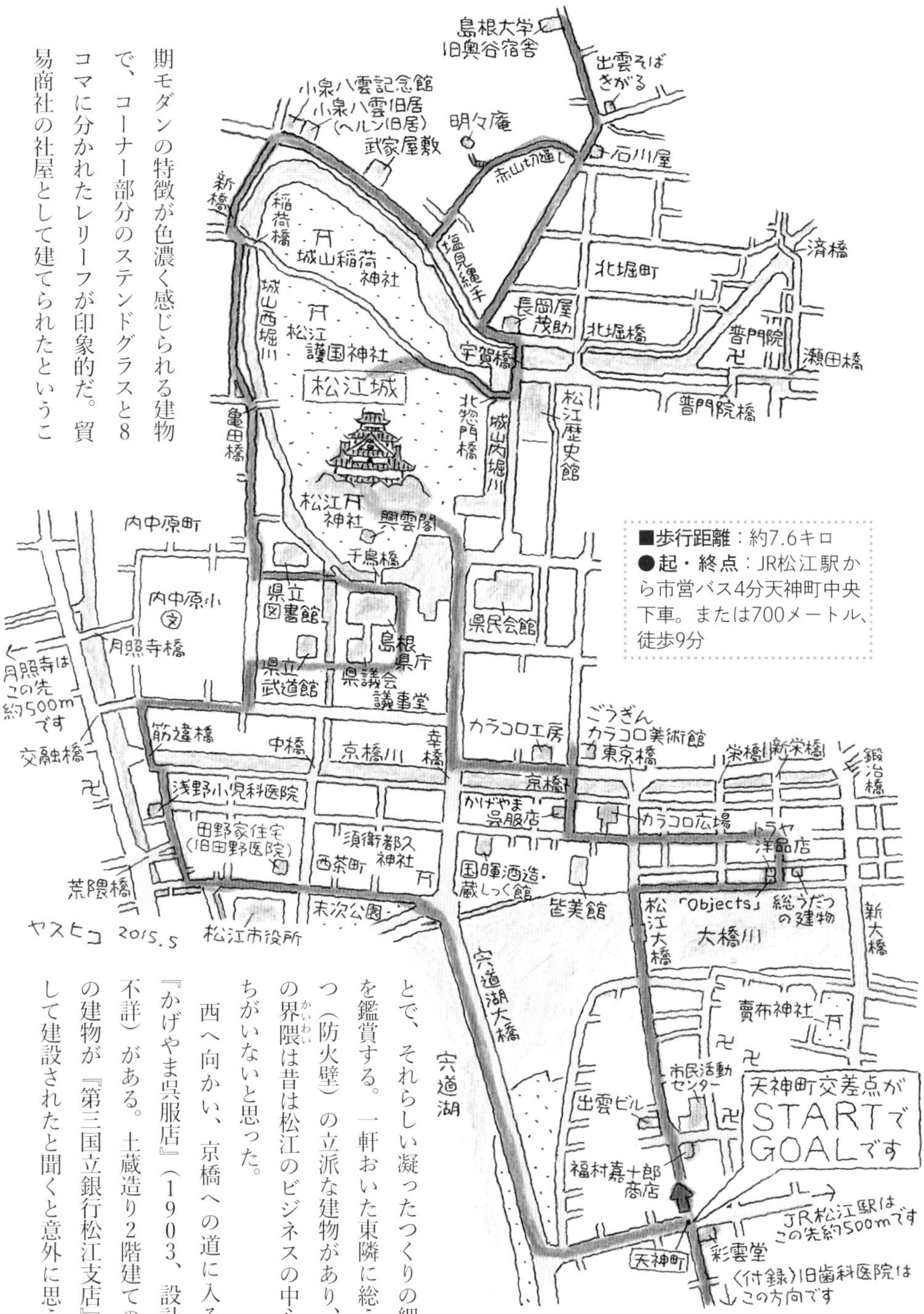

島根大学
旧奥谷宿舎
出雲そば
きがる
小泉八雲記念館
小泉八雲旧居
(ヘルン旧居)
明々庵
武家屋敷
石川屋
赤山切通し
新橋
稲荷橋
城山稲荷神社
塩見縄手
済橋
北堀町
城山西堀川
松江護国神社
長岡屋茂助
北堀橋
普門院
宇賀橋
瀬田橋
松江城
普門院橋
亀田橋
北惣門橋
城山内堀川
松江歴史館
松江神社
興雲閣
内中原町
千鳥橋
内中原小
県立図書館
県民会館
島根県庁
月照寺橋
月照寺はこの先約500mです
県立武道館
県議会議事堂
交融橋
筋違橋
中橋
京橋川
幸橋
カラコロ工房
ごうぎんカラコロ美術館
東京橋
栄橋
新栄橋
鍛冶橋
京橋
浅野小児科医院
かげやま呉服店
カラコロ広場
トラヤ洋品店
田野家住宅
(旧田野医院)
須衛都久神社
西茶町
国暉酒造・蔵しっく館
皆美館
「Objects」
総うだつの建物
荒隈橋
末次公園
松江大橋
大橋川
新大橋
ヤスヒコ 2015.5
松江市役所
宍道湖大橋
賣布神社
宍道湖
市民活動センター
天神町交差点がSTARTでGOALです
出雲ビル
福村嘉十郎商店
JR松江駅はこの先約500mです
天神町
彩雲堂
〈付録〉旧歯科医院はこの方向です

■**歩行距離**：約7.6キロ
●**起・終点**：JR松江駅から市営バス4分天神町中央下車。または700メートル、徒歩9分

明治の銀行の土蔵造りは珍しくないのだ。店舗部分に銀行の面影はないが、鬼瓦《おにがわら》や2階窓の防火扉は昔のままに違いない。そして京橋を渡ると『カラコロ工房』（旧日本銀行松江支店／1938、日本銀行管理部、長野宇平治）と『ごうぎんカラコロ美術館』（旧八束銀行本店／1926、鴻池組）の昭和戦前までの銀行らしい建築に出合う。古典主義様式を徹底研究した長野は辰野金吾以後、各地の日銀支店を多数手がけてその成果を世に遺したといわれ、前者もそのひとつだ。ともに公開の建物なので、この時代の銀行建築の内部も見ることができる。

旧日本銀行松江支店の『カラコロ工房』

『松江城』（国史跡／1611）に向かい、まず二之丸跡の『興雲閣』（1903、設計者不詳）へ。案内によると、この建物は明治天皇行幸時の行《あん》在所《ざいしょ》とすべく建設された擬洋風建築となっているが、初めて見たときに余りに装飾過剰なので驚いたのを思い出す。明治36年という時代にはすでにこのような擬洋風建築は造られなくなっており、本格的洋風建築が日本人建築家の手で多数建設されている時に、どうしてこういう建物がと不思議に思う。

『松江神社』は徳川家康、松江藩初代藩主・堀尾吉晴、出雲松江藩初代藩主・松平直政、7代藩主・松平治郷《はるさと》（不昧公）を祭神とする神社なのだが、参拝の前に手水舎を見てはっとした。簡素なつくりなのに手水舎には珍しい形が美しく、手水舎の由緒書（これも珍しいが）には大工棟梁《とうりょう》・渡辺加兵ヱ門、藤原好真、寛永16年（1639）築とある。細部ではれんが代わりの彫石が、風化は激しいけれど見どころだと思った。

『松江神社 手水舎』の優美な姿

『松江城』の天守は全国に現存する12天守のひとつで以前は国宝、1950年に重要文化財に改められたが、2015年に再び国宝となった。4重5階の独立天守で白壁が少なく、木造部分が黒塗りなので、簡素で実用的な城という印象を与える。

城を出たら北惣門橋から北へ向かい、奥谷町の『島根大学旧奥谷宿舎』（旧制松江高等学校外国人宿舎／1924、設計者不詳）へ。1階が下見板張り、2階モルタル仕上げの洋風建築で、地元の来待石《きまちいし》も使われている。大正、昭和初期に和風住宅に一間だけ付属して建てられる洋風建築が流行したが、この建物はそれと似ていると思った。来た道を戻り、石川屋の先で赤山切通しへ入り、『明々《めいめい》庵《あん》』（松平治郷、1778）へ向かう。この茶室は茶人で有名な出雲松江藩7代藩主・松平治郷すなわち不昧公の好みで家老の有澤家本邸（現殿町）に建てられた。茶室は二畳台目、それに四畳半と水屋、台所という建物だが不昧公の好みが強く、炉は「向切り」という形式、そのほか定石にこだわらない設計とある。建物は有澤家本邸から松江市赤山下、東京・原宿、東京・四谷、再び松江市有澤山荘内の萩の台、そして現在地と何度も移築されており、例えば東京では瓦葺屋根だった由。おもしろいと思ったのは腰掛待合（不昧公とは由縁のない建物と思うが）の飾雪《かざりせっ》隠《ちん》、つまり使えないトイレというもの。茶人の洒落《しゃれ》なのだろうか。

外国人教師の宿舎になっていた『島根大学旧奥谷宿舎』

堀端に出ると、その辺りは塩見縄手という武家屋敷が並ぶ界隈で、その屋敷のひとつで地名の由来になった塩見家が住んでいた建物が公開されている。1733年（享保18）の大火で焼失した後に再建されたとあり、当時の藩士が住んだ武家屋敷の基準を備えている由。その先に『小泉八雲旧居』（ヘルン旧居／国史跡）、『小泉八雲記念館』があり、それから『松江城』の西側を堀沿いに行く道をたどる。

不昧公ゆかりの茶室『明々庵』

城の南側へまわって『県立図書館』（1968、菊竹清訓建築設計事務

『浅野小児科医院』は古典主義様式の見どころがいっぱい

所）の前を通り、木造の千鳥橋にいたる辺りはまことに趣がある。『島根県庁』（1968、安田臣《たかし》）から『県立武道館』（1970、菊竹清訓建築設計事務所）を経て、これも木造の筋違橋《すじかいばし》へ。この辺りは水の都・松江歩きのハイライトに違いない。散歩コースから外れるが、月照寺橋から西へ向かうと『松江藩主松平家墓所』（国史跡）の『月照寺』へ立ち寄ることができる。初代・直政と7代・治郷の廟門の彫刻は見事で県指定文化財、6代・宗衍《むねのぶ》の墓所にある来待石の大亀は小泉八雲の『日本瞥見記』でおもしろく紹介されている。

『浅野小児科医院』（1912、設計者不詳）は建設当時の松江では珍しい西洋館だったとある。正面に4本の1・2階通しの付け柱、玄関ポーチはバルコニー付きで3本1組の円柱が左右にと、古典主義様式が見事な洋風建築だ。上下窓も整然として建設当時のままとあり、しばし見とれてしまう。松江市役所へと向かう通りを東へ進むと、左手に『田野家住宅』（旧田野医院／設計者不詳、1871）が見える。土蔵造りにアーチ窓が並ぶ様子はこれこそ明治初期の擬洋風というべきもので、近代建築史の1ページをここに見る。

湖を渡る風に吹かれて宍道湖大橋を過ぎると天神町交差点で建築散歩はゴールとなるが、付録として地図から外れる建物をひとつ紹介する。それがイラストにある『旧歯科医院』（築年設計者不詳）で、木造2階建て下見板張り。サッシ窓は当初は上下窓だったと思われ、玄関のむくり破風が洋風によく合う。そして欄間の朝日模様こそこの建物の肝に違いないと思った。幸町交差点から県道24号を南へ200メートル。西へ小路を入ると右側にある。

玄関欄間の朝日模様が幸町の『旧歯科医院』の肝だ

26

かつての軍港都市に残る明治のレンガ建築

呉

広島県

明治政府が横浜の東海鎮守府《ちんじゅふ》（旧海軍基地）に次ぐ第二海軍区鎮守府を呉に開庁したのは1889年（明治22）のこと。防禦に優れた瀬戸内海に日本最大の造船所を設け軍艦を国産するのが目的で、こうして呉鎮守府造船部と兵務部が生まれた。瀬戸内の平凡な港だった呉浦は海辺に鎮守府、埋めた水田跡に市街地が計画され、軍港都市・呉の歴史がはじまった。その後、鎮守府造船部は海軍造船廠《しょう》に改組され、造船廠を設立。1903年（明治36）には造船廠と造兵廠が合併して呉海軍工廠が設立された。

この建築散歩は市街地をスタートし、戦艦大和を建造したドックなど巨大造船施設が並ぶ地帯を通り、かつて東洋一の巨大工場群といわれ、明治のレンガ建築も多数残る海軍工廠跡へのコースを辿る。

JR呉駅前を出発して呉線のガードをくぐると赤く派手な建物に目が止まる。一見して昭和初期モダンと感じられる建物は『旧海上自衛隊呉集会所（青山クラブ）』（旧呉海軍下士官兵集会所／1936）で、集会所がこの大きさとあれば呉鎮守府の規模も察しがつく。

建物に沿って角を曲がるとブラスバンドのマーチが聴こえ、中を覗くと演奏が行われているので暫く聴き入った。入口には『海上自衛隊呉音楽隊』とある。「軍艦マーチ」の次は「川の流れのように」で、なかなかの演奏だった（桜松館／現在、音楽隊は移転）。

並木道の突き当り左角の明治調の門柱に『呉市入船山記念館』とあるので入るとすぐに時計台があり、これが『旧呉海軍工廠搭時計』（1921）で旧呉海軍工廠造機部事務所棟の屋根にのっていた日本最古の電動親子式衝動時計とある。

旧呉海軍下士官兵集会所「青山クラブ」の建物は現在は市で活用検討中

その先には移築された木造白ペンキ塗りの『旧番兵塔』があり、見張りの兵士が立つ足の位置がすりへってくぼみ、昨夜の雨水が足型に溜まっていた。
　さらにその先に『旧高烏《たかがらす》砲台火薬庫』（１９０２）の石造建築があり、警《け》固《ご》屋《や》の高烏砲台からの移築とある。火薬庫なら当然かと思うが、実に頑丈そうな建物で、左右側面の基礎を見るとアーチ形の開口部があり、反対側まで見通すことができるこの構造は何のためかと考えたが不明だ。

『呉市入船山記念館』

■歩行距離：約4.6キロ
●起点：JR呉駅下車
●終点：日鉄日新製鋼前から広島電鉄バス14分、呉駅前下車

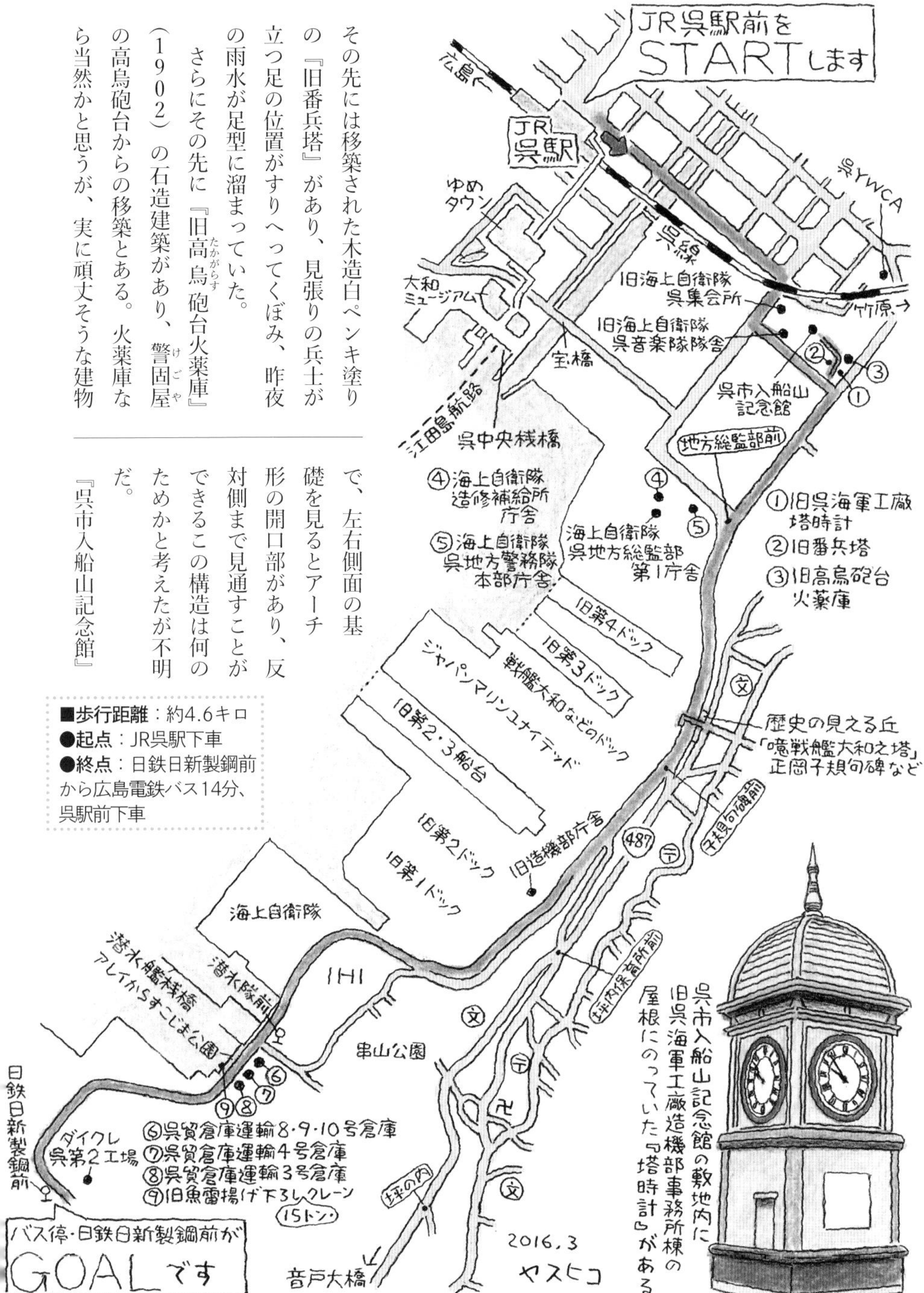

JR呉駅前をSTARTします
広島←
JR呉駅
ゆめタウン
呉線
呉YWCA
大和ミュージアム
宝橋
江田島航路
呉中央桟橋
旧海上自衛隊呉集会所
旧海上自衛隊呉音楽隊隊舎
竹原→
呉市入船山記念館
地方総監部前
④海上自衛隊造修補給所庁舎
⑤海上自衛隊呉地方警務隊本部庁舎
海上自衛隊呉地方総監部第1庁舎
①旧呉海軍工廠塔時計
②旧番兵塔
③旧高烏砲台火薬庫
旧第4ドック
旧第3ドック
戦艦大和などのドック
ジャパンマリンユナイテッド
旧第2・3船台
歴史の見える丘
「噫戦艦大和之塔」
正岡子規句碑など
子規句碑前
487
旧第2ドック
旧第1ドック
旧造機部庁舎
海上自衛隊
IHI
潜水艦桟橋
アレイからすこじま公園
潜水隊前
串山公園
坪内保育所前
呉市入船山記念館の敷地内に旧呉海軍工廠造機部事務所棟の屋根にのっていた『塔時計』がある
⑥呉貿倉庫運輸8・9・10号倉庫
⑦呉貿倉庫運輸4号倉庫
⑧呉貿倉庫運輸3号倉庫
⑨旧魚雷揚げ下ろしクレーン（15トン）
ダイクレ呉第2工場
日鉄日新製鋼前
坪の内
音戸大橋
2016.3
ヤスヒコ
バス停・日鉄日新製鋼前がGOALです

呉市入船山記念館の敷地内にある
いかにも頑丈そうな石造建築は
『旧高烏砲台火薬庫』だ

(旧呉鎮守府司令長官官舎／1905、桜井小太郎設計)は、和館と洋館からなる建物で、明治の鎮守府開庁でこの地には木造2階建ての「軍政会議所兼水交社」が建てられたが1905年の芸予地震で倒壊。現在の建物は当時の鎮守府経理部建築科長であった桜井小太郎の設計で再建されたものだ。すっきりしたハーフティンバーの外観だが、内部の豪華さには驚く。金唐革紙《きんからかわし》張りの壁面や格《ごう》天井、模様ガラスやステンドグラスなどが平成時代の解体修復によって建設時の姿に復元されたとあり、国指定の重要文化財だ。

グラウンド沿いの道を南へ向かうと、「地方総監部前」交差点から先の海側が海上自衛隊の敷地で、普段、一般人は入れないため門から覗くと、正面に写真で見知った『海上自衛隊呉地方総監部第1庁舎』(旧呉鎮守府庁舎／1907、桜井小太郎)の姿がある。御影石による古典主義様式の玄関車寄せと赤レンガの躯体は旧海軍の威風を今に伝えるものだ。反対側には艦艇で海から訪れたときの玄関があり、つまり両側に正面があるわけ。第1庁舎のほかにも明治のレンガ造り庁合が何棟かあってレンガ建築マニアにはたまらない場所だが、公開日(通常、毎週日曜日)以外は参観できない。

海上自衛隊敷地のフェンス沿いに進むと海側にドックがいくつも見えてくる。旧海軍工廠造船部の施設が戦後民間企業の事業所に代わっても、造船日本を一望にするこの光景は凄い眺めだ。都合よく歩道橋があるので上ってみると、ここが

『呉市入船山記念館』は旧呉鎮守府司令長官官舎で
1905年(明治38)に桜井小太郎の設計で完成した

この端正なレンガの建物は『呉貿倉庫運輸4号倉庫』である

最高の展望台で、大屋根が目立つのが戦艦大和の建造ドックとすぐにわかる。この歩道橋を山側に渡ったところが「歴史の見える丘」で、「噫《ああ》戦艦大和之塔」、「造船ドック記念碑」、正岡子規の句碑「呉かあらぬ春の裾山灯をともす」、そのほか展望案内図などがあるので休憩向きの場所だ。

ドック側に戻って南へ。海側は造船施設から再び海上自衛隊施設となり、「潜水隊前」バス停を過ぎると停泊中の潜水艦が間近に見える。「潜水艦桟橋」とある桟橋入口の石柱も旧海軍時代のものと思われる古さだ。この辺りから岸壁沿いが小公園になっており、看板に「アレイからすこじま」とある。この辺りに〝からすこじま〟という周囲40メートルほどの小島があったが埋立てで消滅したとのこと。そしてこの一帯が広く呉海軍工廠の跡地と説明がある。たしかに小公園の山側は明治生まれと思われるレンガ造りの倉庫や工場が並ぶ特別な風景である。イラストの『呉貿倉庫運輸4号倉庫』（現・澎湃《ほうはい》館、旧海軍造兵廠予備艦隊兵器庫・預兵器庫／1900）、『呉貿倉庫運輸3号倉庫』（旧海軍造兵廠製品置場・大砲庫および魚形水雷調整室／1899）のほかにも同じ企業の『8、10号倉庫』（旧海軍造兵廠弾丸庫雑器庫・魚形水雷庫）のレンガ造り3連棟（9号倉庫もある）があり、海側には『旧魚雷揚げ下ろし15トン・クレーン』（1895、英国製）が現場保存されており、どれもかつてここに海軍工廠があったことを物語る。

付近の倉庫群の中で異彩を放つこの建物は『呉貿倉庫運輸3号倉庫』だ

道なりに進むと旧海軍工廠跡地は続き、そこで最も見応えのあるレンガ造り工場建築に出合った。それが『ダイクレ呉第2工場』（旧海軍造兵部第9工場／1903）で、工場とは思えない立派な建物だ。築100年以上経つので風化も相当あり、改築増築で痛ましく見えたが、原型は留めていてしばらく見とれた。しかも規模が大きく奥行きは遠くかすむほどなので、海軍工廠の規模の大きさが偲ばれる。この工場の門前の「日鉄日新製鋼前」バス停で散歩のゴールとした。

特別付録として、呉の対岸・江田《えた》島《じま》の建物を紹介する。江田島といえば年配の方なら旧海軍兵学校の地とわかるだろう。「江田島の棒倒し」は有名な兵学校の行事だった。その江田島旧海軍兵学校跡地が今は『海上自衛隊第1術科学校』と『海上自衛隊幹部候補生学校』の地になっている。そこで見るべきは『海上自衛隊幹部候補生学校』校舎（旧海軍兵学校生徒館／1893、ジョン・ダイアック）。海軍兵学校の権威や格調が強調されているが、溌剌とした若さや明るさもよく表現されている快い建物で、中庭に面した柱廊が見どころだ。ほかに『大講堂』（1917）、『教育参考館』（1936）、『水交館』（旧水交社／1888）といった建物があるが、すべて海上自衛隊の施設なので定時見学ツアーに参加するほかない。見学所要時間は約1時間30分。1日3～4回のツアーがある（海上自衛隊第1術科学校の公式ウェブページを参照）。

江田島は広島や呉と航路でつながる。江田島・小用港へは呉港中央桟橋からフェリー（約20分）と高速船（約10分）がある。小用桟橋と海上自衛隊施設の間は市営バス（約10分）が運行している。

『ダイクレ呉第2工場』には
工場には見えない このように立派な建物が並ぶ

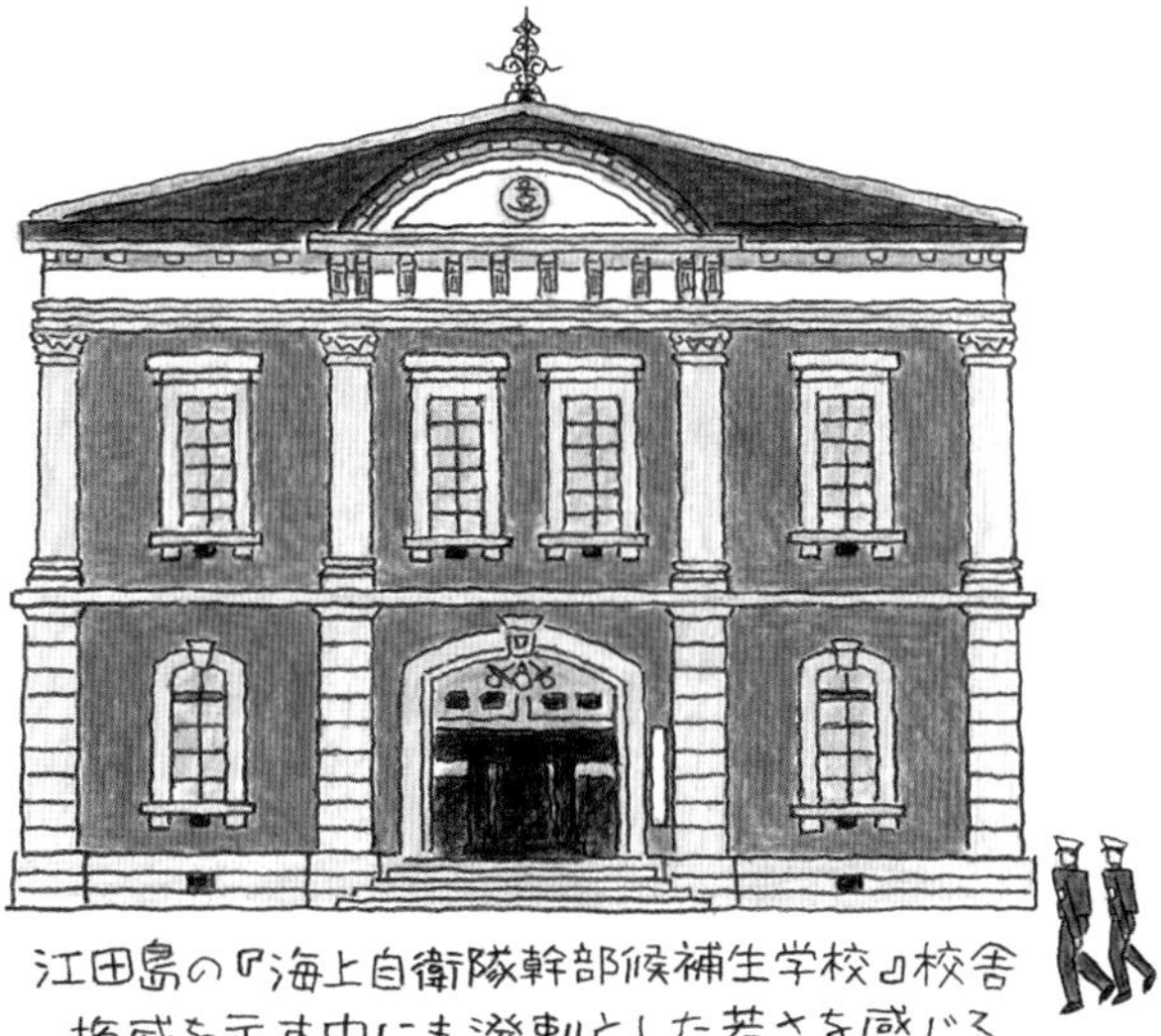

江田島の『海上自衛隊幹部候補生学校』校舎
権威を示す中にも溌剌とした若さを感じる

27

城下町、湯の町の時代を巡る建築散歩

松山

愛媛県

路面電車がのんびりと走り、山の上に『松山城』の天守閣を望む。本館が重要文化財に指定された道後温泉は大人気だ。伊予松山はのどかで優しい土地柄なので建築散歩も急がず穏やかに、県庁前停留所をスタートしよう。

まずは目の前の『愛媛県庁本館』（1929、木子《きご》七郎）である。緑のドームに国旗と県旗がひるがえる県庁本館は左右対称でウイングを広げたところに権威を感じるが、装飾は目立たずもの静かで土地柄に合った建物だと思う。正門脇に伊予柑が実っていて、気分も和む。

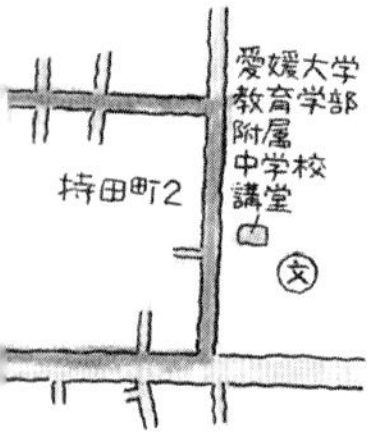

電車通りを東へ向かい初めの角を左折すると、正面が『萬翠荘《ばんすいそう》』（1922、木子七郎）の門だ。脇の管理人舎も同時に建てられたと聞いて、なるほどと思う。坂道を上っていくと、旧松山藩主の久松伯爵家16代当主・久松定謨《さだこと》の別邸であった『萬翠荘』に至る。定謨は陸軍駐在武官として赴任したフランスでの生活が長かったので現地の建築に基づく設計を望み、この建物が生まれたとある。そのフランス式外観もすばらしいが、さらに感心するのは内部で、白をベースにしたゲストルームのフランス調の華やかさだ。要所に設けられたステンドグラスや大理石のマントルピースを含めて、このあたりが見どころだ。

設計者の木子七郎は宮大工の家系の四男として京都で生まれ、東京帝国大学工科大学建築学科を卒業して大林組に入り、後に大阪に建築事務所を設け関西を中心に仕事をした。松山出身の実業家・新田長次郎の娘婿となった縁で『萬翠荘』のほかに松山では先に見た『愛媛県庁本館』、後で紹介する三津の『石崎汽船本社』などがあり、そのほかに『関西日仏学館』（京都）や日本各地の赤十字病院

美しいドームが目立つ『愛媛県庁本館』

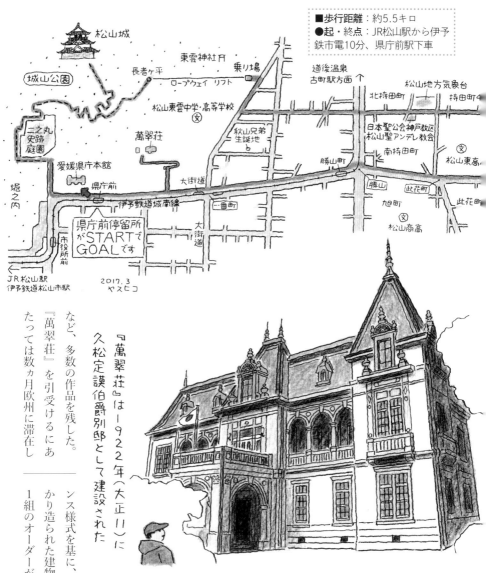

■**歩行距離**：約5.5キロ
●**起・終点**：JR松山駅から伊予鉄市電10分、県庁前駅下車

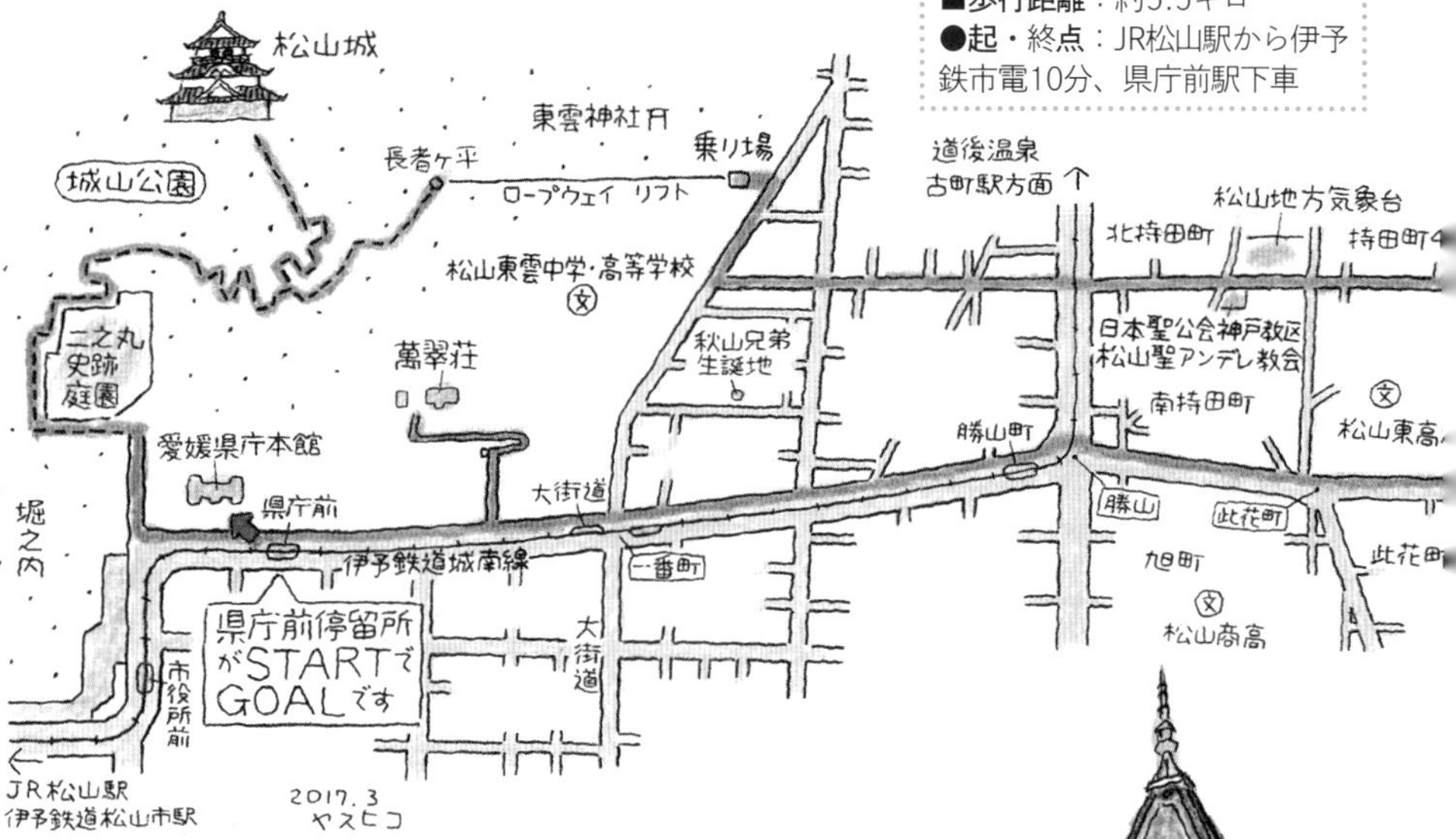
松山城
東雲神社
長者ケ平
乗り場
ロープウェイ リフト
城山公園
道後温泉
古町駅方面
松山地方気象台
北持田町
持田町4
松山東雲中学・高等学校
二之丸史跡庭園
萬翠荘
秋山兄弟生誕地
日本聖公会神戸教区松山聖アンデレ教会
南持田町
松山東高
愛媛県庁本館
勝山町
大街道
県庁前
勝山
此花町
堀之内
伊予鉄道城南線
一番町
旭町
此花町
松山商高
県庁前停留所がSTARTでGOALです
大街道
市役所前
JR松山駅
伊予鉄道松山市駅
2017.3
ヤスヒコ

『萬翠荘』は1922年（大正11）に久松定謨伯爵別邸として建設された

など、多数の作品を残した。『萬翠荘』を引受けるにあたっては数ヵ月欧州に滞在して構想を練り、調達するものも一級品ばかり選んだとのこと。ちなみに、床下通気孔グリルにまで久松家の紋が美しくデザインされているのに感心した。

電車通りを東へ向かい、勝山交差点も直進して『松山東高校』の先で左折すると、右側に『愛媛大学教育学部附属中学校講堂』（1922、不詳）が見つかる。この建物は『旧制松山高等学校』の講堂として建設されたもので、ルネサンス様式を基に、ひたすら真面目にしっかり造られた建物だ。玄関ポーチの3本1組のオーダーが美しい。手入れがよい

一般の倉庫とちがう何かを感じてしまう
『萬翠荘』の倉庫

ので100年近く昔の建物とは思えない。こうして建築を見て回るのは気楽なものだが建物の保守は手間も費用も並大抵ではなかろうと、いつも考えてしまう。

講堂前の道を北へ向かい、次の丁字路を左折してしばらく行くと右に『松山地方気象台』（1928、愛媛県技師・戸村秀雄）が現れる。この建物は当初、「愛媛県立松山測候所」として建設され、1938年（昭和13）に国営に移管されたとある。正面に立つと何よりも目立つのは中央上部のメダリオンだが、唐突な感じもするので掲示されている古写真を見たら円形部分が当初は時計だったとわかり納得した。右側の屋根にはドーマーがあったようだ。中央シンボル部分のバルコニーや窓、玄関車寄せあたりに設計者のセンスがうかがえる。全国的に測候所や気象台というのは、役所の建物としてはおもしろいものが多いように思う。

気象台の斜め向かいに『日本聖公会神戸教区松山聖アンデレ教会礼拝堂』（1933、不詳）のレンガ造りの小さい姿がある。礼拝堂というと平面積が小さくても天井を高くして急勾配の屋根と

左右対称の堂々とした正面を見せる
『愛媛大学教育学部附属中学校講堂』

いう例が多いのだが、こちらは屋根が低くその代わりに外壁にバットレス（控え壁）が狭い間隔でたくさん並び、これが珍しくて特徴的だ。何にしても手づくりのようなレンガの小礼拝堂は優しく温かく好ましいと思った。

1928年（昭和3）に愛媛県立松山測候所として建設された『松山地方気象台』

礼拝堂から西へと直進してつき当たったら右へ行くと城山へ上るロープウェイ乗り場に至る。同じ料金で並行するリフトも利用できるので、どちらかで長者ケ平へ。そこから徒歩で『松山城』に入って天守に向かう。『戸無門《となしもん》』（石垣にもたれた形の門で、1800年に建替えられているが初めから門扉がなかったという意味不明な門）や『隠《かくれ》門《もん》』（正門である筒井門の奥の石垣の陰に隠れている戦術的な門。両門は続櫓で結ばれており、慶長年間＝1596～1615の建設と推定される）を経て天守（嘉永年間＝1848～54の再建）に至る。『松山城』は加藤嘉明が1602年（慶長7）から築城を始めた平山城で1627年（寛永4）頃完成。当初の天守は5層の壮大なものとか。その後、城主は蒲生氏、松平（久松）氏と替わり、松平氏は明治維新まで16代続いた。現在の天守は全国に現存する12天守のひとつで、日本城郭建築史上最後の時期に建設された後期層塔式とある。天守以下21棟が重要文化財。

城を後に、下山は黒門口登城道を歩いて下る。山道だから慎重に下り約15分で『二之丸史跡庭園』（1992年開園）へ。『松山城二之丸』は城の防備施設であるとともに政庁と藩主の二之丸邸があったが、1872年（明治5）に火災で焼失。その邸跡がかつての間取りを表現した史跡庭園となっている。庭園を過ぎると県庁前停留所が近く、ここで散歩もゴールとなるのだが、付録物件を紹介する。

『日本聖公会神戸教区松山聖アンデレ教会礼拝堂』は独特な姿形のレンガ建築だ

松山といえば道後温泉、そのシンボルはもちろん『道後温泉本館』

（1894、不詳）で、本陣風といわれる大型木造3層楼に振鷺閣《しんろかく》（太鼓楼）という塔屋がつき、さらにその上にいるトリは、1羽のシラサギが傷をいやしたことにより温泉が発見されたという開湯伝説に基づくシラサギだ。そしてシラサギが北を向いているのは、かつては正面入口が北側にあったことに由来する。そういわれて北側に回ると1階に立派な唐《から》破風《はふ》が3つ並んでいて、これは江戸時代に初代伊予松山藩主・松平定行公が身分ごとに浴槽を一ノ湯、二ノ湯、三ノ湯と分けたことに由来するのではと思うがどうか。東側へ回ると一転して千鳥破風、唐破風が重なるような格式張った造りとなり、こちらは皇室専用浴室「又新殿《ゆうしんでん》」である。本館内部を知るには入浴や休憩をしたりするほか、観覧料で見ることも可能だ（2023年まで保存修理工事のため一部営業休止）。伊予鉄道市内線道後温泉行に乗り、終点で下車、徒歩5分。

三津浜港はかつて城下町松山の海の玄関だった。1888年（明治21）、松山—三津間に日本初の軽便鉄道が開通し、後にクラウス社（ドイツ）製の蒸気機関車が走った。7年後に夏目漱石が旧制松山中学に赴任すべく船を下りたのも、熊本第五高等学校に赴任していったのも三津浜港。正岡子規も上京、帰松、また日清戦争従軍記者として広島呉港へと向かったのも三津浜港だった。松山の外港として繁栄した三津の海岸通り（現在は海岸ではないが）には『石崎汽船本社』（1924、木子七郎）がある。様式が相当に単純化された大正末期から昭和初期モダンの設計。軽快な2階の小バルコニー。内部は非公開だが1階営業室のカウンターは大理石張りで役員室にはステンドグラス、マントルピースも備わり、三津のよい時代を伝える。戦災に遭わなかった三津にはそんな時代の町並みが残っていて、『石崎汽船本社』前の通りから東へ1筋目と2筋目の横丁を歩くとそれを見ることができる。伊予鉄道高浜線三津駅下車、西へ徒歩10分で物件。対面の『山谷運送店社屋』も観賞しよう。

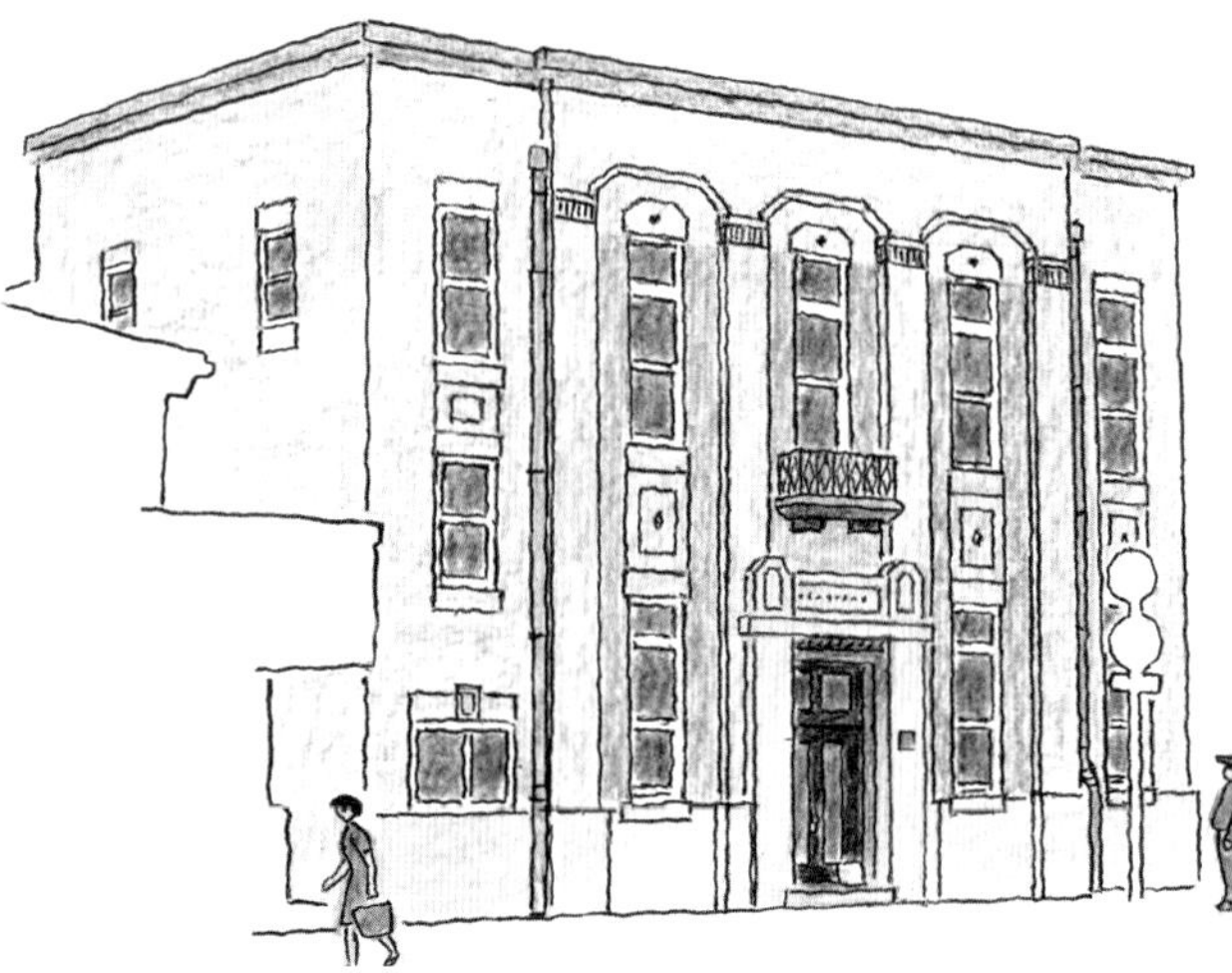

『石崎汽船本社』は港町三津のランドマークである

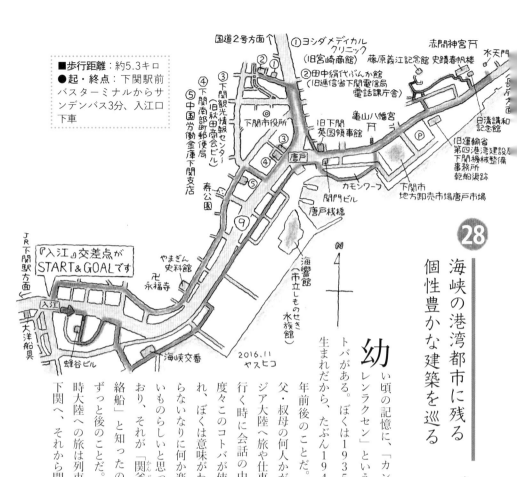

■**歩行距離**：約5.3キロ
●**起・終点**：下関駅前バスターミナルからサンデンバス3分、入江口下車

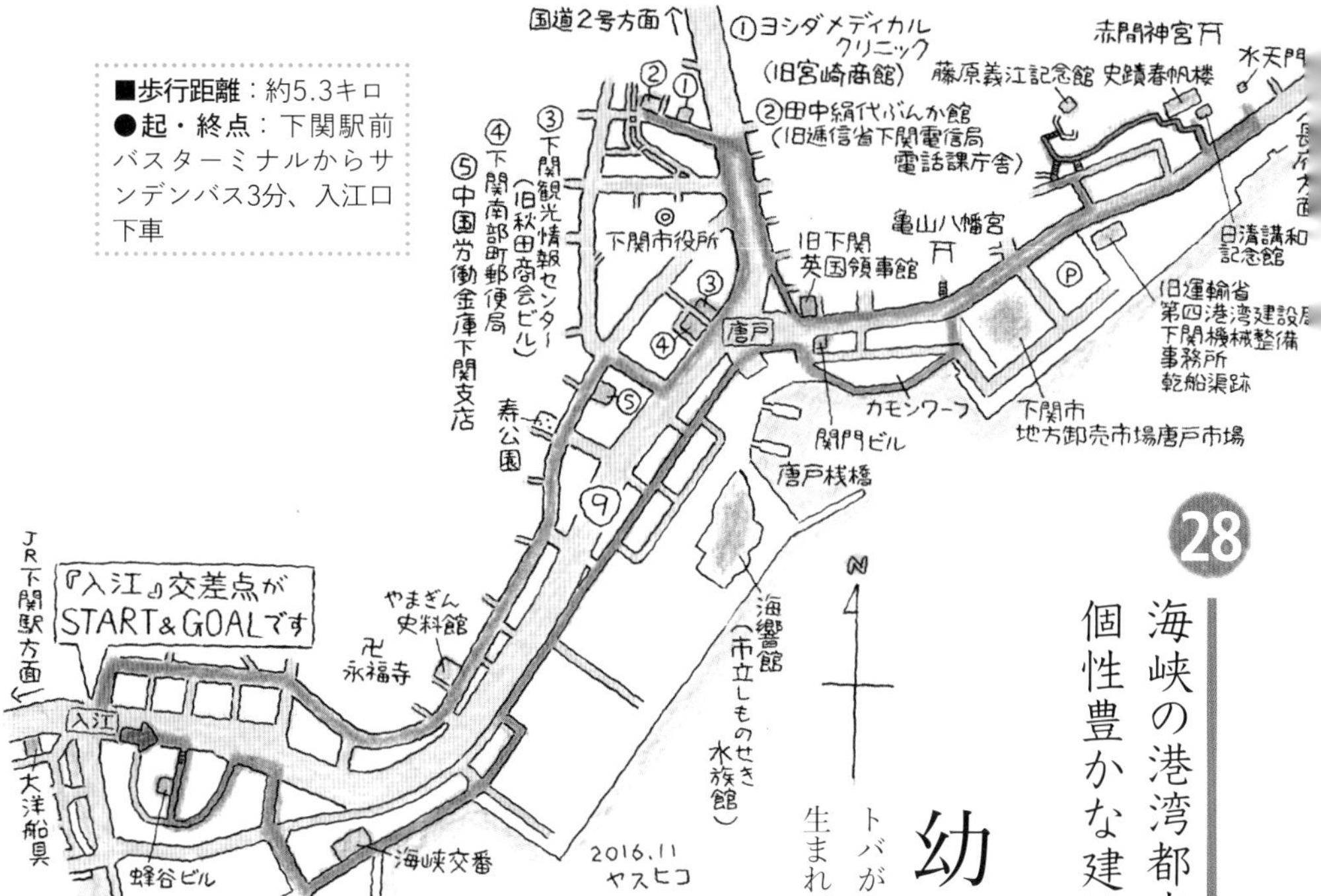

国道2号方面
①ヨシダメディカルクリニック（旧宮崎商館）
②田中絹代ぶんか館（旧逓信省下関電信局電話課庁舎）
③下関観光情報センター（旧秋田商会ビル）
④下関南部町郵便局
⑤中国労働金庫下関支店
赤間神宮
藤原義江記念館
史跡春帆楼
水天門
日清講和記念館
旧運輸省第四港湾建設局下関機械整備事務所乾船渠跡
亀山八幡宮
旧下関英国領事館
下関市役所
唐戸
カモンワーフ
関門ビル
下関市地方卸売市場唐戸市場
唐戸桟橋
寿公園
海響館（市立しものせき水族館）
やまぎん史料館
永福寺
『入江』交差点がSTART&GOALです
JR下関駅方面
入江
大洋船具
蜂谷ビル
海峡交番
N
2016.11 ヤスヒコ

28

海峡の港湾都市に残る個性豊かな建築を巡る

下関

山口県

幼い頃の記憶に、「カンプレンラクセン」というコトバがある。ぼくは1935年生まれだから、たぶん1940年前後のことだ。叔父・叔母の何人かがアジア大陸へ旅や仕事で行く時に会話の中で度々このコトバが使われ、ぼくは意味がわからないなりに何か楽しいものらしいと思っており、それが「関釜《かんぷ》連絡船」と知ったのはずっと後のことだ。当時大陸への旅は列車で下関へ、それから関釜連絡船で釜山《プサン》に着き、また列車で目的地へと向かった。明治末期から昭和初期まで、いまの人が欧米へ行くように人々は海を渡って大陸を目指したので、下関は大陸の玄関口だった。その下関が、今回の建築散歩地である。

入江交差点をスタートするのだが、出発前にJR下関駅方向を見ると左側に『大洋船具』（1937、不詳）があり、昭和初期モダンの商業ビルを見ることができる。散歩をスタートするとすぐ右手に階段があり、それを上ると『蜂谷ビル』（旧東洋捕鯨下関支店／1926、不詳）に出合う。このビルも装飾の単純化が進んだ昭和初期モダンだ。坂を下り海沿いの道に出るとすぐに『海峡交番』（1995、山口県建築指導課、松重建

築設計事務所）の明るく軽快な建物が見つかる。以前は下関水上警察署といい、それが最近、ドラマに出てきそうな名称に変わったと近くにいた人に聞いた。しばらく行くと『海響館』（下関市立しものせき水族館／2001、日本設計九州支社）があるが、入場はしないで外観だけ見て先へ行く。唐戸の交差点に出ると東角の灰色のビルが目に入り、これが『関門ビル』（旧関門汽船／1931、不詳）で、これもまた昭和初期モダンの商業ビルだ。正面玄関の左にある1本柱、4階まで通しのガラス窓、頂点のシンボル、それから5階の6角小窓、3・4階の窓台など見どころが多い。大正末期から昭和初期にこうした建物が多く出現した下関の繁栄が想像できる。海沿いのボードウォークに戻り、カモンワーフを過ぎると『下関市地方卸売市場唐戸市場』（2001、池原義郎設計事務所、斉藤公男構造空間設計室）の巨大な姿が現れる。見どころは市場を覆う大屋根で、張弦梁斜張式吊《ちょうげんりょうしゃちょうしきつり》構造という方法で吊っているため、広大な市場に1本の支柱もないのだ。

昭和初期の商業ビルらしい設計にしばらく足が止まる『関門ビル』

関門海峡の眺めがすばらしい高台にある『藤原義江記念館』（旧リンガー邸）

国道に出て東へ向かうと、市場駐車場の先にかつては大型プールのような施設があり、これが『旧運輸省第四港湾建設局下関機械整備事務所乾船渠《かんせんきょ》』（1914、不詳）という大正3年建造の官営ドライドックで産業遺産だった。関門海峡は1907年に第一種重要港湾に選定され、それを受けてドックが建造されたわけだが、2017年に埋め立てられていまは見ることができない。

さらに国道を東進し、横断歩道を渡って『赤間神宮』（1958、黒木利三郎、中村時次郎）へ。赤と白に塗り分けられた『水天門』が目に鮮やかだ。源氏の軍勢が平家一門をこの海・壇ノ浦に追いつめ、8歳の安徳天皇は二位の尼に抱かれて海峡の海に没した。その安徳天皇をまつるのが赤間神宮で、またその時、尼が「波の下にも都はある」と発したのを受けて水天門（竜宮城を模した門）が造られたという。

『旧下関英国領事館』は現存する領事館の建物としてはわが国最古とある

国道を唐戸交差点方向に戻るとすぐに史蹟『春帆楼』（不詳）がある。1895年に日清戦争の講和会議が開かれ下関条約が調印された場所で、それを記念するのが隣接の『日清講和記念館』（1937、下関市）だ。春帆楼から案内に従って小道を辿ると『藤原義江記念館』（1936、不詳）に至る。見晴らしのよい高台の建物は英国ホーム・リンガー商会の社長子息の住宅だったもの。義江の父N・B・リードは英国ホーム・リンガー商会の代理店、瓜生商会に勤務しており、その縁で下関出身で日本オペラ界の草分け的な存在であった藤原義江の記念館になった。ちなみに義江は男性でテノール歌手だ。白い箱に整然と窓を開けた装飾のない建物は建設時のトレンドであるインターナショナル・スタイルだ。個人や地方の特殊性を超えて世界共通の美を目指したこの潮流が現代建築につながったと思えば、この建物も一つの記念碑だ。

レンガ造りの連続アーチと列柱が目立つ『ヨシダメディカルクリニック』（旧宮崎商館）の建物

国道を西へ向かい唐戸交差点に戻ると、北東角に『旧下関英国領事館』（1906、英国政府工務局上海事務所技師長ウィリアム・コーワン）が見つかる。世界のどの都市でも、中心部の一番よいところに大使館や領事館を置く英国らしい立地だ。レンガ造り2階建ての本館と附属屋があり、本館正面の妻壁に「1906」、玄関アーチに「BRITISH CONSULATE」とある。レンガと御影石の按配、南側の3連アーチと列柱のベランダ、煙突と一体の階段状妻壁などが美しく、格調の高さを示す。使用人棟を必ず敷地内に置くのも英国の流儀だ。

　唐戸交差点を北へ向かいふたつ目の信号を西へ入ると右手に『ヨシダメディカルクリニック』（旧宮崎商館／1907、不詳）がある。英国領事館と同じようにレンガに御影石を配しており、2階の5連アーチと列柱のベランダを見ればこれは大いに影響ありと思うが、こちらはレンガ職人のしっかりした仕事が各所に見つかり、負けていないと思う。それから少し離れたところにあるのが『田中絹代ぶんか館』（旧逓信省下関電信局電話課庁舎／1924、逓信省営繕課）だ。この場所にこれほどの建物が唐突にあるのは戦災などで町の様子が変わったせい

『田中絹代ぶんか館』の建物は
旧逓信省下関電信局電話課庁舎として
1924年（大正13）に建設された

洋風の細部がにぎやかな外観
だが屋上には日本庭園があり
日本家屋が備わるユニークな
『下関観光情報センター』

に違いなく、この界隈は戦前までは下関の中心だったと聞いた。ならばジャイアント・オーダーに似た列柱、放物アーチの塔屋などで大胆に表現された当時の新建築があっても不思議はない。

交差点に戻って唐戸のランドマーク『下関観光情報センター』（旧秋田商会ビル／1915、西澤忠三郎）へ。

堂々たる古典主義様式の銀行建築は
『やまぎん史料館』

唐戸の〝管制塔〟のような緑のドームやにぎやかな外観、屋上は日本庭園と日本家屋、そして1階は洋式、2・3階は和式という和洋折衷はユニークで、施主自らが構想した建物ならではだ。

　この後、国内の現役郵便局舎最古という『下関南部町郵便局』（1900、逓信省技官・三橋四郎）の端正、質素でしかも格調ある建物、『中国労働金庫下関支店』（旧不動貯蓄銀行下関支店／1934、関根要太郎）の重厚かつ生真面目な現役の銀行建築、『やまぎん史料館』（旧山口銀行本店／1920、長野宇平治）の古典主義様式の大家によるゆるぎない秀作を観賞し、これほどの建物を遺した下関の歴史をしのびながら入江交差点で散歩もゴールだが、今回は変わった付録を1件加えよう。

　『六連島《むつれじま》灯台』（1872、R・H・ブラントン）は下関港の沖約5キロの六連島にブラントンの設計で完成した現役の灯台だ。ブラントンは日本の灯台建設草創期に数多くの航路標識を建設したほか、西洋式の舗装技術や鉄製の橋の建設など、日本のインフラ整備に尽くした。石造りの塔に半円形の附属舎。石材や木材は徳山から運んだという。高さ10・6メートル、海抜20・3メートル、第七管区門司保安部管内の灯台だ。六連島へはJR下関駅西口近くの竹崎桟橋から市営渡船六連丸が1日4〜5往復。片道約20分。

下関港の約5km沖の
六連島(むつれじま)にある六連島灯台

29

日本近代化を担った産業遺産を歩く

北九州市

福岡県

北九州市7区のうち洞海《どうかい》湾を囲む八幡《やはた》（東・西）、戸畑、若松の4区は、かつて日本の近代化に何よりも必要だった「製鉄」、そして「石炭」とそれを運ぶ「海運」という国家の重要産業を担う地として知られてきた。今回の建築散歩は、日本産業史の伝説的存在ともいうべき同地の今を歩こうと考えた。

散歩のスタートは『八幡製鐵所東田第一高炉史跡広場』。明治日本の

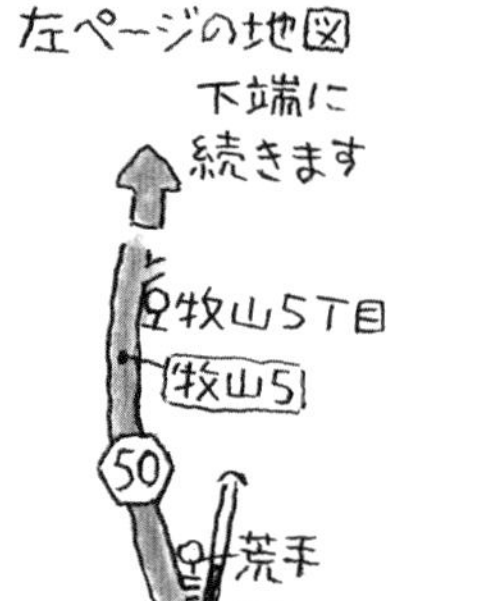

左ページの地図
下端に
続きます
牧山5丁目
牧山5
50
荒手
荒手1

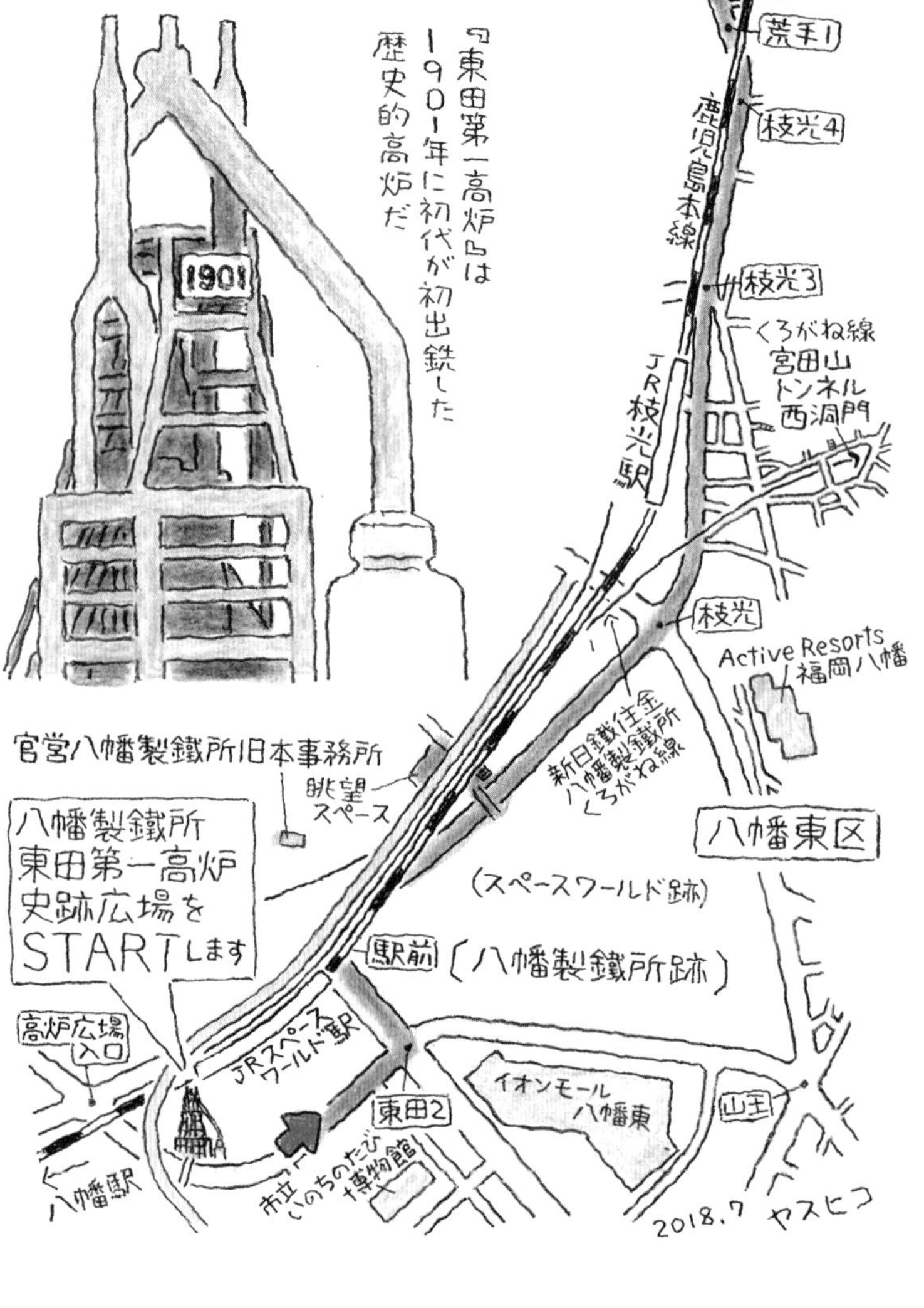

1901
『東田第一高炉』は
1901年に初代が初出鉄した
歴史的高炉だ
鹿児島本線
枝光4
枝光3
くろがね線
宮田山
トンネル
西洞門
JR枝光駅
枝光
Active Resorts
福岡八幡
新日鐵住金
八幡製鐵所
くろがね線
官営八幡製鐵所旧本事務所
眺望
スペース
八幡東区
八幡製鐵所
東田第一高炉
史跡広場を
STARTします
（スペースワールド跡）
駅前
（八幡製鐵所跡）
高炉広場
入口
JRスペース
ワールド駅
東田2
イオンモール
八幡東
山王
八幡駅
市立
いのちのたび
博物館
2018.7 ヤスヒコ

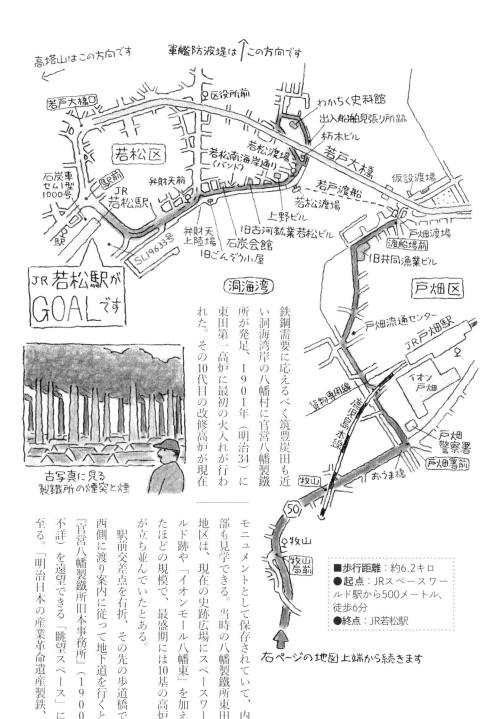

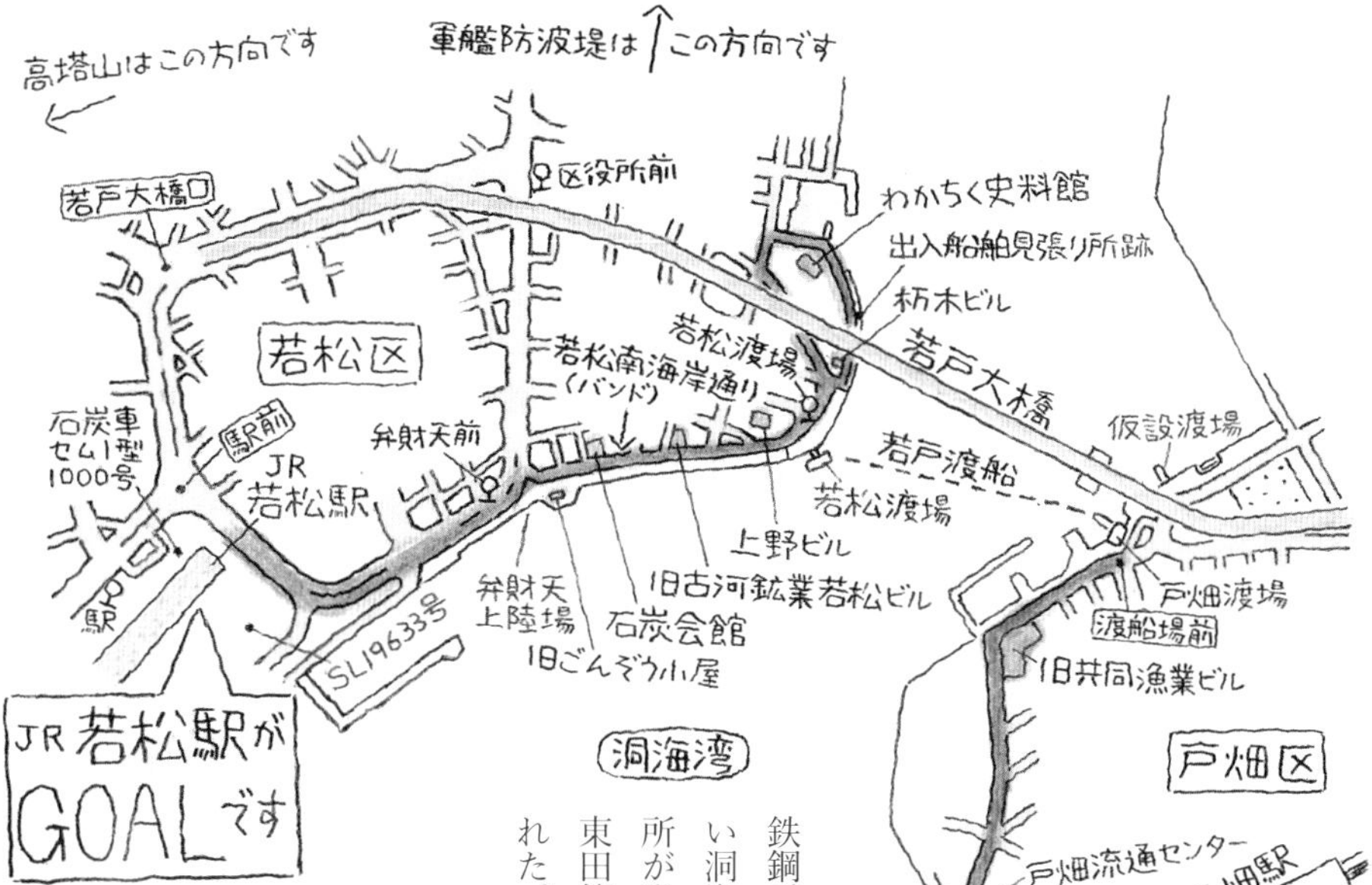

高塔山はこの方向です
軍艦防波堤は↑この方向です
若戸大橋口
区役所前
わかちく史料館
出入船舶見張り所跡
枋木ビル
若松区
若松渡場
若松南海岸通り（バンド）
若戸大橋
仮設渡場
石炭車セム1型1000号
駅前
JR若松駅
弁財天前
若戸渡船
若松渡場
上野ビル
旧古河鉱業若松ビル
弁財天上陸場
石炭会館
旧ごんぞう小屋
SL19633号
駅
JR若松駅がGOALです
洞海湾
戸畑渡場
渡船場前
旧共同漁業ビル
戸畑区

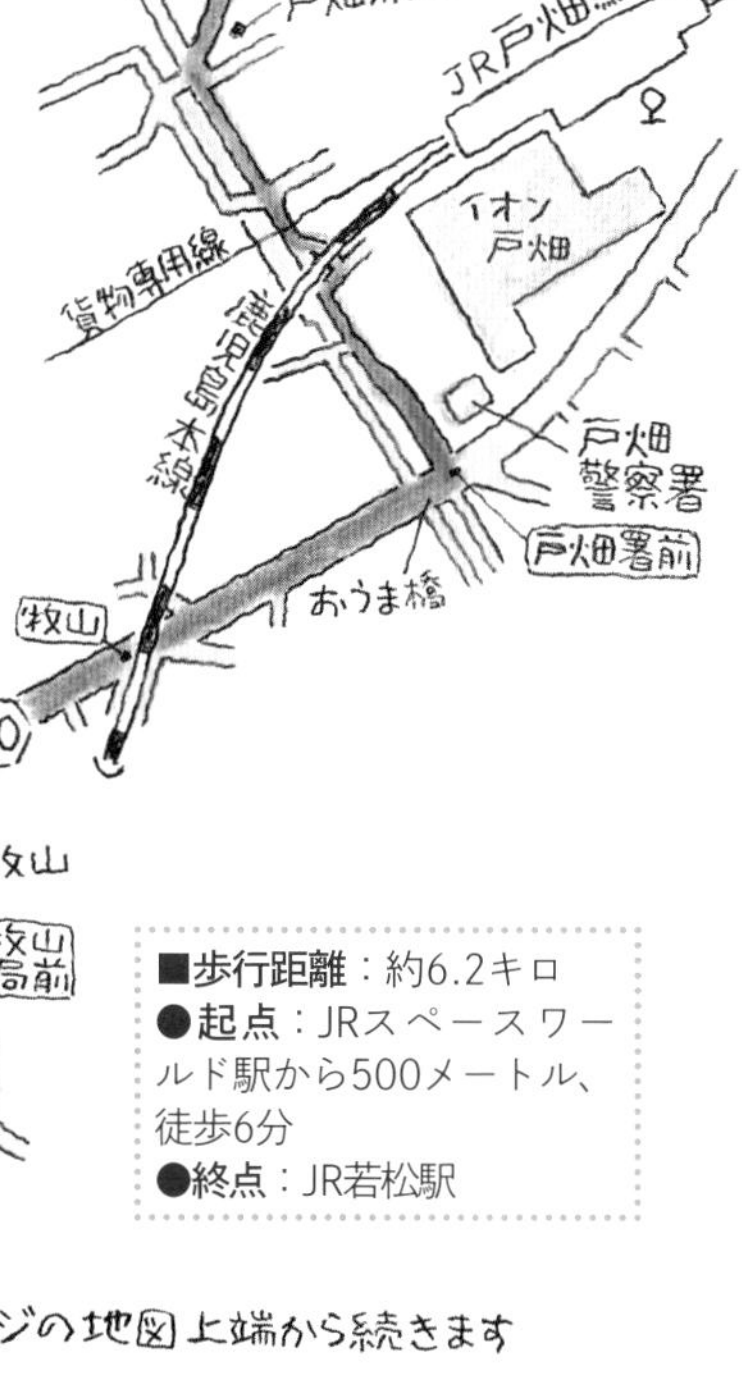

戸畑流通センター
JR戸畑駅
イオン戸畑
貨物専用線
鹿児島本線
戸畑警察署
戸畑署前
おうま橋
牧山
50
牧山
牧山局前
右ページの地図上端から続きます

古写真に見る製鐵所の煙突と煙

鉄鋼需要に応えるべく筑豊炭田も近い洞海湾岸の八幡村に官営八幡製鐵所が発足、1901年（明治34）に東田第一高炉に最初の火入れが行われた。その10代目の改修高炉が現在モニュメントとして保存されていて、内部も見学できる。当時の八幡製鐵所東田地区は、現在の史跡広場にスペースワールド跡や「イオンモール八幡東」を加えたほどの規模で、最盛期には10基の高炉が立ち並んでいたとある。

駅前交差点を右折、その先の歩道橋で西側に渡り案内に従って地下道を行くと『官営八幡製鐵所旧本事務所』（1900、不詳）を遠望できる「眺望スペース」に至る。「明治日本の産業革命遺産製鉄、

■**歩行距離**：約6.2キロ
●**起点**：JRスペースワールド駅から500メートル、徒歩6分
●**終点**：JR若松駅

鉄鋼、造船、石炭産業」としてユネスコ世界文化遺産に登録された「官営八幡製鐵所」4施設のうち見ることができるのはこれだけで、しかも遠望なのだがしっかり見ておこう。

県道50号線を北に向かうと上り坂となり、左手には工場地帯が広がる。戸畑区に入りバス停牧山あたりから下り坂になると正面に北九州市西部のシンボル若戸大橋が見えてくる。戸畑警察署前を左折して行くと臨海事業所地区となり、船溜まりに面して『旧共同漁業ビル』（1936、竹中工務店）が昭和初期モダンの颯爽とした姿を見せる。

若戸大橋直下に至ると若戸渡船の戸畑渡場《わたしば》があり、ここから渡船で若松へ渡る。わずか3分間だが頭上に若戸大橋を見ながら洞海湾を横断する船旅はなかなか楽しい。

若松渡場に着いたら海沿いの小路を北へ向かう。すぐに出合う昭和初期の建築と思われる3階建てのビルは『栃木《とちぎ》ビル』（1920、松田昌平）とあり、昭和11年の「若松港のおもな石炭商」地図に「栃木商事」と書かれた建物だ。玄関まわりの単純化された様式が好ましい。大橋下を抜けるとコンクリートの箱のようなものが傾いており、『出入船舶見張り所跡』とあって「昭和6年に不正を監視するため設置、明治25年から行っていた港銭の徴収が廃止になるまで45年間の役目を果たし」とある。その先左角の若築建設の中には『わかちく史料館』があって若松港の歴史など有益な展示がある。

ひと回りして若松渡場に戻って、ここからは若松南海岸通りを歩く。この海沿いの道は若松港の一部で、大橋や港の風景が広がって気分の晴れる場所であり、今回の散歩中のハイライトだ。この通りはかつて「バンド」と呼ばれたそうで、アジアの貿易港の海に面したプロムナードを西洋人はバンドと言い習わす（「上海バンド」「横浜バンド」など）と聞いた。

そのバンドを西へ向かうと『上野ビル』（1913、保岡勝也）に出合う。旧三菱合資会社が若松支店として建設したオフィスビルで鉱滓《こうさい》レンガ造り。建物中央部に吹抜けがあり、格《ごう》天井にステンドグラスがはめ込まれている。別棟に鉱滓レンガ造りの倉庫と石炭の成分分析などを行った木造の分析室がある。1ブロック行くとレンガ造りの様式建築がひときわ目立つ『旧古河鉱業若松ビル』（1919、大林組）があり、石炭産業の全盛期を偲ばせる。さらに2ブロック行くと古典主義様式のオーダーが目印の『石炭会館』（若松石

若松港に出入りする船舶を監視した史跡『出入船舶見張り所跡』

北九州では沖の本船で石炭荷役をする人を「ごんぞう」または「ごんぞ」と呼ぶ

若松区の『上野ビル』は旧三菱合資会社若松支店の建物

若松区の『旧古河鉱業若松ビル』

炭商同業組合事務所／1905、不詳）があり、木造であっても石造りの重厚さを表しているところに石炭商組合の権威を感じる。また海側のボードウォークにある『旧ごんぞう小屋』は石炭荷役をする人（〝ごんぞう〟または〝ごんぞ〟と呼ばれた）の詰所を復元したものだ。

『石炭会館』の建物は若松区内現存最古の洋館

JR若松駅に着いて散歩のゴールとなるが、ここで余裕があったら立寄りたい付録物件を紹介する。その1は『くろがね線宮田山トンネル西洞門』（旧製鐵所炭滓線／1930、八幡製鐵所土木部）で、トンネル出入口を古典主義様式のペディメントで飾った格調高いもの（もう一方の出入口は欧州の古城風）。JR枝光駅から徒歩10分。

その2は『軍艦防波堤』で、旧日本海軍の駆逐艦「涼月《すずつき》」（1942、三菱重工長崎造船所／秋月級2701英トン）、同「冬月」（1944、舞鶴海軍工廠／秋月級2701英トン）、同「柳」（1917、佐世保海軍工廠／〝桃〟型755英トン）が若松区響町1の地に、終戦直後に防波堤の代わりに沈められたもので、現在その役目は終わり「涼月」と「冬月」は埋立地に埋没して姿は見られず、「柳」だけが甲板部を防波堤上に見せていて艦の全長、全幅程度は知ることができる。三艦の数奇な運命については現地に説明がある。若松区の高塔山中腹に三艦の鎮魂を祈る慰霊碑がある。

若松区にある『軍艦防波堤』

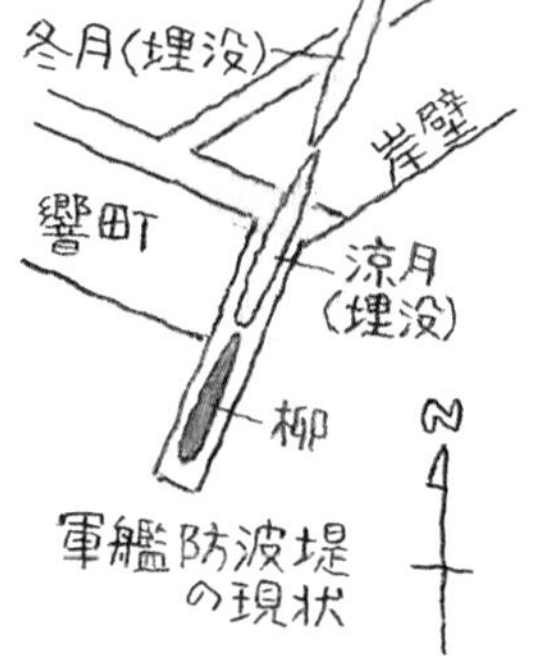

軍艦防波堤の現状

30

災害復興が待たれる 市街と旧制五高の名建築

熊本

熊本県

2016年4月14日に発生した震度7（気象庁震度階級最大）の地震をはじめ震度6強が2回、震度6弱が3回の度重なる大規模な地震によって、熊本地方は甚大な損害を被った。今回の熊本建築散歩は、この大きな不運にも耐えて復興に立ち向かう熊本の町を歩くことになった。

まず始めに、熊本のシンボル『熊本城』を見ようと熊本市役所前をスタートした。閉ざされた「須戸口門」で管理の人に現状を聞くと、本丸全体が復旧工事中なので天守閣を見るだけなら「加藤神社」へ行かれたらどうですかと勧められた。そこで教えられた方向へ歩きはじめて何気なく右手を見ると、何と欧州のどこかの古代遺跡のような円柱群があり、近寄ると何かの遺構のように見えた。そして脇の案内板から『旧市庁舎の玄関車寄せ部分』を移したものと判明した。他に類のないこんな遺跡は不思議かつ興味深いので、しばらく眺めた。それから「監物台樹木園方面」とある坂を上り左折して『加藤神社』に着いた。この神社はいうまでもなく城を完成させた加藤清正公を祀る神社だが、道すがらふと「地震加藤」（歌舞伎『増補《ぞうほ》桃山《ももやま》譚《ものがたり》』の通称）という芝居を思い出した。が、ともかく神社の境内からは確かに大小の天守がよく見える。ここから眺める天守は見た目に

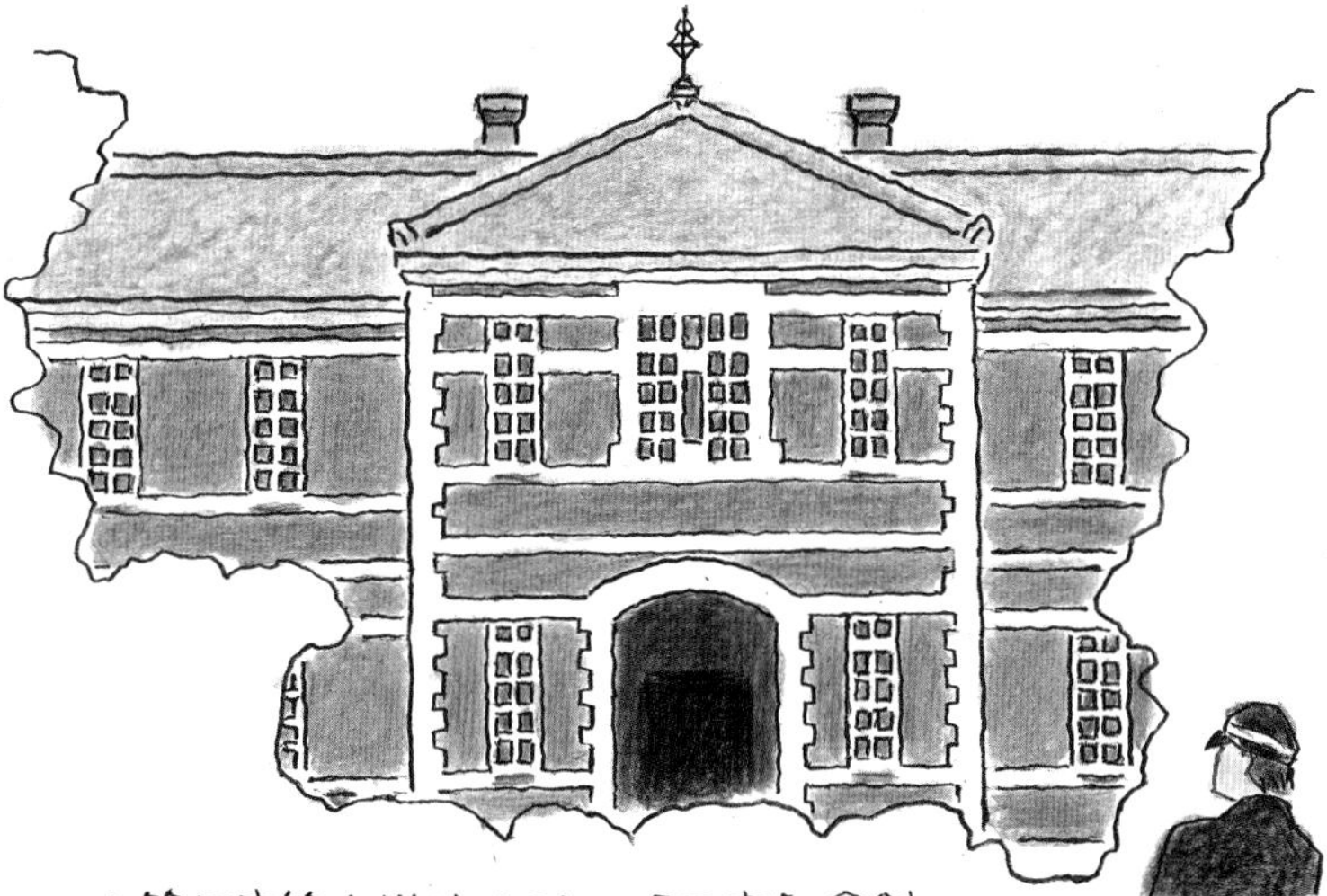

旧第五高等中学校本館は『五高記念館』として保存されている

『旧熊本市庁舎の玄関車寄せ部分』
熊本城そばの高橋公園にある

は以前と変わらないように思ったが、巨大クレーンが屹立してたいへんな復興工事が行なわれているのを実感した。そして2021年春には天守閣内部に入れる予定という明るい情報を得て、城をあとにした。

京町の『熊本地方裁判所資料館』（1908、山下啓次郎）は通りの目止りに位置する赤レンガの目立つ建物で、庁舎の建替えに当って市民の要望から正面玄関部分だけを保存したとある。そこで左右にウイングをひかえた立派な旧庁舎を想像して眺め、また震災の被害はなかったように感じた。設計者の山下啓次郎は明治大正期の建築家で司法省営繕時代に五大監獄（千葉、長崎、金沢、鹿児島、奈良）を設計し評価されたことで知られた人だ（このうち鹿児島監獄と奈良監獄は『にっぽん建築散歩』正編で紹介した）。

資料館をあとに観音坂を下り横井小楠誕生地碑を過ぎて『夏目漱石内坪井旧居』へ向かう。1896年（明治29）に熊本五高へ赴任した漱石は市内で6回も転居しており、そのうちの5回目がこの家で、長女が誕生した家でもある（『安々と海鼠《なまこ》の如き子を生めり』漱石）。しかし震災被害が大きく復旧工事中で見学ができないので、次の物件へ向かった（2022年復旧完成の予定）。壺井橋、熊本電鉄藤崎宮前駅を経て『藤崎八幡宮』に参拝。そのあと大甲橋方面へ向かい白川公園で国道3号線に出て水道町交差点を右折、鶴屋百貨店向かいの『カト

『熊本地方裁判所資料館』の建物は
旧裁判所本館の玄関部分である

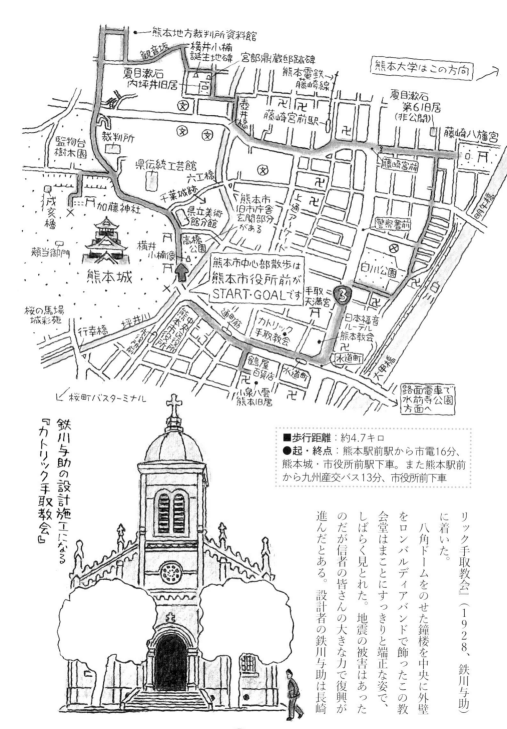

熊本地方裁判所資料館
観音坂
横井小楠誕生地碑
宮部鼎蔵邸跡碑
夏目漱石内坪井旧居
熊本電鉄藤崎線
熊本大学はこの方向
夏目漱石第6旧居（非公開）
壺井橋
藤崎宮前駅
藤崎八旛宮
監物台樹木園
裁判所
県伝統工芸館
藤崎宮前
六工橋
千葉城跡
熊本市旧市庁舎玄関部分がある
県立美術館分館
上通アーケード
加藤神社
戌亥櫓
明午橋
警察署前
高橋公園
横井小楠像
頬当御門
熊本城
熊本市中心部散歩は熊本市役所前がSTART・GOALです
白川公園
手取天満宮
3
桜の馬場城彩苑
坪井川
行幸橋
通町筋
熊本市役所
カトリック手取教会
日本福音ルーテル熊本教会
水道町
大甲橋
鶴屋百貨店
小泉八雲熊本旧居
桜町バスターミナル
路面電車で水前寺公園方面へ

鉄川与助の設計施工になる『カトリック手取教会』

■**歩行距離**：約4.7キロ
●**起・終点**：熊本駅前駅から市電16分、熊本城・市役所前駅下車。また熊本駅前から九州産交バス13分、市役所前下車

リック手取教会』（1928、鉄川与助）に着いた。

八角ドームをのせた鐘楼を中央に外壁をロンバルディアバンドで飾ったこの教会堂はまことにすっきりと端正な姿で、しばらく見とれた。地震の被害はあったのだが信者の皆さんの大きな力で復興が進んだとある。設計者の鉄川与助は長崎

『旧第五高等中学校化学実験場』の建物

県五島の代々大工棟梁の家に生れて修業したあと家業の鉄川組を継ぎ、教会堂建設に意欲を持って近代建築を学びかつ実地に技法を研究して一家をなした「棟梁建築家」（土田充義氏による）なのだ。教会堂建築も木造、組積造、コンクリート造と経験して手取教会はそれが完成された時期に当り、翌年には代表作といわれる紐差《ひもさし》教会（平戸市、1929）が竣工している。手取教会は花模様の折上格天井《おりあげごうてんじょう》など、美しい内部も大切な見どころだ。

鶴屋百貨店裏の『小泉八雲熊本旧居』に立ち寄ったあと熊本市役所前に戻って中心部の散歩は一旦ゴールとなるが、これからは市内黒髪に移動して熊本大学キャンパス内の物件を見たいと思う。但し目指す五高記念館などは2020年9月現在地震被害により長期休館中とあるので、再開時期を記念館に問い合わせてからの訪問にしたい。そこで、以下は2011年の訪問での見聞である。

『熊本大学五高記念館』（国重文、旧第五高等中学校本館、1889、山口半六、九留正道）はナンバースクール（東京第一から名古屋第八まで旧制高校発足時8校）の権威を示す

旧熊本高等工業学校機械実験工場の建物は『熊本大学工学部資料館』となって保存されている

左右対称で堂々の構えの本館だ。装飾らしいものはなくて、質実な設計思想が伝わる建物だと思った。記念館としては展示室の他に初期の様子がわかる復原教室が見どころだ。『旧第五高等中学校化学実験場』（国重文／1889、山口半六、九留正道）は本館と同時に建てられ、ともに1969年に国指定重要文化財になった建物だ。設計者の山口半六は1858年（安政6）生れで文部省貸費留学生としてフランス国立エコール・サントラル・パリで建築、土木の他に経済、法学を修めたあと文部省に入り公立学校校舎など多数の建設に敏腕をふるった人だ。1855年生れの久留正道も工部大学校造家学科でコンドル先生に学んだあと文部省に入り山口との仕事の他シカゴ万博やセントルイス博のパビリオンなど多くの仕事をした人。いま作品歴を調べたところ、この本の115ページの大阪四天王寺八角亭（勧業博覧会待合所）も久留の仕事とわかった（待合所ではなく小奏楽堂とある）。『熊本大学工学部研究資料館』（国重文、旧熊本工業学校機械実験工場／1908、太田次郎吉他）は切妻造り、桟瓦葺、赤レンガ壁にバットレスがつく、工場とは思えない実に美しい建物で眺めていて厭きない。日本の高等工業教育黎明期の貴重な遺産で、内部の工作機械も建物に付帯して国重文に指定されたとある。

以上で熊本大学の項は終わるが、さらに付録物件を紹介したい。『洋学校教師館ジェーンズ邸』（1871、長崎の棟梁）は明治4年に市内古城（現中央区新町）に開設した熊本洋学校の米国人教師リロイ・ライジング・ジェーンズのために建てられた邸宅だ。ベランダ・コロニアルの擬洋風建築だが、長崎から呼んだ棟梁によるときけば、なるほどと思う。のちにここは博愛社（佐野常民）創設の場所となったので日本赤十字社発祥の地でもあるという。地震で倒壊したあと再建地が水前寺公園ときまり、現在工事中で完成は2022年の予定とある。

『洋学校教師館ジェーンズ邸』は水前寺江津湖公園に再建中

あとがき

「あとがき」の場を借りて、本文でとり上げることのできなかった物件を紹介しようと思う。

宮城県登米《とめ》市登米《とよま》町の『旧登米高等尋常小学校』（現登米町教育資料館、国重文／1888、山添喜三郎）は木造2階立てでコの字平面の学校建築だ。中央にバルコニーつきの玄関があり、1・2階とも吹き抜けで欄干のある片廊下式。教室は両側がガラス窓。左右ウィングの端に六方（半六角形）の昇降口がある。基本は洋式で部分的に和式という和洋折衷で、明治中期の小学校校舎として完成度が高い。洋式に破綻がないのは設計施工の山添喜三郎が大工棟梁出身ながらウィーン万国博覧会（1873）に参加したのち欧州に留まり西

『旧登米高等尋常小学校』の昇降口
右奥は正面玄関とバルコニー

安楽寺の『八角三重塔』は13世紀末の建築とある

洋建築に接し学んだためで、山添が建てたような和洋折衷校舎はこれ以後の木造小学校校舎の標準モデルになったように思われる。登米町には他に山添が手がけた『旧登米警察署』（現警察資料館、県文化財／1889、山添喜三郎）がありこちらも和洋折衷だ。バルコニーつき玄関ポーチの屋根には鬼瓦がのるが切妻はペディメント化して警察の紋章が納まる。また当初設けられていた留置場が復元されている。

長野県上田市別所温泉にある安楽寺は天平あるいは天長年間の開山とも言われる古刹だが、その境内奥にある『八角三重塔』（国宝、1290年代）は必見の建築だ。八角平面なので軒の反りが波打つように見えて美しいのが第一印象。禅宗様式といわれるどこかエキゾチックな意匠も味わい深い。一見初重と見える屋

根は風雨から軀体を護るための裳階《もこし》というひさしなのだが、これが塔全体の姿勢を優美に見せるのに役立っていると思う。細部では軒裏に見える垂木《たるき》が平行でなく扇状である点、柱の頭を貫通したぬきの端が木鼻になっていること、軒を支える構造（組物）が柱上だけでなく柱間にもある造りなどを見よう。現存の八角塔はこれが国内唯一で禅宗様式建築としても最古とのこと。安楽寺のある塩田平にはこの他に『前山寺三重塔』（上田市前山、国重文／室町時代）が「未完成の完成の塔」といわれて有名であり、また『大法寺三重塔』（小県郡青木村、国宝／１３３３）は美しい姿で「見返りの塔」の愛称で親しまれている。

京都市中京区三条通りの三条大橋から烏丸通り辺りまでは昔から京都経済の中心で、明治以降は銀行が集まり郵便局、電信局が置かれ新聞社が多く立地したとのこと。いまはすっかり事情が変ったがその名残はいくつも残っていて、『１９２８ビル』（旧大毎会館＝毎日新聞京都支局／１９２８、武田五一）もその一つで、これは筆者が大好きな建物だ。全体に大正中頃から昭和初期にかけての造形トレンドを集めたような賑やかなビルで、設計者・武田五一が楽しみながら図面を引く様子が見えるようだ。ファサードの水平ルーバー群はデ・スティル系、玄関左右の灯火はアール・デコ、パラペットはロマネスク。バルコニーを下から見ると「大毎」（大阪毎日新聞の通称）の社章、星型窓の星は「大」で中心の図案は「毎」だからこれも「大毎」と設計者の洒落が各所にみつかる。２階へ上る階段はタイル張りがいい感じだが、それにしても狭過ぎないかと思ったら暴徒の襲撃に備える寸法と聞いて新聞社らしいと納得した。かつては地階の食堂や理髪店は一般に開放され屋上には天気予報をしらせる旗をあげていたとのことで、文化センターのようなビルだったのかと思う。三条通りを西へ向うと『旧日本生命保険京都支店』（１９１４、辰野片岡建築事務所）、『京都文化博物館別館』（旧日本銀行京都支店、国重文／

『1928ビル』は
毎日新聞京都支局の社屋だった

萩市の藍場川沿いにある
『旧湯川家屋敷』の長屋門

屋敷内に引き入れた水は庭園を流れたあと
この台所のハトバ（水を使うところ）を流れて
また藍場川へ

１９０６、辰野金吾・長野宇平治）のいわゆる辰野式の建築、『中京郵便局』（旧京都郵便電信局／１９０２、吉井茂則・三橋四郎）のファサード保存建築、烏丸通りとの交差点に『みずほ銀行京都支店』（旧第一銀行京都支店／１９０６、辰野葛西建築事務所）と歴史的建築が続く。

山口県萩市の町中を流れる藍場川の最上流にある『旧湯川家屋敷』（市指定史跡／安政年間）は、筆者が萩でもっとも大切に思う物件だ。この屋敷は敷地内に藍場川の水を引込んでいて、その水は庭を流れたあと家の中のハトバ（水を使うところ）で家庭用水に使われ、のち再び藍場川に戻る。藩政時代にこの屋敷には「樋番」という水門の管理に当る藩士（禄高23石余とか）が住んでいたとのこと。ならば松本川から藍場川へ取水する水門の近くに住み、屋敷に引込んだ流れも水量点検などに役立ったのではないか。この住居と川水の関係こそ湯川屋敷のすばらしさで、さらに茶室、座敷、台所、庭に至るまで閑寂な風趣をもって整えられているのにますます感じ入った。藍場川沿いには湯川家と同じようにハトバを備えた屋敷が並んでいて、長州藩士の出で日露戦争時の内閣総理大臣だった桂太郎の旧宅も近くにある。

＊

『にっぽん建築散歩』（正編）に続いて続編が編まれたことで、雑誌連載されたものが全て収容できてよかったと思っている。

末筆になったけれど、連載記事を書かせていただいた「partner［パートナー］」誌と制作編集の「株式会社ジェイ・アイ」の皆様に厚く御礼申し上げます。また本書の出版元「山と溪谷社」とプロデュースの一切をお願いした米山芳樹氏に心から感謝いたします。ありがとうございました。

２０２０年秋

小林泰彦

小林泰彦（こばやし・やすひこ）

画家、イラストレーター。一九三五年、東京生まれ。社会風俗、旅、登山やハイキングなどのイラストレーションを中心に制作活動をするほか、小説の挿絵、本の装丁、絵と文によるレポートや紀行の仕事も多い。『世界の街』（朝日ソノラマ）『ヘビーデューティーの本』（婦人画報社・ヤマケイ文庫）『絵本・小京都の旅』（晶文社）『ほんもの探し旅』（草思社・ヤマケイ文庫）『低山徘徊』『低山逍遥』『街歩き調査団・海外編』『山旅浪漫記』『日本百低山』『にっぽん建築散歩』（以上、山と溪谷社）『むかし道具の考現学』（風媒社）『イラスト・ルポの時代』（文藝春秋・ヤマケイ文庫）『にっぽん町工場遺産』（日経新聞出版社）『小林泰彦の謎と秘密の東京散歩』（ＪＴＢ出版）ほか著書多数。

続にっぽん建築散歩

二〇二〇年十二月一日　初版第一刷発行

著者　小林泰彦
発行人　川崎深雪
発行所　株式会社　山と溪谷社
郵便番号　一〇一―〇〇五一
東京都千代田区神田神保町一丁目一〇五番地
https://www.yamakei.co.jp/

■乱丁・落丁のお問合せ先
山と溪谷社自動応答サービス　電話〇三―六八三七―五〇一八
受付時間／十時～十二時、十三時～十七時三十分（土日、祝日を除く）
■内容に関するお問合せ先
山と溪谷社　電話〇三―六七四四―一九〇〇（代表）
■書店・取次様からのお問合せ先
山と溪谷社受注センター　電話〇三―六七四四―一九一九
ファクス〇三―六七四四―一九二七

印刷・製本　株式会社暁印刷
定価はカバーに表示してあります

 Printed in Japan ISBN978-4-635-24123-6

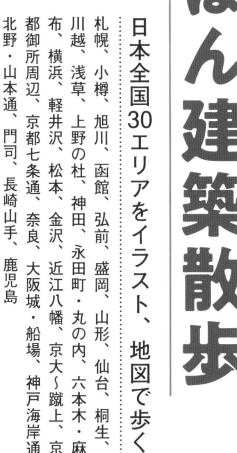

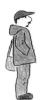

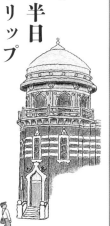